AF740904

Il fallait en dire un mot…

Les impliqués
Éditeur

Fondée en 2014, notre maison d'édition se consacre à la publication d'ouvrages relevant de divers domaines : littérature, récits personnels, premiers romans et nouvelles, essais en sciences humaines, religion, économie, etc.

Les impliqués ont pour vocation de publier, après sélection, les manuscrits qui leur sont confiés. Ils proposent ainsi aux auteurs de faire de leur projet d'écriture une réalité et d'éditer, après une réelle collaboration avec eux, leur ouvrage issu de leurs souvenirs, de leur imagination, de leurs rêves, de leur recherche ou encore de leur travail.

5-7, rue de l'École-Polytechnique – 75005 Paris
www.lesimpliques.fr
contact@lesimpliques.fr
ISBN : 978-2-38541-853-3
EAN : 9782385418533
Pour l'envoi de vos manuscrits : voir à la fin de cet ouvrage

Paul-Gérard Pougoué

Il fallait en dire un mot…

Essai

Préface de Jean-Pierre Laborde

Les impliqués Éditeur

Du même auteur :

- *Précis de droit du Travail et de la Prévoyance au Cameroun,* tome 1, Rescue Afrique et Presses Universitaires du Cameroun 1988, 333 pages.
- *Droits de l'Homme en Afrique Centrale* (en Codirection avec D. Maugenest), Karthala, Paris, 1996, 282 pages.
- *Code Camerounais de 1992 annoté*, PUC, Yaoundé, 1997, 540 pages.
- *Traité et textes OHADA commentés et annotés* (en codirection avec J.ISSA SAYEGH et M. FILIGA SAWADOGO) Juriscope, Poitiers, 1999.
- *Droit des Sociétés Commerciales et du groupement d'intérêt économique OHADA*, P.U.A, Yaoundé, 1998,638p (en collaboration avec Mme NGUEBOU TOUKAM et F. ANOUKAHA).
- *OHADA : présentation générale et procédure,* PUA, Yaoundé, 1998, 90 pages.
- *L'organisation des Procédures Collectives d'apurement du passif OHADA,* PUA, Yaoundé (collaboration avec Kalieu Yvette).
- *Droit de l'arbitrage dans l'espace OHADA*, PUA Yaoundé, 2000, 506 pages. (en collaboration avec J. M. TCHAKOUA et A. FENEON.
- *Sociétés commerciales et GIE* (sous la coordination de P.G.POUGOUE), collection droit uniforme, Bruylant, Bruxelles, 2002, 589 pages.
- *La saisie attribution des créances OHADA* (en collaboration avec Me TEPPI KOLOKO) PUA, Yaoundé, 2005, 117 pages.
- *Le statut du commerçant dans l'espace OHADA* (en collaboration avec FOKO Athanase) PUA, Yaoundé, 2005, 261 pages.
- *Introduction critique à l'OHADA*, (en collaboration avec Yvette KALIEU ELONGO), PUA, Yaoundé, 2008, 220 pages.
- *Les grandes décisions de la Cour Commune de Justice et d'Arbitrage* (en co.direction avec M. Sylvain Sorel KUATE TAMEGUE), Paris, l'Harmattan, 2010, 694 pages.
- *Encyclopédie du Droit OHADA* (sous la direction de P.G. POUGOUE) Lamy, Paris, 2011, 2200 pages.
- *L'Entreprenant OHADA* (en collaboration avec Sylvain Sorel KUATE TAMEGUE), PUA, Yaoundé, 2013, 267 pages.
- *Saisies et mesures conservatoires de droit OHADA* (en collaboration avec NJEUFACK TEMGOUA), PUA, Yaoundé, 2015, 168 pages.
- *L'arbitrage dans l'espace OHADA,* Académie de droit international, recueil des cours, tome 380, 2016.
- *Introduction générale au droit OHADA*, collection Droit uniforme africain, Juriscope, Université de Poitiers, 2021 (en collaboration avec Yaya BODIAN, Mohamed Bachir NIANG, Dorothé C. SOSSA et Jean Claude TCHEUWA), 300 pages.
- *Droit camerounais du travail,* Tome I, Relations individuelles du travail, 2e édition (en collaboration avec MIENDJIEM Isidore Léopold), PUA, Yaoundé 2021, 504 pages.
- *La saisie immobilière dans l'espace OHADA* (en collaboration avec Me Fidèle TEPPI KOLOKO) 4e édition, PUA, Yaoundé, 2022, 1110 pages.
- *Fragments juridiques,* Juriscope Poitiers (sous presse).
- *Droit pénal du travail camerounais* (en collaboration avec Madame le Professeur Monique Aimée MOUTHIEU, épouse NJANDEU), l'Harmattan, Cameroun (sous presse).

Préface

Dans le bel ouvrage sobrement intitulé *Il fallait en dire un mot…* que nous livre le professeur Paul-Gérard Pougoué, ce qui frappe d'emblée le lecteur est que l'entreprise impressionnante de l'auteur a vocation à couvrir tous les éléments de sa vie, toutes les libertés et tous les liens qui la caractérisent. Il ne s'agit certes pas de Mémoires car la réflexion l'emporte sur le récit mais bien d'un examen de toute sa vie, personnelle et sociale, mené par un honnête homme. Cet honnête homme est aussi un universitaire, un citoyen camerounais, un époux et un père, un ami, et un chrétien. Autant d'aspects qui s'imposent à la lecture des différents chapitres du livre. Ce qui frappe aussi, c'est que Paul-Gérard n'a pas souhaité être le seul à s'exprimer sur ce qu'a été et ce qu'est sa vie, dans sa richesse et dans sa diversité ; il a donné aussi, dans chaque chapitre, la parole et la liberté d'écrire notamment à des collègues, à des penseurs, à des religieux et à des proches, et c'est à ce dernier titre qu'il m'a fait l'honneur de me demander de rédiger une préface de l'ouvrage.

Je ne sais pas s'il est fréquent que l'on commence à lire un ouvrage par sa préface. J'en doute un peu. Si c'est pourtant le cas, cher lecteur, chère lectrice, entre volontiers dans cet ouvrage, qui va te réserver une riche rencontre avec l'auteur. Et si tu as déjà lu ou parcouru l'ouvrage au moment où tu liras ces quelques lignes, je pense que tu souscriras tout à fait à ce que je dis ici.

Qu'il me soit en tout cas permis de dire dans quelles conditions j'ai connu Paul-Gérard Pougoué. Il me faut alors, d'emblée, évoquer la belle figure de celui qui fut notre maître commun, le professeur Jean Derruppé. C'est en effet Jean Derruppé qui nous mit en contact, à l'automne 1981, ce qui nous permit de faire connaissance et de nous engager déjà dans une préparation commune du concours d'agrégation de droit privé et des sciences criminelles qui devait se tenir en 1982.

Nous franchîmes donc ensemble les différentes étapes du concours et voilà que, en décembre 1982, nous fûmes l'un et l'autre reçus au concours, moi nommé à l'université d'Angers et Paul-Gérard à l'Université de Yaoundé. Dois-je dire que, dans l'une des épreuves du concours, celle de la leçon en équipe de vingt-quatre heures, j'avais eu l'occasion d'être frappé par le sang-froid et la souplesse intellectuelle de Paul-Gérard en même temps que par son sens de l'équilibre des démonstrations et des positions.

Le concours passé, nous aurions pu ne plus entretenir que des relations certes cordiales, mais lointaines et espacées. Or ce n'est pas du tout ce qui s'est passé et cela est largement dû à Paul-Gérard lui-même. À trois reprises, il m'invita pour des missions d'enseignement et de recherche à l'Université de Yaoundé et moi-même comme mon épouse gardons de ces séjours un souvenir très fort. Ce fut pour Ghislaine comme pour moi une première découverte de l'Afrique, au travers de ce pays que l'on décrit parfois comme une Afrique en miniature mais qui est loin, très loin de cette image un peu convenue, tant il recèle de puissance et parfois de mystère. Il est du reste des découvertes que je n'ai pas oubliées, celle, dans le Sud du Cameroun, de la forêt tropicale et de la région de Sangmelima, celle plus encore de l'Ouest et du Pays des Bamilékés, d'où est originaire Paul-Gérard, pays de collines et de hauteurs parfois fort élevées, que l'on atteint par des cols, ainsi du col de Batié, et où l'on respire un air léger et régénérant, cet air même que l'on respire aussi à Dschang. Et puis, sur la route qui mène à l'Ouest, l'arrêt dans les marchés vivants et colorés me revient aussi en mémoire. On pourrait certes penser qu'il n'y a eu là que le dépaysement attendu de tout voyage un peu lointain. Pour autant, je n'entends pas pour ma part oublier combien cette expérience africaine, si modeste a-t-elle été dans sa durée, a enrichi comme en miroir ma perception de ma propre famille, de mes propres engagements et de mon propre travail. Dans certaines cultures d'Afrique de l'Ouest, la visite de l'étranger de passage est perçue, dit-on, comme celle d'un ancêtre de la famille, mais il se peut aussi que l'étranger de passage, sans nécessairement s'en rendre compte, rende visite à sa propre famille et à ses propres aïeux.

Il me faut dire ici que nous avons aussi partagé une trajectoire professionnelle et de recherche comparable, puisque venant l'un et l'autre, par nos thèses respectives, du droit privé général et du droit international privé, nous avons ensuite, sans oublier ces origines, accosté aux rives du droit social. Et sans doute avons-nous été tout au long de notre carrière et aujourd'hui encore animés par une recherche sur le droit lui-même, aussi bien pris dans son ensemble qu'au regard de ses différentes branches.

Et c'est ainsi que se construisent comme de concert des vies professionnelles assez proches, et qui nous ont amené à nous rencontrer souvent, particulièrement à Bordeaux, et spécialement au Centre de droit comparé du travail et de la sécurité sociale, autrement appelé Comptrasec. Comme je me réjouis que celui-ci, sous l'impulsion de Paul-Gérard, de Philippe Auvergnon, de Jérôme Porta notamment, ait orienté une partie de ses recherches comparatistes vers le droit social africain !

Les titres des chapitres de l'ouvrage sont à eux seuls tout fait révélateurs du fond de la pensée de Paul-Gérard et de la dynamique de son expression. Qu'on en juge ! *Le cercle extraordinaire de la famille,* vision ouverte et pluraliste de la famille et de toutes les familles, *Le ressenti national*, où le sentiment national est profondément vécu dans un attachement personnel à tout ce qui fait le Cameroun et tout ce qui se rapporte à lui, *Gouvernance de la cité*, toute entière inspirée de l'exigence démocratique, *Chefferie traditionnelle, demain,* quand il revient à l'avenir de conserver et d'affiner une tradition dans ce qu'elle a de meilleur, *Idéal de justice et règne du droit*, au cœur des engagements professionnels et personnels de Paul-Gérard, *Le système éducatif, pilier de tout pays*, chapitre, on ne s'en étonnera pas, particulièrement développé et innovant, *L'enseignement du droit*, avec un vibrant plaidoyer, convaincant et original, sur la nécessité de faire apparaître tout l'environnement du droit en même temps que « la beauté du juste », *L'emploi et la formation professionnelle*, qui, au regard de l'urgence d'une situation très préoccupante, requièrent des politiques innovantes et déterminées, *Le travail et la performance globale de l'entreprise*, tournant autour du travail vu comme une valeur et du souci d'articuler travail décent et performance globale de l'entreprise, *Discontinuités d'activité et justice sociale*, contenant une belle réflexion sur la sécurité sociale et sur la protection sociale et appelant à l'adoption, dans le cadre de l'Union Africaine, d'une Charte africaine de Sécurité sociale, *Codification du droit des personnes et de la famille,* forte réflexion sur ce que l'auteur nomme heureusement l'éthique et l'esthétique de la codification, tout en dessinant le processus de codification ambitieux et exigeant qu'il appelle de ses vœux, *Questions telluriques et développement rura*l, plaidant en faveur d'une quasi-propriété des occupants du domaine national, d'une protection plus ferme et rigoureuse du droit de propriété, d'une prise en compte sérieuse des exigences du développement durable et de la protection de l'environnement, *Organisation pour l'Harmonisation en Afrique du Droit des Affaires(OHADA) et le défi d'un nouveau pôle de développement*, remarquable analyse des succès déjà constatés de l'OHADA, des problèmes qu'elle doit affronter et des mesures susceptibles d'amplifier la marche en avant de ce très original processus d'unification, *L'homme, quelle merveille* !, Belle réflexion sur la dignité humaine, « qui est le principe juridique premier », sur la dignité de l'être humain créé par Dieu à son image, *Il y a au-dessus de nous Dieu*, très beau texte de réflexion religieuse, particulièrement frappant et émouvant par sa richesse en hymnes et en prières.

Comment ne pas être impressionné par un tel développement des thèmes et de la pensée, par une telle richesse d'échelles, qui fait immanquablement penser à la belle image biblique de l'échelle de Jessé, de la Terre jusqu'au Ciel ? Encore faut-il se garder de considérer que les quinze chapitres ici recensés sont d'importance croissante tant ils sont intimement liés dans l'esprit de l'auteur, qui est tout à la fois un enfant de son peuple et de son pays, un époux et un père, un professeur, un expert, un citoyen et un chrétien et qui entend faire raisonner en harmonie tous ses engagements de vie. Et comment aussi ne pas entendre cet appel aux juristes à se faire, pour transposer une belle formule du pape Paul VI, experts en humanité ?

Chaque chapitre suit trois mouvements, celui de Paul-Gérard lui-même, celui des proches et des amis, des collègues, des intellectuels et des religieux qu'il a spécialement conviés à intervenir dans le thème choisi, et enfin la réflexion de Paul-Gérard née de la lecture des contributions ainsi offertes. C'est un grand plaisir de lecture, et aussi de comparaison, en même temps qu'une très forte incitation donnée au lecteur d'ajouter en pensée ses propres impressions à celles des différents auteurs.

Pour ma part, de la première à la dernière page, dans un mélange de grande familiarité et parfois de distance et d'étrangeté, j'ai été amené, comme, je pense, tous les autres lecteurs, par Paul-Gérard lui-même, à évaluer et à apprécier ce que la pensée de ce proche ami peut m'apporter dans ma propre pensée de ma propre situation. À la fois si proches et si différents, nous nous sommes précisément rencontrés pour mieux nous connaître nous-mêmes. On dit souvent, dans nos milieux comparatistes, que le droit comparé est une grande école de recul et d'écart par rapport à son propre droit, précisément pour mieux le connaître. Et bien, il en est de même de l'amitié.

S'il est aussi non pas une leçon mais un exemple que cet ouvrage nous donne, c'est que Paul-Gérard est tout à la fois et intimement un membre, ô combien actif et solidaire, de sa famille d'origine et de la famille qu'il a lui-même créée avec Léocadie, un universitaire et un chercheur, un citoyen averti de l'importance de la formation des jeunes et de la formation professionnelle, un citoyen toujours pleinement conscient des exigences et des bienfaits de la démocratie, un chrétien enfin, apte à saisir que la foi chrétienne inspire et anime tous les versants et tous les mouvements d'une vie. Montesquieu, dans une formule célèbre, aimait les points de vue d'où l'on peut admirer « le tout ensemble ». Paul-Gérard Pougoué nous révèle ce que peut être, en définitive, le tout en un, quand tout ce qui fait la personne et ses engagements converge, au-delà de toutes les difficultés de la vie, dans une même direction. Et pour apprécier ce chemin, pour en mesurer les risques et les chances, les peines et les fruits, combien est-il utile de donner aussi la parole et la plume à tous ceux qui l'empruntent avec nous et qui ont l'occasion de nous croiser ! Oui, décidément, de tout cela il fallait dire un mot et c'est ce que fait Paul-Gérard Pougoué dans un livre, cher lecteur, chère lectrice, qu'il te revient décidément de lire.

Jean-Pierre Laborde
Professeur émérite de l'Université de Bordeaux
Membre du Centre de droit comparé du travail et de la sécurité sociale
(UMR CNRS-Université n° 5114)

Avant-propos

Une idée me taraudait l'esprit depuis un certain temps. La toile de fond était nette. Mais, la formule était nébuleuse. La première trouvaille a été vite abandonnée, à cause des difficultés pratiques réelles pour sa mise en œuvre. J'ai cru trouver une autre voie. L'on m'a fait savoir que ça risquait d'être une sorte de soliloque, pas très loin des formules classiques d'autobiographie écartées dès le départ.

Une voie médiane s'ouvrait : porter un regard sur quelques questions qui ont spécialement retenu mon attention tout le long de mon existence et de ma carrière universitaire et administrative ou tout simplement en tant que praticien du droit et observateur de la société camerounaise, tout en invitant des parents, des proches et des spécialistes à m'accompagner dans mes réflexions.

La période de gestation a été longue. Heureusement, mon épouse et mes enfants étaient là. Leur encouragement a été un ferment tout spécial. J'ai pu alors sélectionner les problématiques et arrêter l'approche méthodologique générale.

La première plume a eu lieu en septembre 2022 chez Nadine Kom et Pierre Kamgaing à Poitiers ; la deuxième chez Magali et Pierre Charles Pougoué à Brest ; la troisième chez Nadine et Hubert Tchakoute Tchuigoua à Bordeaux ; la quatrième chez Marie Christelle et Christel Geoffroy Pougoué à Paris. Chacune de ces étapes a été une source délicieuse d'inspiration : un cadre de vie accueillant et apaisant, un univers d'une chaleur humaine exceptionnelle et d'une très délicate attention, avec en prime la gaieté enivrante des enfants.

À Yaoundé, j'ai affiné le fond, peaufiné la forme et imaginé la présentation. Les libres réflexions des parents, amis et connaissances ont commencé à affluer :

Flavien **Ama**
Diplômé de l'École polytechnique de Paris
Consultant, Paris

Pierre **Ama F.M**
Ms.C Biologie de l'activité physique
HDR Physiologie des sports
Professeur d'EPS, hors échelle

Jean-Louis **Atangana Amougou**
Professeur agrégé de droit public et de science politique
Université de Yaoundé II

Thérèse **Atangana-Malongue**
Professeure agrégée des facultés de droit
Université de Yaoundé II (Cameroun)

Philippe **Auvergnon**
Directeur de recherche CNRS
Membre du Centre du droit comparé du travail et de la sécurité sociale de l'université de Bordeaux

Anne-Lyse **Bougha**
INPHB – MDE Business School Abidjan
Secrétaire Générale MAYELIA Participations

Jacques **Chatué**
Professeur de philosophie
Université de Dschang, Cameroun

Brigitte **Djuidje Chatué**
Professeur de droit privé
Université de Dschang

Joseph **Djogbenou**
Ancien ministre
Ancien président de la Cour constitutionnelle du Bénin
Professeur de droit privé
Université Abomey-Calavi

Alioune Badara **Fall**
Professeur émérite de droit public
Université de Bordeaux

Dorothy **Fon Engwali** (PhD)
Head of Rural Socioeconomics and Agricultural Extension FASA
Head of Department Agrobusiness, Faculty of Economics and Management
Université de Dschang

Raymond-Bernard **Guimdo**
Professeur de droit public
Université de Yaoundé II

Yvette Rachel **Kalieu Elongo**
Professeure de droit privé
Vice-doyen faculté des sciences juridiques et politiques
Université de Dschang

Emmanuel **Kamdem**
Professeur de sociologie du travail
ESSEC, Université de Douala / IME, Business & Engineering School, Douala

Nadine **Kom**
Cardiologue, Poitiers

Sylvain **Kuaté**
Professeur de droit privé
Université de Yaoundé II

Jean Pierre ***Laborde***
Professeur émérite de l'Université de Bordeaux
Membre du Centre de droit comparé du travail et de la sécurité sociale (UMR CNRS-Université n° 5114)

Lara **Lucurieux-Lafferonnaye**
Responsable formation, FLOA, Bordeaux

Père Gilbert **Mbula**
Recteur de la communauté des missionnaires xavériens de Yaoundé

Isidore Léopold **Miendjiem**
Professeur de droit privé
Directeur du Laboratoire Droit-Terre et Développement
Université de Dschang

Monique Aimée **Mouthieu** épouse **Njandeu**
Professeure de droit privé
Université de Yaoundé II

Djimasna **N'doningar**
Docteur en droit
Ancien 1er vice-président de la CCJA

Éric M. **Ngango Youmbi**
Maître de conférences de droit public
Membre de l'Association internationale de droit constitutionnel
Vice-doyen chargé de la recherche et de la coopération de la faculté de droit
Université de Garoua (Cameroun)

Louis **Nkopipié Deumeni**
Fonctionnaire international droits de l'homme

Anselme **Nzoko**
Sociologue
Université de Monatgnes Bangangté

Janvier **Onana**
Professeur de sciences politiques
Doyen de la Faculté des sciences juridiques et politiques de l'université de Ngaoundéré

Hilaire de Prince **Pokam**
Professeur des sciences politiques
Faculté des sciences juridiques et politiques de l'université de Dschang

Léocadie **Pougoué**
Biologiste
Ancien cadre à l'Institut Pasteur de Yaoundé

Pierre-Charles **Pougoué**
DESS Droit du travail - DESS GRH, IAE Bordeaux
Executive Education HEC Paris
Directeur animation et développement FedEpl

Abdoulaye **Sakho**
Professeur de droit privé
Directeur de l'École de droit gestion et économie
(Institut EDGE Dakar)

Georges **Sangang**
Diplômé de l'ESSEC (Douala)
Chef d'entreprise

Abbé Noël **Sofack**
Recteur de l'Institut Catholique de Bafoussam

Joseph Modeste **Tala**
Professeur agrégé des lycées
Ancien IPN de français (Mineduc)
Ancien délégué (Mineduc), Extrême-Nord (Maroua)

Émile **Tanawa**
Ingénieur, OIF, Paris

Jean-Marie **Tchakoua**
Professeur de droit privé
Université de Yaoundé II

Gérard **Tchouassi**
Professeur d'économie
Université de Yaoundé II

Scholastique **Tchoumbou**
Médecin, Lille

Emmanuel **Tonuitti**
Éthicien
Ph.D Théologie (Université Laval-Québec)
International Senior Advisor
Professor of Ethical Leadership

Prudent Victor **Topanou**
Maître de conférences de Science politique
Université d'Abomey-Calavi
Ancien ministre
Ancien député

Twengembo
Avocat, Yaoundé

Hervé **Wandji**
Sociologue du sport

Monseigneur Dieudonné **Watio**
Évêque émérite de Bafoussam

Grâce à la technicité de monsieur Fils Nke, l'ossature finale a été dressée. Plusieurs lecteurs ont permis de polir l'écriture.

On dit souvent qu'il n'y a pas de mot plus fort que « merci » pour exprimer sa gratitude. Mais, la dette d'amour envers toutes ces personnes qui m'ont encouragé, soutenu et contribué au fond ou au montage de l'ensemble est, dans le cas d'espèce, si pesante que « merci » est vraiment petit. Tout simplement, j'enfouis la délicatesse des uns et des autres dans mon cœur ; elle constitue une lumière intérieure si vive et si intense. Alors, du fond de mon cœur ainsi illuminé, je leur dédicace l'ouvrage.

Paul-Gérard Pougoué

1. Le cercle extraordinaire de la famille

Paul-Gérard Pougoué

La famille est extraordinaire ! Elle montre combien l'homme est avant tout un être social. Le cercle familial dévoile la fragilité et la dépendance de l'homme, mais aussi et surtout la fraternité et la solidarité des hommes.

La famille est la cellule sociale de base, peu importe l'approche culturelle, la famille basée sur le mariage, la famille compagnonnage qui insiste sur l'égalité des deux partenaires, la famille monogamique, la famille polygamique, la famille recomposée, la famille monoparentale, etc.

Elle est une école de la vie, parce qu'elle est un cercle au sein duquel l'on expérimente la gratuité et la beauté de l'amour ; parce qu'elle est une source précieuse de réconfort et d'énergie ; parce qu'elle est un cercle pour souffler et reprendre le souffle.

Flavien Ama

La famille est souvent considérée comme un lien de sang indissociable, mais il est indéniable que sa signification va bien au-delà de cette relation biologique. Et cela, nous l'apprenons souvent à nos dépens, mais aussi à travers les valeurs transmises par nos proches. En effet, ma famille que je qualifierai « de sang » m'a offert un encadrement dès mon plus jeune âge, en l'occurrence mes parents, frères et sœurs, oncles, tantes, cousins, ... Mais d'autres personnes en dehors de ce cercle ont tout aussi contribué en m'apportant un amour inconditionnel. Je peux citer par exemple : des amis d'enfance des parents, la famille de mon parrain, ou juste des amis proches dans le quartier.

Puis est venu le moment où, en tant qu'adulte, j'ai dû quitter le foyer familial pour poursuivre ma propre voie. Presque livré à moi seul pour prendre mes propres décisions, j'ai eu la chance de rencontrer des personnes qui sont devenues comme des frères et des sœurs pour moi. Que ce soit à Bordeaux, où j'ai trouvé un groupe de six amis avec lesquels nous nous sommes soutenus tout au long de notre parcours universitaire, ou à Paris, où, parmi mes presque 400 camarades d'école, une dizaine d'entre eux sont devenus les membres de mon cercle d'amis le plus proche. Ces amitiés solides témoignent de la nature élargie de la famille.

Il est donc important pour moi de revoir la définition traditionnelle de la famille, qui se concentre sur la parenté et la maisonnée, ne prend pas en compte l'aspect émotionnel et relationnel essentiel. Pour une meilleure compréhension, nous pouvons adopter une approche plus conceptuelle, telle que la définition mathématique qui considère la famille comme un « groupe dont tous les éléments sont des parties d'un ensemble donné ». Dans ce cas, cet ensemble est formé du lien d'amour et de solidarité inconditionnel.

Je dirai donc, en guise de conclusion, que la famille ne se limite pas au lien de sang. Les expériences personnelles et les relations étroites nouées avec des personnes en dehors du cercle familial démontrent clairement que la famille est bien plus complexe et étendue. En adoptant une vision élargie de la famille, nous pouvons apprécier l'importance des liens émotionnels et de soutien qui dépassent les frontières biologiques.

Scholastique Tchoumbou

La famille pour moi est comparable à un moule à gâteau mis dans un four ; quand la pâte est prête, on la verse dans le moule qui va ensuite dans le four préchauffé à une température convenable. Après quelque temps... le délicieux gâteau est au point !

Il en va de même pour nous. Nous avons été façonnés par le Créateur qui nous a fait naître dans une famille spécifique. Lui qui ne fait rien au hasard a préparé un moule pour nous, un creuset chaleureux riche en amour, sécurité, confort et paix. Toutes choses qui contribuent à encadrer notre maturité et nous préparent à affronter la vie.

La vie est donc le plus beau cadeau que Dieu nous donne pour notre arrivée sur cette terre des vivants. Venus seuls et démunis dans ce monde, nous sommes accueillis au sein d'une famille, d'un clan, d'une communauté. Dès lors commence une longue initiation, un éternel apprentissage au contact de ceux qui nous ont précédés.

Nous apprenons à marcher, à parler, à écrire, à courir, à rire, à interagir. Nous apprenons à lutter pour la survie. La famille est là pour nous encadrer, nous rassurer, nous aider à avancer, à nous relever lorsque nous tombons.

Parfois lorsque surgissent les doutes, les peurs et mille questionnements, nous nous tournons vers nos parents, nos aînés pour les conseils. Ensemble nous trouvons les solutions.

En Afrique noire et ailleurs aussi, la famille représente une grande force. C'est le socle de la vie en société; de la transmission trans-générationnelle des us et coutumes, du savoir ancestral qui fait notre identité.

C'est aussi le lieu par excellence de l'éducation de base et cette éducation est mise en péril par plusieurs facteurs. Oui la famille est en souffrance de nos jours. Son équilibre est menacé par plusieurs maux dont le manque de communication et l'individualisme.

Individualisme car nous ne savons plus donner avec désintérêt. Autrefois le bien-être de la communauté était au centre des ambitions mais de nos jours on ne pense qu'à soi. C'est la course au gain matériel parfois sans scrupules et à tout prix. Il y a même de plus en plus une concurrence malsaine dans nos familles, le plus écouté est le plus nanti. Le droit d'ainesse existe-t-il encore ?

Nos valeurs essentielles se transmettant par oralité, elles sont hélas en perte de vitesse avec l'avènement des téléphones portables et réseaux sociaux. Internet est certes une chance pour notre époque mais l'usage qu'on en fait peut être désastreux pour notre équilibre.

Nous communiquons plus sur nos téléphones portables et tablettes qu'avec nos proches.

Aucune famille n'est parfaite mais chacun de nous doit œuvrer à la rendre plus unie, prospère et harmonieuse.

Que deviendrait notre humanité si nous perdons le véritable sens de la famille ?

Nadine Kom

La famille...

S'il est bien un mot qu'on utilise souvent, c'est bien celui-là. Un mot habituel mais qu'on ne saurait pas toujours définir.

Doit-on en retenir la version nucléaire, qui serait constituée d'un père, d'une mère et de leurs enfants ? L'accepter serait tourner le dos à notre culture, à tout notre vécu, tant nous sommes peu nombreux à avoir grandi dans ce schéma. Nous sommes habitués à une famille plus élargie avec des frères et sœurs de passage, selon les besoins de leurs parcours, des membres de la famille ou des enfants d'amis de parents qui partagent notre quotidien nos loisirs et nos souvenirs.

Mais même en dehors du cadre de la maison, nous avons des « cousin.e.s », terme générique pour définir des personnes à qui nous sommes liées, souvent sans aucune filiation mais toutes aussi importantes tels des ami.e.s d'enfance qui finissent par faire partie de la famille.

Tant que nous vivons au Cameroun tout ceci se tient et nous arrivons à nous y glisser. En France ou à l'étranger nous faisons face à la question du non-initié, « mais comment vous êtes cousins ? Vous êtes liés par qui ? » Des questions d'autant plus difficiles que nous nous sommes faits des frères et sœurs supplémentaires dans l'adversité et la découverte du statut d'étranger.

Autant dire que les limites de la famille sont finalement celles de notre cœur. Et les différents modèles existant avec les recompositions familiales le confirment. Certains beaux-parents passent plus de temps avec les enfants que le parent biologique. Peut-on considérer qu'ils ne font pas famille ?

Bien que consciente qu'il faille figer les statuts un moment, je réalise la difficulté que cela entraîne. Et ce, d'autant plus que notre société a évolué, que les rôles ne sont plus figés. Nous sommes éduqués de manière à ce que ce soit simple : réussite scolaire et valeurs chrétiennes comme ferment de notre vie familiale. Mais l'usage nous démontre que ça ne suffit certainement pas, qu'il y a autant de modèles de représentation que d'individu ; que nos hybridations ne sont pas toujours sur les mêmes thèmes. Et donc que l'autre ne répond pas forcément aux attentes qu'on pensait implicites. Les nôtres mais aussi face aux enfants que nous élevons (accompagnons ou éduquons selon nos convictions).

C'est pourtant dans ce qui ressemble à un beau désordre que nous trouvons notre stabilité. Peu enclines à tout se refuser au nom de l'équilibre familial comme nos mamans, mais déterminées à tenir notre place. À répondre aux besoins des enfants, questionner en permanence notre couple, nous obligeant à ne pas nous endormir sur des certitudes. Et à répondre au fameux qu'est-ce qui vous lie ? C'est la famille, les enfants ont plusieurs papis et mamies, de nombreux cousins et cousines. Ils le savent et vivent très bien dedans. Parce que plus que le sang, c'est la vie qui fait de nous des frères et sœurs.

Paul-Gérard Pougoué

Cet univers extraordinaire peint par Flavien, Scholastique et Nadine, je le ressens fortement en contemplant ma famille. Celle-ci s'est même élargie énormément, sans que je ne puisse l'expliquer. C'est une vaste constellation où les bons sentiments coulent abondamment.

J'ai bien connu mon père, Charles ; il a vécu 75 ans. Je l'adorais. Il faisait tout, absolument tout, pour que la vie soit allégée pour moi. Il me disait toujours en image : saches que tu es un orphelin, bats-toi pour réussir, n'envies personne, n'agis pas par imitation. Bref, en toute circonstance, il faut savoir juger ses potentialités, cultiver le sens du discernement et garder sa dignité.

Il avait un grand sens de la famille élargie. Très rassembleur, il cherchait ses frères et sœurs, essaimés dans le pays. Sans doute, parce qu'il était héritier de son propre père. Mais, assurément, parce qu'il avait un grand cœur.

Avec lui, j'ai eu une idée de mon grand-père et de ma grand-mère paternels. Et je suis très heureux de parler de mon arbre généalogique du côté de mon père jusqu'à la quatrième génération ; maintenant, moi, enfant de Nkongsamba, je suis totalement intégré dans mon village Koba, dans le groupement Bakou, dans le département du Haut Nkam, au pays Bamiléké, à l'Ouest du Cameroun. La dévotion aux ancêtres n'est pas un culte, mais un acte de purification et de communion avec ces « morts en Dieu ».

J'ai bien connu ma mère, avec son prénom très expressif : Victoire. Son intelligence et son ardeur au travail ont été un ferment pour moi. Elle était une princesse du village Badjiéko dans l'arrondissement de Bakou ; plus précisément, fille du chef. Je suis aussi, par conséquent, automatiquement prince de ce village, avec, du reste, le titre de Nzeu Soo Pookam. Tout jeune, j'ai connu son frère consanguin, successeur de leur père au trône de la chefferie. Comme je contemplais ses oripeaux, quand il passait par chez nous à Nkongsamba !

Très tôt, elle est tombée malade. Mal d'estomac. Comme c'était impressionnant à l'époque. Aujourd'hui, comme la thérapie aurait été simple et rapide ! Mon père, son époux, s'en est bien occupé ; j'en garde un merveilleux souvenir et en a tiré une belle leçon de la vie de couple. Ma maman le rendait bien à mon père. Elle me disait toujours : n'oublies pas, quelles que soient les circonstances, que ton père est ton père ; il ne faut jamais lui en vouloir. D'ailleurs, parce qu'elle était malade et que le couple n'avait fait qu'un enfant, moi en l'occurrence, je la soupçonne fortement d'avoir convaincu mon père de prendre une seconde femme à un âge avancé, certes, pour lui donner d'autres enfants, mais assurément par amour. L'amour dépasse souvent certains dogmes. Le premier fils de la seconde femme de mon père, malheureusement décédé avant elle, portait le nom de ma mère. Quel amour ! Avec le recul, je rapproche cette situation de celle d'Abraham et de Sarah, naturellement avec toutes les réserves.

Dans la tradition Bamiléké, j'ai organisé les funérailles de mon père et de ma mère. Les funérailles constituent un acte sacré de purification, de réconciliation, de libération, et, seulement après, un moment de commémoration et de réjouissances. J'ai senti mes parents joyeux et dansant, là-bas, dans l'au-delà, au paradis.

J'ai également bien connu ma grand-mère maternelle, fille du 1er notable du village Bakambé. Elle a été donnée en mariage à la chefferie Badjiéko. Ainsi, j'ai pu aussi remonter l'arbre généalogique du côté de ma mère.

Elle est là, bien vivante dans mon cœur, ma grand-mère maternelle, mami Suza, pour Suzanne Simantcha ; femme svelte et solide, même à un âge avancé, mère prévenante et soucieuse de la cohésion de ses progénitures. Je suis heureux que ses descendants prennent de plus en plus conscience de cette cohésion et entretiennent entre eux une certaine chaleur bienveillante.

Mon grand-frère. Pierre ! Jusqu'en classe de terminale, c'est mon grand-frère, même père, même mère. Tout le monde le considérait ainsi. J'ai toujours vécu sous son ombre. Tous les 29 juin, il m'appelait pour me souhaiter bonne fête : Saint Pierre et Saint Paul. Alors, je lui souhaitais aussi bonne fête. Ce souhait, ce jour-là, manifestait le lien fusionnel entre lui et moi, rappelant les deux piliers de l'Église du Christ. Il est décédé, il y a peu. Je me sens maintenant seul, vraiment seul. Je prends toujours son exemple pour illustrer, dans notre famille élargie, l'amour fraternel. Je lui dois une dette éternelle d'amour.

Mes véritables frères et sœurs consanguins, les enfants que mon père a eu dans son âge avancé avec sa seconde épouse, sous la tolérance admirable de ma mère ! Je sais que le plus grand souhait de mon père, à l'heure de sa mort, était la cohésion de tous ses enfants. On s'y emploie, avec des hauts et des bas. Lui-même y veille de là où il se trouve, de telle sorte que l'union sacrée est toujours là, vivante. Avec mes frères consanguins, nous avons eu un élan de cœur extraordinaire et avons refait la maison familiale de Nkongsamba. À la grande satisfaction de la veuve de mon père. L'esprit de famille en est sorti grandi. Mon père en est ravi, je le sens ; mais, je sens aussi qu'il aimerait qu'on aille plus loin dans la cohésion fraternelle.

Ma famille nucléaire et, dans le prolongement, les familles nucléaires de mes enfants. Quelle merveilleuse toile !

Avant tout, mon épouse, Léocadie. Très tôt, orpheline de père et de mère, elle n'a pas eu une enfance choyée comme moi. Mais quelle extraordinaire épopée ! Elle a été élevée par la Providence. Le Seigneur est véritablement le père des orphelins. Brillante, elle a eu un remarquable parcours. Avec sa compagnie, j'ai compris qu'il faut vivre l'instant présent et s'abandonner à la Providence. Il y a d'ailleurs un rapprochement avec les conseils de mon père.

Peut-être, à cause de la racine « Léo » de son prénom, elle rugit fort. Quand elle rugit ainsi, il faut s'éclipser ; et l'on se rend très vite compte que ce n'est pas un rugissement, mais un cri d'amour, un cri de sagesse, un cri de rassemblement, un cri de réconciliation, un cri porteur des initiatives salutaires, des idées et des inspirations inattendues.

Surtout, quand on la côtoie, quel trésor l'on découvre ! Une brue très attentionnée ; mon père en sait quelque chose. Une brue dévouée et bienveillante ; ma mère en sait quelque chose. Une mère attentionnée, rigoureuse et protectrice ; nos enfants en savent quelque chose. Une mami généreuse ; nos petits enfants en savent quelque chose ; une épouse véritable ; j'en sais quelque chose et la remercie infiniment de sa continuelle présence à mes côtés, de son assiduité à m'aimer, de sa constante et délicate attention.

Enfin et par-dessus tout, une femme de prière. Tout son entourage le sait. C'est la plus belle moisson qu'elle m'a apprise. Raison supplémentaire pour admirer la merveille qu'elle est.

J'aime beaucoup cette photo où mon épouse et moi, nous sommes au centre, et nos enfants, nos trois anges, Pierre-Charles, Nadine et Christel Geoffroy, notre beau-fils et nos belles filles et nos petits enfants en médaillons sur le pourtour. Je les ai bercés ; ils me réinventent ; ils me dorlotent tant ; ils prennent si bien soin de moi ; ils sont aujourd'hui mes conseils, et la sagesse est de leur côté.

Je les aime tant. J'ai insisté tant sur la fraternité. Eux, ils développent tant la cohésion entre eux, tout en étant, je le rappelle toujours, très attentifs à la personnalité propre de chacun et à la spécificité de chaque famille nucléaire. Au besoin, il faut reconnaitre l'accord sur le désaccord dans l'intérêt supérieur de la cohésion familiale, par fidélité à la famille. Celle-ci n'est ni conformisme ni uniformisation ; elle signifie la pureté d'intention d'avancer ensemble en famille. Ce sont des complices. Cet air de famille me réjouit tant. Ce cercle restreint est un refuge sûr.

À mes enfants, j'assimile volontiers mes filleuls de baptême et mes filleuls de mariage, ainsi que les amis de nos enfants. Ces derniers sont si précieux ; ils rajeunissent ma pensée et ouvre mon esprit. Surtout ils sont si attentionnés. Lorsque le cercle familial s'élargit ainsi, on ne peut qu'applaudir à grands cris.

Les amis et les disciples ne sont pas loin de là. Quelques aînés parmi eux sont de fidèles et sincères amis ; les plus jeunes renouvellent l'immense joie de rendre service et d'accompagner un plus jeune dans sa trajectoire.

Comment ne pas évoquer les collègues ! On ne les choisit pas ; on chemine ensemble. Beaucoup sont charmants. Il y a toujours la fierté et la dignité d'être dans le temple de l'université. On oublie vite les virus qui flottent.

Je suis très marqué par la sympathie de certains disciples et collègues, manifestée par trois ouvrages collectifs dédiés :

- « De l'esprit du droit africain », Mélanges en l'honneur de Paul-Gérard POUGOUÉ, Wolters Kluwer, CREDIJ, 2014, 802 pages ;
- « L'obligation », Études offertes au Professeur Paul-Gérard POUGOUÉ, l'Harmattan Cameroun, 2015, 1104 pages ;
- « Développement durable en Afrique », en l'honneur du Professeur Paul-Gérard POUGOUÉ, Presses de l'UCAC, Yaoundé, 2016, 349 pages.

J'aime ce cercle familial, parce que, en s'élargissant, il a développé chez ses membres l'ouverture d'esprit et l'ouverture à l'autre, le sens de l'humanité et le sens de la solidarité.

Anne-Lyse Bougha et **Pierre-Charles Pougoué**

De la juste distance : de la famille à soi.

- La famille

Mignaloux près de Poitiers, octobre 2022, balade en forêt avec le Prof (nous avons l'habitude de le nommer ainsi dans nos échanges) qui m'expose les grandes lignes du livre qu'il souhaite écrire. Au fil de nos échanges, il fait évoluer son idée initiale pour aboutir à ce que vous lisez à l'instant. Il définit les thèmes et me demande si j'ai des noms à lui proposer. Je lui indique que le thème de la famille est intéressant à condition de l'appréhender sous un prisme plus large. Je le propose à deux personnes qui me sont chères. J'ai en idée une écriture à quatre mains. NNK décline avec humour et tact arguant que je « surestime ses performances littéraires ». BAL exprime un intérêt sous réserve que cela se fasse réellement à quatre mains. Albert Camus considérait son amitié avec René Char, comme une valeur aussi solide et structurante qu'un lien filial heureux : « *La vie d'aujourd'hui est trop dure, trop amère, trop anémiante, pour qu'on subisse encore de nouvelles servitudes, venues de qui l'on aime. C'est ainsi que je suis votre ami, j'aime votre bonheur, votre liberté, votre aventure en un mot, et je voudrais être pour vous le compagnon dont on est sûr, toujours* ». C'est exactement ce qui me lie à NNK et BAL. Est-ce cela la famille, aussi ?

Ensemble des personnes vivant sous le même toit, au sens étymologique du terme. Les personnes apparentées vivant sous le même toit et, spécialement, le père, la mère et les enfants au sens restreint ou alors succession des individus qui descendent les uns des autres, de génération en génération ou descendance, lignée, postérité d'après le Robert. « Aucune de ces définitions ne m'a vraiment accrochée parce que la vie m'a fait découvrir la famille d'une autre manière » réagit instantanément BAL.

Dans Les Structures élémentaires de la parenté (1949), l'anthropologue Claude-Lévi Strauss nous explique que la famille est avant tout une structure : une structure de relations, organisée de sorte que chacun de ses membres ait un rôle attitré par rapport aux autres (père, mère, enfants, oncles et tantes, grands-parents, etc.). Il existe un ordre, même tacite, au sein d'une famille, généré lui-même par un système d'alliances préalables. La famille serait bien plus qu'un groupe d'individus partageant un espace physique et psychologique commun : c'est un système social naturel avec ses propriétés, son propre ensemble de règles, des rôles prescrits pour chacun de ses membres et un système de pouvoir structuré. Ce qui rentre dans la famille semble s'élargir.

Dès la naissance, on se retrouve au sein d'une famille… fonctionnelle… ou dysfonctionnelle. C'est l'un des premiers mots qu'on apprend. C'est ta famille. Papa, maman, les frères et sœurs ; c'est ce premier cercle fermé que l'on découvre. Après on fait la connaissance des grands-parents, des tantes, des oncles, des cousins et des cousines. Une multitude de personnes qui font partie de notre quotidien sans pour autant que l'on sache réellement ce que l'on partage hormis un pourcentage d'ADN d'une quantité ridicule pour certains. Il s'avère sans nuage persistant ce quotidien en général ; car il est rassurant par sa chaleur, son amour, le sens du partage. On n'a pas besoin de se poser de questions ou on refuse de s'en poser. On se sent tellement bien entouré des siens quand bien même on est différents. Le seul fait d'avoir du monde autour de soi, de vivre des moments avec les siens suffit à nous rendre heureux. Les fêtes et autres évènements de la vie rythment ce quotidien.

- La famille augmentée

BAL et moi sommes les ainés de nos familles respectives. Certainement, une donnée qui nous a rapprochés. Pour elle en tant qu'ainée, ce quotidien a pris très vite une connotation différente. « Toute petite, j'ai découvert que derrière les fous rires, la joie d'être ensemble, d'avoir tout ce qu'on voulait, d'être aimés par de nombreuses personnes, de pouvoir fêter ses anniversaires, les fêtes de Noel, de nouvel an, les réceptions fastueuses du Docteur (nous avons l'habitude de le nommer ainsi dans nos échanges), se cachaient une réalité bien moins reluisante » me relate BAL. Et elle rajoute « J'avais quatre ans la première fois que j'ai entendu des cris une nuit. Pourquoi cette scène est restée dans ma tête ? Peut-être parce qu'à partir de ce moment j'ai compris malgré mon très jeune âge, malgré moi que tout n'était pas forcément rose. Cette joie, ce réconfort, cet amour qu'on avait et qu'on recevait pouvait en même temps être douloureux et source de pleurs. Qui aurait cru que les pleurs peuvent faire partie d'un cocon familial si rassurant ? ». Comme pour faire écho, j'ai pour ma part le souvenir de la tristesse qui a envahi la maison au départ de l'oncle maternel du Prof, et surtout du père du Prof dont je suis l'homonyme. On ne conscientise pas tout le ramdam et pour autant, on comprend qu'il se passe quelque chose. Que les pleurs font partie du cocon familial.

Ce melting-pot d'émotions a bercé nos années cocon. Pour BAL, un autre événement fut douloureux avec un impact significatif sur la notion de famille. Elle raconte : « ce matin où j'ai vu ma mère mettre quelques valises dans sa Peugeot 305 et partir. Elle m'a dit « Sois forte ma fille », et elle a démarré. J'avais neuf ans et demi. À partir de ce moment ma vie n'a plus jamais été la même. Je me suis retrouvée trop vite propulsée dans un monde d'adultes où pour moi la signification du mot famille prenait une nouvelle tournure. C'est vrai que entretemps il y avait eu des événements malheureux tels les décès des grands-parents partis trop tôt des deux côtés, de certains oncles et tantes très proches, mais ce n'était pas pareil. J'ai vraiment pris conscience que mon enfance était terminée. Il fallait apprendre à vivre autrement, à vivre sans maman, à redéfinir le visage maternel. Ma grande cousine qui vivait avec nous depuis notre naissance à tous les quatre est devenue malgré elle notre mère. On s'est accrochés à elle comme des naufragés à une bouée de sauvetage. C'était véritablement notre bouée de sauvetage. Son mariage quelques années plus tard a été un véritable drame familial pour nous. Encore !!!!!!!! Pour nous c'était perdre une deuxième fois notre mère. On a pleuré toutes les larmes de nos petits corps durant les trois jours qu'ont duré son mariage. On en rit aujourd'hui mais on avait abîmé ses photos de mariage parce qu'en larmes sur quasiment toutes les photos où on apparaissait. Il a fallu plusieurs mois pour qu'on s'en remette. La pauvre était obligée de nous prendre quasiment tous les week-ends pour qu'on se sente bien. Août 1987, du 27 au 30. Des jours inoubliables tellement ils ont été déchirants pour nous. ».

Je me souviens de l'arrivée du troisième larron de la fratrie Pougoué. Cependant, je n'ai aucun souvenir du ventre arrondi de Mère Pougs. Il se créa un lien très particulier, fusionnel entre ce troisième larron et moi. Il y a 8 ans d'écart entre nous. Durant mon adolescence, il était toujours avec moi. Nous formions un duo au sein du cocon. En devenant adultes lui, moi et la fille préférée du Prof, nous primes conscience de ce que l'on nomme « la juste distance » tout en restant proches.

Pour BAL, elle vécut un événement similaire. Il s'agit de la naissance de sa sœur cadette. Il y a 13 ans d'écart entre elles. Nouveau melting-pot d'émotions. Maman divorcée depuis quelques années, pas remariée, qui devient à nouveau mère pour la cinquième fois. Une joie immense pour les quatre enfants, un choc pour le Docteur, précise BAL. « Il n'avait pas compris que pour nous, la venue de cette dernière donnait un sens nouveau au mot famille. Maman sans s'être remariée avait un enfant. Donc la famille peut aussi être monoparentale ? Une nouvelle donne à intégrer dans notre quotidien. »

Avec l'école on se fait des amis, on se crée de nouveaux liens et on apprend quelquefois que le bonheur peut également être ailleurs qu'avec les frères, sœurs et autres membres de la famille dans sa définition originelle.

BAL et moi, nous nous rencontrons au lycée. On s'épie mutuellement en 6ieme et 5iéme. Et c'est réellement en 4ieme que l'on se rapproche. Et j'avais déjà rencontré HWK et TYES. Et nos parents respectifs vont se lier à des degrés divers.

La bande en général a donné naissance à de petits groupes avec des liens particuliers. BAL revient sur cette période : « J'étais contente d'avoir ces personnes pour amis qui deviendront également ma famille. PCP m'a présenté sa petite sœur qui venait d'entrer en 6ème. Adolescence acnéique oblige, pour lui, il n'y avait rien de cool à devoir gérer cette fille qui était je dirais assez spéciale. Là encore je me suis retrouvée petite maman trop vite. S'occuper de NTP au lycée était un travail de plein temps. Il fallait aller la chercher à la sortie de sa classe quasiment tous les jours et ne surtout pas la laisser s'approcher de son grand-frère. C'était incompatible avec son charisme. ». Vous vous doutez bien que ce paragraphe est maintenu alors qu'il fait état d'une attaque ab hominem…

Progressivement, BAL a intégré le cercle de la famille du Prof. « Au travers d'eux, j'ai redécouvert la famille originelle. » affirme-t-elle. La première fois où elle s'est rendue au domicile, elle fut intimidée devant le Prof qui la regardait derrière ses lunettes. « Mère Pougs, de prime abord, avait un visage impassible, mais très vite est devenue souriante » se souvient-elle. Nous nous retrouvions régulièrement, avec le reste de la bande, dans nos domiciles respectifs. Chez le Docteur, il s'agissait de parties de crêpes et de jeux de sociétés. Chez le Prof, il s'agissait de trainer en refaisant le monde. Nous avons ainsi créé un rituel. BAL utilise plutôt le mot routine. « Aller chez le Prof est devenu une routine et m'a rapprochée de cette famille. Je me suis sentie à la maison et je pense que ça a été pour beaucoup dans les relations développées au fil des années. J'étais heureuse quand le Prof était fier de mes résultats scolaires. La fille qui donnait du fil à retordre aux garçons. J'étais heureuse que Mère Pougs fasse attention à moi. PCP est rapidement devenu mon meilleur ami et le lien avec sa sœur s'est renforcée. Et à l'inverse, il a noué des liens indéfectibles avec mes sœurs. On partageait quasiment tout. Leur maison était devenue ma maison. Je me sentais chez moi chez eux. Et c'est toujours le cas aujourd'hui. Chez eux j'ai retrouvé tous ces éléments qui font la beauté d'une famille. Je connaissais tout le monde, tout leur monde. L'amour au sens pur du terme, les sentiments vrais, le réconfort, un lieu où on peut se ressourcer sans se poser de questions, un havre de paix. C'était naturel, c'était normal ».

BAL intégra le duo que je formais avec HWK. Nous devenions ainsi un trio (et même plus tard un quatuor avec TYVES). HWK fait partie également de ce quotidien avec la famille Pougoué. Il était également le fils de la famille. Cette « famille à soi » a réussi à survivre aux départs de certains membres du quatuor pour la suite de leur étude à l'étranger. BAL continuait à faire des crêpes, non plus pour les garçons, mais pour Mère Pougs chaque fois que cela était possible. Le rituel restait en place. La routine était intacte.

Malgré la distance, nous sommes restés très proches et cette proximité se singularisa sous différents aspects au fil du temps, au fil de la vie que nous menions et des expériences qui étaient les nôtres.

Puis ce fut autour de BAL et de ses sœurs de quitter le Cameroun pour mener des études à l'étranger. Une famille oscille entre séparation et retrouvailles. Une famille à soi n'échappe pas à ces vicissitudes de la vie.

Aujourd'hui, Cette famille à soi, ce quatuor d'amis, intègre des sœurs, des frères, des parents et même des rencontres professionnelles et spirituelles. La fable des porcs-épics racontée par Arthur Schopenhauer dans Parerga et Paralipomena, indique à quoi correspond la famille à soi :

"Par une froide journée d'hiver, un troupeau de porcs-épics s'était mis en groupe serré pour se garantir mutuellement contre la gelée par leur propre chaleur. Mais tout aussitôt, ils ressentirent les atteintes de leurs piquants, ce qui les fit s'écarter les uns des autres. Quand le besoin de se réchauffer les eut rapprochés de nouveau, le même inconvénient se renouvela, de sorte qu'ils étaient ballottés de çà et de là entre les deux maux jusqu'à ce qu'ils eussent fini par trouver une distance moyenne qui leur rendît la situation supportable".

Au sein de ce quatuor, nous faisons attention les uns aux autres, nous créons les conditions permettant à chacun de souffler, de reprendre un souffle, de respirer. On se parle quasiment tous les jours et on échange sur tout. On garde notre esprit d'enfants.

Et BAL précise : « Pour en revenir à la famille Pougoué qui me permet de m'exprimer à travers ces écrits, ça fait 37 ans que ça dure. PCP a été le canal par lequel cette famille est devenue ma famille est aujourd'hui plus que mon meilleur ami, il est mon alter égo, mon âme sœur. Il m'a ouvert sa vie, à tous les niveaux. Ses amis que je ne connaissais pas, sa femme, sa belle-famille, les Clones, etc. On partage nos joies, nos peines, nos défis du quotidien de la vie et on construit et déconstruit le monde ensemble. NPT m'associe à quasiment tout ce qu'elle fait ou ne fait pas. Le dernier de la fratrie, dont je suis fière, m'a également ouvert sa porte (femme, enfants, amis) Les parents, le Prof et mère Pougs, sont mes parents et c'est avec une grande émotion que je parle d'eux. Je les aime d'autant plus que je ressens leur amour en retour Le Prof m'a serrée dans ses bras en octobre 2022 dans une gare en Europe. Nous nous n'étions pas vus depuis décembre 2020. C'était intense ».

De la famille de naissance à la famille à soi, il est question d'équilibre D'un côté, l'humain a besoin de proximité avec ses semblables, lui qui ressent « *vide et monotonie dans sa vie intérieure* ». Mais d'un autre, il a besoin de distance pour supporter « *l'antipathie* » et les « *défauts insupportables* » de ses pairs. La juste distance que l'on peut parvenir à trouver entre les membres de sa fratrie permet ainsi de jouir de ses avantages sans trop s'exposer à ses inconvénients. Ni trop près, ni trop loin, et toujours avec beaucoup d'amour et de veillance.

Paul-Gérard Pougoué

On le voit, ce cercle extraordinaire ne se confond pas avec la famille biologique. Il magnifie « une famille de cœur », c'est-à-dire une famille – soutien inconditionnel, une famille – refuge de tous les instants, une famille – amour sans barrières, une famille – partage des soins, de l'affection, du bonheur, de la tristesse, de l'espoir, de la joie, à l'instar de la Sainte Famille de Nazareth.

Abbé Noël Sofack

Le sens chrétien de la famille

Le moins que l'on puisse dire, c'est qu'il y a plusieurs ombres qui recouvrent la famille aujourd'hui, mais aussi des lumières qui l'éclairent. En effet, le changement anthropologique et culturel influence aujourd'hui tous les aspects de la vie et expose par le fait même la famille à de nombreux défis qui la plongent dans une transformation profonde des valeurs, des normes et des structures familiales traditionnelles. D'où la crise du sens qui entoure cette institution fondamentale. Cette situation est due entre autres à la baisse de la nuptialité, de nouvelles formes d'unions et de familles, la croissance des naissances hors mariage, l'instabilité conjugale, la dissociation entre vie de couple et vie familiale, entre sexualité et procréation et entre engendrement et filiation, la participation massive des femmes au marché du travail, etc. *(Christine Corbeil et Francine Descarries, « La Famille : une institution sociale en mouvance », in Nouvelles pratiques sociales, Volume 16, numéro 1, 2003, p. 16-26).*

Devant ces réalités, l'on peut légitimement se poser la question suivante : de quoi parle-t-on exactement quand on évoque la famille ? En effet, des idéologies diverses façonnent et traversent la famille aujourd'hui. Et au milieu de cette diversité de sens et de significations, quel sens le christianisme en général et l'Église catholique en particulier donnent-ils à la famille ?

Pour bien percevoir le sens chrétien de la famille, il faut partir de la conviction que l'homme vient de Dieu, et donc aussi le mariage et la famille, et que le Créateur leur a conféré une dignité incommensurable, pour ne pas dire sacrée. Une anthropologie biblique montre en effet que la famille traduit la volonté du Créateur qui avait trouvé qu'il n'est pas bon que l'homme soit seul (Gn 2, 18). Ainsi, le couple est l'expression première de la communion des personnes, appelées à ne plus former plus qu'une seule chair (Gn 2, 24). Ils ont aussi la mission d'être des co-créateurs par la procréation : « Soyez féconds, multipliez-vous et emplissez la terre » (Gn 1, 28). La famille est aussi le premier lieu d'humanisation de la personne et de la société, le berceau de la vie et de l'amour.

La doctrine chrétienne tient que l'institution du mariage, duquel découle la famille, est fondée et dotée de lois propres par le Créateur : primo, le fondement de la famille réside dans la libre volonté des époux de s'unir en mariage, c'est-à-dire le « oui » fondateur que l'homme et la femme se donnent librement et sans contrainte ; secundo, Dieu est lui-même l'auteur du mariage (Gn 2,24). Il n'est pas une création due à des conventions humaines ou à des contraintes législatives ; tertio, l'amour conjugal se fonde sur le don total et exclusif, de personne à personne, et sur un engagement définitif, irrévocable et public des époux *(Conseil Pontificale Justice et Paix, Compendium de la doctrine sociale de l'Église, Cité du Vatican, 2004, n° 215).* Sont ainsi affirmés les sacro-saints principes de l'unité et de l'indissolubilité de l'union entre l'homme et la femme, fixés par Dieu dans le livre de la Genèse et que le Christ rappelle (Gn 2, 24 ; Mt 19, 6-8).

L'indissolubilité du mariage n'est pas un « joug » imposé par Dieu aux hommes, mais bien plutôt un « don » fait aux personnes unies par le mariage *(Synode des évêques, XIVème Assemblée générale ordinaire, La vocation et la mission de la famille dans l'Église et dans le monde contemporain, Lineamenta, Cité du Vatican, 2014, n° 14).* Même si cette union a été endommagée par le péché et donné la possibilité du divorce (cf. *Dt* 24, 1), il faut souligner que la famille et le mariage ont été rachetés par le Christ (cf. *Ep* 5, 21-32) ; ils ont été restaurés à l'image de la Très Sainte Trinité, mystère d'où jaillit tout amour véritable, rendant les époux capables de témoigner de l'amour de Dieu et de vivre la vie de communion.

Pour l'Église, le mariage est donc une communauté de vie et d'amour *(Concile Vatican II, L'Église dans le monde de ce temps (Gaudium et spes), 1965, n° 48).* Face aux différentes formes de réductionnisme présentes dans la culture contemporaine, l'Église rappelle la vérité de cet amour qui implique le don réciproque de soi, inclut et intègre la dimension sexuelle et l'affectivité, en correspondant au dessein divin *(Ibid., n° 48-49).* Le pape Benoît XVI réaffirmait que « le mariage fondé sur un amour exclusif et définitif devient l'icône de la relation de Dieu avec son peuple et réciproquement : la façon dont Dieu aime devient la mesure de l'amour humain » *(Benoît XVI, Deus caritas est, Libreria Editrice Vaticana, 2005, n° 11).*

À côté de sa fonction religieuse et affective, la famille joue aussi un rôle social fondamental. Comme communauté de personnes, elle est la première « société » humaine, le lieu où l'enfant peut épanouir ses capacités et devenir conscient de sa dignité. En ce sens, la famille est la première structure fondamentale pour une « écologie humaine » *(Voir Synode des évêques, XIVème Assemblée générale ordinaire, n° 209-2014)* et elle contribue d'une manière unique et irremplaçable au bien de la société : « C'est ici que l'on apprend l'endurance et la joie du travail, l'amour fraternel, le pardon généreux, même réitéré, et surtout le culte divin par la prière et l'offrande de sa vie » *(Catéchisme de l'Église catholique, Mame-Plon, 1992, § 1657),* à l'exemple de la Sainte Famille de Nazareth qui en est l'admirable modèle *(Paul VI, Discours à Nazareth, 5 janvier 1964).*

Il ressort de l'enseignement biblique ainsi interprété par l'Église que la famille est la cellule vitale de la société, et en tant que telle, elle est la première société naturelle. La profonde conviction de l'Église est que la famille est le foyer de joies et d'épreuves, d'affections profondes et de relations parfois blessées. En ce sens, elle est vraiment une « école d'humanité » *(Concile Vatican II, L'Église dans le monde de ce temps, n° 52)* dont le besoin se fait fortement ressentir. Aussi, malgré les nombreux signaux de crise de l'institution familiale dans les divers contextes, le désir de famille reste vif, spécialement chez les jeunes, et motive l'Église, experte en humanité et fidèle à sa mission, à annoncer sans relâche et avec une profonde conviction l'« Évangile de la famille » *(Synode des évêques, XIVème Assemblée générale ordinaire, n° 2).*

Paul-Gérard Pougoué

Véritablement, la famille, expérience extraordinaire de la beauté de l'amour, est un cheminement pour une vie joyeuse, un cheminement vers Dieu.

2. Le ressenti national

Paul-Gérard Pougoué

Ce thème raisonne très fort en moi, à cause des énergies que cristallise le concept de nation.

D'emblée, le ressenti national camerounais interpelle fortement.

« Ô Cameroun, berceau de nos ancêtres... ».

Quel délicieux hymne qui magnifie le ressenti national !

« Les ancêtres » raisonnent fort. Il faut les spécifier. Il ne s'agit pas des ancêtres d'un individu, d'une famille ou d'un clan. Cette approche anthropologique ne renvoie assurément pas au Cameroun.

« Les ancêtres » ici évoquent, d'un point de vue ontologique, les héros fondateurs du Cameroun. On pense pêle-mêle à ces héros qui se sont élevés contre la traite des Noirs, à ces héros qui ont résisté à la pénétration des puissances occidentales, à ces héros qui ont crié contre l'amputation du Cameroun, à ces héros qui ont versé leur sang pour l'indépendance, à ces héros qui ont œuvré pour la réunification...

On comprend dès lors que le ressenti national se trouve essentiellement dans l'histoire du Cameroun. Ne pas rechercher, taire ou falsifier la vérité historique d'un pays ou d'un peuple est un crime abominable qui, de toute manière, compromet l'éclosion du ressenti national. Il faut poursuivre la recherche pour retrouver tous ces héros, avec détermination.

Il faut renforcer dans les cours d'histoire, de la maternelle en terminale, le patriotisme, les parcours et les prouesses de ces héros, avec passion.

Il faut les vulgariser, par des discours, des conférences, des débats publics, des programmes à la radio et à la télévision, sans relâche.

Nos poètes doivent les chanter. Nos peintres doivent les graver.

Nous devons tous danser à l'évocation de leurs noms et de leur sacrifice.

Ces héros venaient de partout, de tous les coins et recoins du Cameroun. Seul leur amour pour le Cameroun les portait. On comprend dès lors la place primordiale de la connaissance et de l'enseignement de la géographie et des cultures du Cameroun, aussi avec passion. Autrement, on ne contemple pas, collectivement, les richesses de la diversité culturelle d'un pays, avec, pour conséquence, de nourrir le repli identitaire au détriment du ressenti national.

Le combat historique de nos héros ainsi que la diversité de leur provenance géographique et de leur culture élèvent l'esprit et font éclore le ressenti national.

Ces héros constituent le socle des valeurs de la nation camerounaise. Il faut alors concevoir, pour les immortaliser, un monument de mémoire. Plusieurs d'entre eux méritent que des infrastructures, édifices, musées et espaces publics leur soient dédiés.

La flamme de leur lutte pour le Cameroun les fera revivre dans la mémoire collective, embrasera les jeunes générations et fécondera l'imaginaire et le devoir des générations futures.

L'idée de nation est mythique, comme les héros. C'est un ressenti. C'est ce quelque chose d'abstrait qui permet, non seulement de vivre ensemble, mais aussi de faire ensemble, pleinement. En ce qui concerne le Cameroun, deux expressions résument fortement le ressenti national : unité des camerounais et fidélité au « berceau de nos ancêtres ». C'est le message puissant du passage suivant de l'hymne national :

« Que tous tes enfants, du Nord au Sud, de l'Est à l'Ouest, soient tout amour
Te servir, que ce soit leur seul but,
Pour remplir leur devoir toujours ... »

La nation, du latin « natio », de « nascere » : naître, ne se confond pas avec le territoire. La nation n'est pas la République. La nation ne s'identifie pas à l'État.

La nation incarne une communauté humaine dont les membres, unis par des liens matériels (territoire, État) et spirituels (histoire, cultures, civilisations), ont conscience de former une entité. « La nation est le stade d'un peuple qui a pris conscience de son identité par rapport à l'espace » (Michelet). Deux termes lui sont proches : le pays et la patrie. Le pays renvoie au contenu spatial d'une nation, dans toutes les dimensions géographiques, humaines, économiques, politiques, etc. ; la patrie amplifie les liens qu'incarne la nation, les assimilant à l'amour filial.

Les virtualités du ressenti national sont puissantes et lumineuses.

Seul le ressenti national donne aux diverses notions analysées ci-dessus leur clarté, les justifie, les légitime.

Seul le ressenti national peut permettre à un camerounais d'accepter qu'un autre camerounais est son frère. Ce n'est pas une question de citoyenneté.

Seul le ressenti national permet de comprendre la souveraineté et de lui donner toute sa splendeur et sa portée. Ce n'est pas une question de l'État.

Seul le ressenti national permet de justifier la notion de bien commun, la prise de conscience de l'unité nationale. Ce n'est pas une exigence d'un texte quelconque ; c'est la manifestation individuelle et collective de l'esprit mythique.

Seul le ressenti national permet :

- de dépasser le repli identitaire, résolument ;
- d'évoquer la patrie, avec engagement ;
- de chanter à tue-tête, avec fierté :

« Chère patrie, terre chérie
Tu es notre seul et vrai bonheur
Notre joie et notre vie
À toi l'amour et le grand honneur ».

Je me souviens de mon mémorable passage à l'école primaire Saint Martin de Nkongsamba, à cheval entre la fin du mandat français et les toutes premières années de l'indépendance, de 1956 à 1962. Je me souviens de cette mélodie faisant ressortir, de façon splendide, du drapeau tricolore, le ressenti national. Je ne sais pas si on la fredonnait aussi dans d'autres écoles. Mais, à l'école Saint Martin, le ressenti national était merveilleusement exalté en chanson :

« Vert, couleur de la forêt
Rouge, emblème d'amour
Jaune, richesse du Nord
Chantons ce beau pays ».

Seul le ressenti national permet de contempler le drapeau national, avec délectation et ferveur. Par la suite, l'on a placé des étoiles, d'abord deux sur la bande verte, ensuite une seule sur la bande rouge, certainement pour marquer l'évolution constitutionnelle. Mais, cela n'ajoute rien au ressenti national que nous fredonnions.

Toujours, dans les premières années de l'indépendance à l'école Saint Martin de Nkongsamba, on nous a expliqué le mot « devise », cette formule ramassée caractérisant le but ou le sens symbolique assigné à l'action d'un individu, d'un groupe, d'un pays.

La devise du Cameroun a alors été décortiquée, la vertu de chaque terme et la cohérence d'ensemble relevées :

« Paix, Travail, Patrie »

Assurément, il faut la paix pour travailler dur à la construction de la patrie.

Seul le ressenti national peut donner la paix dans toutes ses dimensions, la paix intérieure et la paix sociale ; et permettre d'exalter la valeur du travail et de rêver une patrie, véritable « berceau de nos ancêtres ». Pour cela il faut faire appel à tous les camerounais, même ceux de la diaspora en reconnaissant officiellement et nettement la double nationalité.

Jean-Louis Atangana Amougou

« Demain il fera 5 degrés, mais le ressenti sera de 2 degrés ». Voilà ce que l'on entend souvent lorsque l'on mesure la météo notamment dans les pays qui connaissent la saison hivernale. Cette affirmation sous-entend que la réalité de la température sera bien de 5 degrés, mais les uns et les autres auront le sentiment qu'il en fait moins en l'occurrence 2 degrés. Le ressenti est donc différent de la réalité, mais en même temps c'est quelque chose que l'on ne peut dénier à celui qui « le ressent » car il en est le seul et principal concerné. L'exercice consistant à se pencher sur le « ressenti national » est donc une véritable gageure car l'ADN du ressenti repose essentiellement sur son caractère subjectif. N'ayant pas trouvé de définition du ressenti national, il a fallu aller rechercher dans des expressions voisines. L'expression la plus proche, du moins du point de vue sémantique, est le sentiment national. Concernant ce dernier, le constat est que peu d'études juridiques portent sur le sentiment national proprement dit c'est-à-dire la manière dont les individus vivent leur appartenance au groupe-nation, les valeurs qui y sont associées, les facteurs qui la déterminent. En revanche, on ne compte plus les publications sur les concepts de nation *(L'ensemble des manuels et traités de droit constitutionnel consacrent un chapitre à la nation. Mais l'auteur de référence, du moins dans la littérature juridique francophone demeure Ernest Renan, Qu'est-ce qu'une nation ? Independent Publisher, 2021),* de nationalité *(La Nationalité, Revue Pouvoirs, Numéro spécial, Janvier 2017 ; Gonidec (Pierre-François), « La nationalité dans les États de la Communauté et dans les États « marginaux » », Annuaire Français de Droit International, 1961, pp. 814-835. L'ensemble des manuels et traités de droit international consacrent un chapitre ou une section à la nationalité)* et de citoyenneté (Constant (Fred), *La citoyenneté, Paris, Montchrestien, 2ème édition, 2000 ; Nicolet (Claude), Le métier de citoyen dans la Rome républicaine, Paris, Gallimard, 1976. L'ensemble des manuels et traités de droit constitutionnel consacrent un chapitre ou une section à la citoyenneté)* , ou encore de nationalisme *(Birnbaum (Pierre) Dir., Sociologie des nationalismes, Paris, PUF, Collection Sociologie, 1998 ; Roger (Antoine), Les grandes théories du nationalisme, Paris, Armand Colin, 2001 ; Abwa (Daniel), Cameroun : Histoire du nationalisme, Éditions Clé, 2013 ; Bonnafé (Pierre), Le nationalisme africain, Paris, Presses de Sciences Po, 1964).*

En fait, le sentiment national concerne le rapport qu'un individu ou un groupe d'individus entretient avec une nation. Curieusement, ce rapport s'analyse presque toujours en termes de sentiment national et presque jamais de ressenti national. Autant le sentiment national est courant du moins dans l'opinion même si les études en la matière font défaut, autant le ressenti national reste la grande inconnue. Le sentiment national est généralement perçu sous un double prisme noble ou dégénéré. Sous sa facette noble, le sentiment national s'assimile au patriotisme *(Lourme (Louis), Qu'est-ce que le patriotisme, Paris, Éditions Vrin, 2019 ; Meyomesse Enoh, Le patriotisme et le Cameroun, Edk Books, 2018).* Il correspond alors à la conscience de son identité particulière, et l'amour ou l'estime de soi, de sa culture, de son groupe. Vu sous l'angle dégénéré par contre, le sentiment national s'apparente au nationalisme qui renvoie souvent à la haine de l'autre national, de l'autre culture, de l'autre groupe. Dans les deux cas, l'une et l'autre de ces deux facettes sont connues et même reconnues dans la doctrine juridique, la science politique et dans les sciences humaines. In fine, le sentiment national recouvre d'abord quelque chose de positif, c'est-à-dire la revendication de l'appartenance à une même nation. Il repose souvent sur des supports, des allégories, des symboles comme le drapeau ou l'hymne notamment, mais pas seulement car les lieux de mémoire participent également de ce sentiment.

Tout autre est le sort réservé au ressenti national. En effet, la définition du ressenti est déjà quelque chose de problématique en soi. Le ressenti peut donc être défini comme une impression liée à la manière dont on perçoit quelque chose ou une situation. On est ici face à un objet essentiellement subjectif de nature à mettre tout analyste dans l'inconfort. Devant cet inconfort, le juriste opte en général pour la prudence et celle-ci l'amène à rechercher dans un premier temps, la cause du ressenti national et dans un second temps, le moyen de corriger ce ressenti.

Le ressenti national : l'expression d'une frustration

Rapporté à la vie d'une nation, le ressenti avec sa connotation intrinsèquement négative se retrouve en général dans des problématiques comme l'intégration *(Khellil (Mohand), Sociologie de l'intégration, Paris, PUF, Col. Que sais-je ? 1997 ; Doytcheva (Milena), « Processus d'intégration nationale et figures sociales de l'altérité » in Le multiculturalisme, Paris, La Découverte, 2018, pp. 19-30 ; Wieviorka (Michel), « L'intégration, un concept en difficulté » in Les notions en dispute, Cahiers internationaux de sociologie, Vol 125, Juillet-Décembre 2008, pp. 221-240)* ou l'exclusion *(Paugam (Serge) Dir., L'exclusion, l'état des savoirs, Paris, La Découverte, 1996 ; Damon (Julien), L'exclusion, Paris, PUF, Col. Que sais-je ? 2018 ; Xiberras (Martine), Les théories de l'exclusion, Méridiens Klinksieck, 1994).* À cet effet, il peut arriver qu'une partie de la population se sente exclue de la vie d'une nation à travers ce qu'il est convenu d'appeler l'inquiétude identitaire *(Willaime (Jean-Paul), « L'inquiétude identitaire et la redéfinition des frontières ». Autres Temps, 1993, pp. 5-12).* Comme il s'agit d'un ressenti, cela implique au moins deux choses. Premièrement, c'est que c'est quelque chose de difficile pour ne pas dire impossible à démontrer. Deuxièmement, cela implique généralement que ce ressenti est et ne peut qu'être différent de la réalité.

Cependant, le ressenti n'en fait pas moins une véritable préoccupation à prendre en compte par les autorités. En effet, pour les besoins de cohésion sociale, il revient aux pouvoirs publics de tout mettre en œuvre pour minorer ce sentiment à défaut de l'effacer. Pour cela, des mécanismes doivent être pensés pour que la partie de la population qui ne sent pas complètement intégrée le soit. L'aboutissement de cette véritable entreprise de salubrité publique correspond à un vrai défi, celui de la transformation du ressenti national en un sentiment national.

La mutation du ressenti en sentiment national

La transformation du ressenti national en un sentiment national est tout sauf une tâche facile. Ainsi, combattre le ressenti d'exclusion ne consiste pas à l'ignorer ou alors simplement à affirmer que cette exclusion n'existe pas renvoyant ainsi les victimes dans leur posture victimisante. Cette entreprise de mutabilité du ressenti national consiste plutôt à s'adonner à un exercice minutieux de pédagogie au besoin avec des données bien précises permettant de démontrer à l'évidence que l'exclusion en cause ne repose pas sur une réalité mais plutôt sur un sentiment subjectif et non avéré.

Par ailleurs, le ressenti étant généralement ancré dans les esprits de ceux qui pensent en faire l'objet, même des données précises peuvent ne pas suffire à convaincre celles des populations qui vivent ce ressenti depuis des années, voir des décennies. Il s'agit donc de créer voire recréer les conditions d'un vivre ensemble collectif où toutes les franges de la population se sentent concernées par la vie de la nation. Le projet du vivre ensemble s'accompagne généralement de l'exercice d'une vie politique démocratique en dépit d'une multitude de différences entre les populations et pourquoi pas grâce à ces différences.

Pour autant, l'entreprise de transformation du ressenti en sentiment national n'est pas dénuée de risques notamment celui de victimisation. En effet, une partie de la population peut tout à fait s'inventer une identité victimisante. Or, l'existence d'une victime s'accompagne inéluctablement de celle d'un agresseur. Ce dernier peut être un individu, un groupe ou une institution. L'identification à la victime des uns est alors associée à l'identification à l'agresseur des autres. Ces deux identifications peuvent d'ailleurs alterner dans le temps, à des degrés divers, chez chacun qui cherche à s'en défendre, en même temps qu'il s'en culpabilise, individuellement ou collectivement.

La solution consiste alors à travailler à la création d'un sentiment national en trouvant des symboles qui montrent qu'on fait partie d'une seule et même nation. Le sentiment national est une construction constante et collective qu'il faut entretenir afin d'éviter toute forme de ressenti. À ce propos, la construction de la nation permet de donner rétroactivement un caractère national à ce qui n'en possédait pas. Dans un pays comme le Cameroun, il peut en être ainsi des traditions, du folklore, de l'histoire, de la géographie, de l'art, des langues etc. D'où l'intérêt qu'il y a pour une nation de célébrer ses héros à travers son histoire, de promouvoir sa culture et sa géographie notamment à travers le tourisme.

Paul-Gérard Pougoué

Le ressenti national englobe nécessairement la question de sentiment national, car il traduit un fort déficit de faire nation, partant, de cohésion nationale.

Janvier Onana

La question du sentiment national est largement empreinte des incertitudes du temps présent.

Le sentiment national, c'est le fait à première vue troublant, voire mystérieux, que des individus, sans se connaitre et sans qu'ils n'aient quelque chance de jamais se connaitre tous, s'identifient corps et âme les uns aux autres. Lorsque cette croyance est suffisamment ancrée, l'on dit être en présence d'une « nation ». Sur les ressorts de ce merveilleux imaginaire, la divergence qui sépara Johann Gottlieb Fichte et Ernest Renan fournit encore l'épure conceptuelle de base aux efforts d'élaboration théorique les plus aboutis. Il n'est pas non plus rare que les arguments matriciels de ce lointain débat servent de nos jours encore à légitimer les projets politiques les plus vertueux, comme les aventures les plus ignobles. Il suffit de songer au cas de figure paroxysmique du génocide ethnique. Il est cependant de peu d'intérêt que l'on tienne que la nation a pour seul siège des structures objectives et intangibles, ou que l'on privilégie l'enracinement dans une vision destinale, subjectivement nourrie par les membres d'une communauté conscients de leur pluralité, mais désireux de réaliser un projet de vie partagée. Car il est en tout état de cause constant que l'histoire livre au moins trois leçons fondamentales.

Primo, l'adhésion commune à l'idée de nation n'a rien de naturel ; elle est de fait le fruit de la conjonction de facteurs de divers ordres, qui relèvent notamment de la culture, de l'histoire, de la langue, de la religion, des traditions, et bien sûr, du vouloir-vivre-ensemble. Conjonction fragile s'il en est ; jamais achevée. Car l'histoire des peuples, des plus anciens à ceux d'aujourd'hui, enseigne avec éloquence que la cohésion nationale n'est jamais définitivement acquise. Tout indique en revanche que les identités sont foncièrement et irrépressiblement « difficiles » (suivant le mot d'Alfred Grosser). C'est précisément en raison de cette plasticité essentielle de la nation que les peuples doivent constamment entretenir et se nourrir de leur propre identité. D'où l'importance de la commémoration, scansion dramaturgique par laquelle la communauté met en scène sa représentation de soi comme communauté. Georges Balandier montra brillamment ce que le pouvoir doit de payer ainsi et régulièrement son tribut à la théâtralité. Il en va à plus forte raison de la nation.

Secundo, quête noble s'il en est, la construction nationale est fondamentalement une entreprise politique. En raison de cela, l'élaboration volontariste du sentiment national tient lieu, depuis le tournant westphalien, à la fois de plan d'immanence et d'horizon idéalisé des communautés politiques, au point d'ériger l'État-nation au rang de figure universellement désirée et locus conceptuel et matériel d'incarnation et d'épanouissement achevés du sentiment national. Quelque expérience que l'on considère, il est facile de s'apercevoir que l'emprise du politique prend la forme d'une rupture instauratrice (suivant la belle expression de Michel de Certeau). Le surgissement est nécessaire d'un événement fondateur, auquel se mêle l'équation de celui ou ceux qui, par une sorte d'intrusion opportune, obtiennent d'entrer dans l'hagiographie célébratrice sous la figure du grand homme. Ainsi est-il acquis que la nation américaine est certes fille de la révolte contre la mère-patrie britannique dans la seconde moitié du 18ième siècle, mais aussi tributaire du charisme éclairé de Georges Washington ; que la nation chinoise moderne est consécutive à la révolution culturelle enclenchée en 1949 et aujourd'hui encore continuée, et cependant indissociable de l'imposante figure de Mao Tsé Toung...

Tertio, le temps y est pour beaucoup. À en croire nombre de spécialistes, l'avènement de ce que Benedict Anderson appelle une « communauté imaginée » demande du temps, beaucoup de temps, à coup sûr plusieurs générations. Cette prodigieuse cohésion ne peut se cristalliser que sur la longue, voire la très longue durée. De cela aussi, l'histoire des « grandes nations » atteste abondamment.

Pour tout dire, pas de nation sans référentiels partagés ; pas de nation sans une volonté politique soutenue ; pas de nation sans enracinement durable. C'est pourtant dans cette triple exigence, précisément, que résident les incertitudes du temps présent.

De fait, une double transformation, observable tant au plan du cours de l'histoire réelle qu'à celui des idées, semble signer quelque chose comme un changement radical de la « condition politique » contemporaine (allusion à la belle expression de Marcel Gauchet). Cette double transformation questionne-t-elle sur l'avenir des nations, c'est parce que la remise en cause de la réalité comme de l'idée même de nation semble, au moins indirectement, au cœur aussi bien de la dynamique dite de « globalisation », que du courant de pensée formidablement prégnant depuis une quarantaine d'années, qu'il est convenu de baptiser sous le nom intellectuellement stimulant mais élégamment corrosif de « postmodernisme ».

C'est que la vague postmoderniste se veut résolument critique à l'égard de tout ce qui, depuis Hegel au moins et jusqu'à une époque récente, faisait la substance de la raison occidentale dite « moderne ». S'ensuivent de lourdes incertitudes à divers égards, y compris quant au sort du sentiment national, et plus exactement, quant aux exigences indiquées ci-haut comme historiquement constitutives des schèmes principiels du sentiment national : ces incertitudes prennent le triple visage d'une évanescence soigneusement entretenue des référentiels, d'un déclassement signé, ou à tout le moins ardemment souhaité du politique, et d'une extraordinaire fugacité du rapport à la temporalité.

Évanescence des référentiels tout d'abord. Délitement des allégeances et évidage des symboles sont sinon quelques-unes des fins délibérées, à défaut des effets de composition dans l'entreprise contemporaine de déconstruction simultanément et complémentairement à l'œuvre dans la pensée postmoderniste et dans le procès de globalisation. L'attachement polémique aux mémoires créditées de la dramatisation historiquement la plus réussie (par exemple, la Shoah, les grandes révolutions, les guerres, les alliances hégémoniques, ou, à un degré bien moindre, la traite négrière et la colonisation) ici et là dans les luttes proprement politiques peut faire illusion, si l'on perd de vue que dans le même temps, les citoyens contemporains semblent davantage s'identifier à travers des causes ethniquement désincarnées, objectivement insusceptibles de quelque forme d'appropriation exclusiviste ou d'assignation « nationale ». Les questions qui de nos jours engagent le plus s'énoncent non en termes de récits fantasmagoriques évoquant des personnages ou des faits exceptionnels d'hier, mais en termes d'enjeux universels et actuels, de desseins d'aujourd'hui formulés comme communs à l'humanité. La vacuité idéologique couramment décriée des démocraties contemporaines est la manifestation de cette sorte d'épuisement des mythologies « ethniques » reçues. En lieu et place de quoi s'atteste la formidable prospérité universelle de problématiques telles que la liberté, les droits de l'homme, le genre, le multiculturalisme, et surtout l'écologie. Principal enjeu des mobilisations politiques d'aujourd'hui – celles des jeunes en particulier –, l'écologie constitue assurément une matrice idéologique totale dans le monde de demain. Peut-être faudrait-il prendre acte alors de la fin des grands récits ; et aussi, des messies.

Déclassement du politique ensuite, car le privilège de sujet majestueux de l'histoire est désormais querellé à l'État. Le déclin souhaité de l'État est explicitement au cœur de la merveilleuse promotion contemporaine de la société civile comme nouvelle figure vertueuse du politique. Il se joue en effet dans ce procès comme une formidable revanche de l'individu. Le caractère profondément déceptif du rapport des citoyens au politique, que traduit la désaffection généralisée envers les hommes politiques professionnels et les urnes, est inversement proportionnel à l'investissement de la rue. À l'ère de ce que Bernard Manin appela la « démocratie d'opinion », la manifestation se trouve érigée en modalité par excellence d'insertion politique, au détriment des dispositifs d'accès les plus sacralisés de la démocratie représentative, notamment du vote. L'on est bien face à une sorte de dépossession politique de l'État. La remise du politique « à la garde et aux soins des citoyens » (comme eût dit Paul Ricœur) sous la forme d'un transfert systématique de l'expressivité politique dans l'espace public a pour effet le délitement du monopole du politique à dire le sens de l'histoire. Dès lors que les chances d'imposition des théodicées officielles deviennent ainsi aléatoires, n'est-ce pas que la capacité du politique à produire les schèmes légitimes d'élaboration et d'endossement de l'identité collective devient incertaine ?

Venons-en, pour suspendre ces brèves conjectures, au poids de la fugacité du temps.

Loin s'en faut que l'on soit aujourd'hui totalement prévenu des effets de la prodigieuse révolution technologique portée par l'entrée frénétique dans l'ère du numérique systématique. Contentons-nous de relever à titre indicatif qu'outre la double abolition de l'espace et du temps que signe virtuellement la dématérialisation des échanges et des interactions, l'avènement de cette sorte de cyber-civilisation produit une sensation de fulgurante accélération du mouvement historique. Cela ne va pas sans conséquence sur les processus de mémoration et de construction identitaire. C'est qu'au phénomène souligné de l'évanescence des référentiels historiquement constitués se superpose désormais la volatile massification des symboles et des images. La lente sédimentation empirique de ce que Gérard Noiriel appela les « cadres de la mémoire » cède la place au foisonnement erratique d'artifices. Plus encore, la toile draine son lot d'icônes et de figures vénérables (« blogueurs », « influenceurs », « lanceurs d'alerte »), conviant à renouer avec une sorte de religieux diffus, supposément producteur de sens et d'identité. Les contours d'un sacré protéiforme se dessinent, non sans la prétention portée par les figures dominantes de cet espace virtuel de refonder le lien social sur des bases nouvelles. L'espace du numérique s'avère propice à l'expansion de figures alternatives du sacré à l'attention des « communautés » électives qui s'y constituent. La reconfiguration du sacré à l'œuvre dans cet univers signe l'obsolescence des « lieux de mémoire » (Pierre Nora) traditionnels. Structurellement voué à mettre à mal la prétention panoptique des souverainetés, l'espace du numérique s'avère être le lieu où le rêve individuel de liberté obtient d'emblée les chances les plus assurées de s'affranchir des dispositifs de surveillance et des technologies de disciplinarisation politique mis à nu par Michel Foucault. S'y jouent par conséquent inévitablement les chances d'habituation collective à la « communauté imaginée » qu'est la nation.

Pour autant, faudrait-il se préparer à en finir avec cette sorte de « désir politique de Dieu » (Pierre Legendre) en lequel se cristallise le sentiment national ?

Les incertitudes relevées sont révélatrices des limites de l'énonciation. Il faudra en effet désormais beaucoup plus que proclamer le sentiment national ; il faudra davantage que le mettre en codes. Pour en rationaliser le sens et en entretenir le désir, il ne suffira plus de le célébrer. Il faudra en revanche en arrimer la mystique aux exigences critiques – fussent-elles déconcertantes – de la contemporanéité. Prenons donc le risque d'une formule pour résumer le pari du temps présent : le temps est venu de substituer au concept de nation figuré au travers de corpus et axiomes sacralisés, tenus pour purs, immuables et dignes de renouvellement ritualisé, celui d'à-advenir aux lignes fluides, molles, perpétuellement modulables et renouvelables. Plus que dans le monde d'hier, c'est dans celui d'aujourd'hui que le schème d'« idée d'œuvre », cher à Ernest Renan, recouvre tout son sens.

Tout bien considéré, cependant, la responsabilité du politique ne demeure-t-elle pas entière dans cette affaire ?

Paul-Gérard Pougoué

La méditation est profonde. À la fin, pointe ostensiblement la question de la responsabilité du politique. Si l'action politique était orientée uniquement vers le bonheur du peuple, le ressenti national ne serait pas un sentiment mystérieux et imaginaire, mais un sentiment national profondément vécu. C'est tout l'enjeu de la bonne gouvernance de la cité.

3. Gouvernance de la cité

Paul-Gérard Pougoué

La gouvernance de la cité interpelle fortement.

L'État renferme essentiellement le besoin de gouvernance. Quoi qu'on en pense, l'État est le modèle paradigmatique d'organisation et d'exercice du pouvoir. Il y a plusieurs formes d'organisation de l'État, notamment la République, comme c'est le cas au Cameroun. La République est une forme d'organisation politique dans laquelle les détenteurs du pouvoir l'exercent en vertu d'un mandat conféré par le corps social. En ce sens, la République n'est pas une monarchie ; elle n'est pas une autocratie ; elle est pratiquement synonyme de la démocratie.

Par rapport au ressenti national, peu importe que la République soit centralisée ou décentralisée ; peu importe qu'elle soit dite unitaire ; peu importe qu'elle prenne la forme d'une fédération ou d'une confédération.

Le plus grand défi de la République est d'être au plus près des populations. C'est pourquoi les droits de l'homme, l'état de droit, la bonne gouvernance et le contrôle des notions génériques comme l'ordre public et les bonnes mœurs sont, de nos jours, des principes essentiels de la République.

Il y a une interaction très forte entre la trilogie « droits de l'homme – état de droit – démocratie ». L'état de droit, c'est avant tout un État qui garantit scrupuleusement les droits de l'homme, le respect de la légalité s'inscrivant dans le prolongement. La démocratie met autant l'accent sur le respect des droits de l'homme et du principe de la légalité que sur les élections prévisibles, libres et transparentes et sur la séparation des pouvoirs.

Le danger serait de donner trop de pouvoirs à une institution de la République au détriment des autres. L'idée fondamentale est le partage réel du pouvoir. Sinon, on risque une dérive monarchique. Les normes internes prises en la matière devraient refléter les principes fondamentaux universels et les normes internationales ; elles devraient être prises de manière à donner plein effet à ceux-ci en droit et en pratique.

Dans ces principes, on ne trouve certes pas la limitation des mandats présidentiels, ni une quelconque limite d'âge, ni le rejet *a priori* de la dynastie. Mais, je pense que cette limitation des mandats, bien souvent à deux, et la limite d'âge, habituellement à 75 ans révolus, peuvent être des règles et des principes pour mieux apprécier et implémenter la culture et la gouvernance démocratiques, surtout dans les jeunes démocraties. Cet âge limite concerne, là où c'est une règle, toutes les fonctions électives et les fonctions nominatives dans le secteur public et parapublic. Je pense aussi qu'il est préférable en démocratie d'écarter l'idée de dynastie dans la gouvernance de la cité aux échelles élevées. Ce n'est pas une question de discrimination, mais une question d'éthique de la démocratie et d'un sens élevé de la chose publique.

Prudent Victor Topanou

Les nouvelles réalités socio-politiques versées à la réflexion par la démocratisation des pays africains à la faveur de ce que Samuel Huntington a appelé la « troisième vague » obligent à repenser ce qu'il convient d'appeler les classiques du droit constitutionnel, notamment la nation, d'une part, et la démocratie, d'autre part, avec la théorie de la séparation des pouvoirs qui en découle.

En effet, au regard de la pratique démocratique en Afrique et à l'aune de certaines évolutions de la pratique du pouvoir dans les pays admis comme anciennement démocratiques tels que les États-Unis d'Amérique, la France, la Grande Bretagne et bien d'autres encore, il est légitime de se poser les questions de savoir, d'une part, si la séparation des pouvoirs et donc l'équilibre des pouvoirs qui est censé en découler était une réalité ou si elle relevait d'un mythe et, d'autre part, s'il n'est pas souhaitable, voire préférable de réfléchir davantage à la difficile construction de l'état de droit dans la perspective de la construction d'une nation plutôt que de rechercher la pureté de l'application d'un idéal-type de la séparation des pouvoirs.

Le mythe de la séparation des pouvoirs

La théorie de la séparation des pouvoirs, qu'elle soit souple ou rigide ne résiste pas à l'observation de la réalité. L'idée derrière cette théorie, c'était que la nature humaine étant ce qu'elle est, l'homme qui a le pouvoir a une fâcheuse tendance à vouloir en abuser de telle sorte que la seule solution pour le freiner c'était d'organiser le pouvoir de telle sorte que le pouvoir limite le pouvoir. Il en découle donc une séparation organique entre le pouvoir exécutif, le pouvoir législatif et le pouvoir judiciaire. L'actualisation de la réflexion voudrait que l'on y ajoute un quatrième pouvoir, la presse dans toutes ses composantes, y compris les réseaux sociaux qui sait aujourd'hui faire et défaire tous les trois premiers pouvoirs traditionnels.

Mais la réalité commande de reconnaître qu'il ne saurait exister un pouvoir exécutif faible. Tous les pouvoirs exécutifs sont forts chacun à sa manière. Mieux les textes, loin d'organiser la séparation des pouvoirs, organisent plutôt la collaboration entre les pouvoirs. Le défi à ce niveau c'est de voir comment construire un État fort mais qui soit respectueux des droits humains, individuels et collectifs.

En effet, même le pouvoir exécutif américain, souvent cité en référence, dans ses relations avec le Législatif a toujours la haute main sur la gestion du pays, malgré les pouvoirs du Sénat. Les rares difficultés passagères de gestion qu'il peut rencontrer sont liées aux conjonctures politiques de cohabitation politique mais in fine, c'est toujours l'Exécutif qui s'en sort gagnant. C'est d'ailleurs pourquoi tous les présidents des États-Unis travaillent toujours à avoir la majorité au Sénat, quand ils ne l'ont pas à leur élection ou même pour la conserver, le cas échéant. Ils font même campagne, au besoin, dans la campagne aux côtés des candidats qui les soutiennent, ce qui montre bien que la séparation des pouvoirs dans ce régime n'est que de pure forme.

De même, dans ses relations avec le Judiciaire, l'Exécutif américain nomme les Juges « mythiques » à la Cour suprême et jamais dans l'histoire, un président démocrate n'a nommé un juge républicain et inversement, un président républicain n'a, dans l'histoire, jamais nommé un juge démocrate. Tout le monde sait aujourd'hui que l'enjeu c'est la prise de décision dans des dossiers politiques et sociaux sensibles. Et à ce jour, aucune réflexion n'est encore parvenue à expliquer de façon satisfaisante la politisation idéologique du juge américain obligé de se faire élire sur une liste politique (démocrate ou républicain) au regard du principe de la séparation des pouvoirs.

Il en est de même en France. Dans ses relations avec le Législatif, le calendrier électoral qui permet l'organisation de l'élection présidentielle avant les élections législatives facilite la victoire du parti ou des partis soutenant le président de la République élu quelques trois mois plus tôt. Il est généralement admis que les Français qui élisent un président de la République, trouvent logique de lui donner quelques mois plus tard la majorité législative nécessaire pour appliquer son programme, sauf à opter pour une solution de crise, à savoir la cohabitation politique, ce qui est plutôt rarissime. Il en découle cette évidence, souvent niée au nom de la séparation des pouvoirs, qu'en démocratie, la majorité parlementaire soutient l'action du gouvernement et la minorité s'oppose. Les trop rares situations de cohabitation politique finissent presque toujours en faveur du président de la République.

Dans ses relations avec le judiciaire, le président de la République française garde la haute main. Il utilise la justice à des fins politiques pour affaiblir, voire abattre l'adversaire (affaires Strauss Kahn et Fillon entre autres) mais aussi dans les affaires diplomatiques (dossiers des génocidaires rwandais et Compaoré au Burkina Faso).

Le constituant français a d'ailleurs été très conséquent envers lui-même, lui qui a préféré parler dans la Constitution « d'Autorité judiciaire » et non de « pouvoir judiciaire ».

Chez nous en Afrique noire francophone et dans une moindre mesure anglophone et lusophone, la domination de l'Exécutif sur le Législatif est totale que ce soit sur le plan formel (voir la constitution et les différentes lois organiques) que sur le plan substantiel.

Les présidents de la République s'impliquent personnellement dans la désignation des candidats inscrits sur les listes des partis politiques qui les soutiennent.

Dans leurs relations avec le judiciaire, les présidents de la République en Afrique n'hésitent pas à caporaliser la Justice car ce sont eux qui font la promotion des juges, c'est encore eux qui les sanctionnent, le tout en étant Président du Conseil supérieur de la Magistrature.

Cette caporalisation est par ailleurs facilitée par le degré extrêmement élevé de la reconnaissance et de la loyauté dans la culture africaine en général et dans la culture béninoise en particulier. Ce qui autorise à penser, d'une part, que plutôt que de parler de la théorie de la séparation des pouvoirs, il vaut mieux parler de la théorie de la collaboration entre les pouvoirs et, d'autre part, que la collaboration entre les différents pouvoirs peut aller de la simple complicité nécessaire à la soumission négative. Dans les démocraties anciennes, il s'agit d'une collaboration complice tandis que dans les démocraties nouvelles, il s'agit d'une préjudiciable collaboration de soumission.

La difficile construction de la nation et de l'état de droit

Ce qui préoccupe en définitive, le plus, le citoyen, ce n'est ni la construction d'une nation, encore moins la démocratie idéale. Les vieilles Nations subissent aujourd'hui une double pression, par le haut avec les regroupements sous-régionaux, régionaux et les organisations mondiales qui grignotent chaque jour un peu plus de leur souveraineté nationale et par le bas avec les revendications identitaires liés aux droits de l'homme, aux droits des minorités et autres.

Ce qui préoccupe le plus le citoyen aujourd'hui, c'est la garantie de ses droits individuels et collectifs autrement dit, avoir des droits qui lui sont reconnus et avoir la possibilité de les défendre quand ils sont violés, notamment par l'État. C'est pourquoi, l'urgence aujourd'hui, c'est de construite un état de droit entendu selon le Professeur Paul-Gérard Pougoué comme étant « l'État qui respecte les droits de l'homme ». En effet, l'état de droit n'est rien d'autre que l'État dans lequel le droit s'applique également à l'État contrairement à l'état de police dans lequel le droit ne s'appliquait guère à l'État.

Les droits de l'homme dans leur déclinaison sémantique autonomisent l'individu et déconstruit le collectif. Aujourd'hui, le respect des droits des minorités qui est devenu la pierre angulaire de toute démocratie est à l'extrême opposé de la logique nationale. Les droits de l'homme autorisent la reconnaissance de plusieurs langues, de plusieurs parcours historiques différents parfois contradictoires, voire opposés là où la logique nationale, il y a plusieurs siècles en arrière, s'opposait à toutes différenciations du corps social et faisait l'apologie du vivre ensemble, du désir de faire groupe et de faire collectif.

Le défi générationnel actuel n'est plus de faire Nation ni même de construire une démocratie libérale à l'occidentale, le défi générationnel, c'est comment faire cohabiter en parfaite harmonie plusieurs micro nations sans leur imposer les contraintes liées à la construction d'une Nation.

Au total, c'est la recherche de la construction d'un état de droit qui seule peut permettre un fonctionnement équilibré en République et en démocratie.

Paul-Gérard Pougoué

Je pense également que le développement de la démocratie dépend pour beaucoup de la dynamique du multipartisme et de l'abandon systématique des méthodes susceptibles de ruiner complètement la démocratie, parce qu'elles tentent de combiner la démocratie et la monarchie, deux concepts antinomiques. Ainsi, la démocratie ne peut ni s'enraciner ni s'épanouir lorsque le jeu politique est contrôlé par un seul parti hyper-dominant. De même, c'est une véritable incongruité qu'un responsable élu puisse procéder à des nominations dans les structures de pouvoir où les membres devraient être normalement élus. Ces configurations innomées sont très difficiles à qualifier en droit : démocratie monarchique… ; monarchie démocratique… ! Drôle de démocratie, qui me rappelle Centaure ou Minotaure, ces monstres de la mythologie grecque.

Que dire de l'allusion aux autochtones et allogènes dans la Constitution. L'allusion est pour le moins incongrue dans une démocratie, parce qu'il y va des principes fondamentaux de la liberté d'aller et de venir et de l'égalité des citoyens, ce qui garantit à tout citoyen le droit de s'installer partout dans le pays. De ce point de vue, une telle allusion dilue la citoyenneté et pourrait créer des citoyens, étrangers dans leur propre pays. Ce qui serait pour le moins étrange ! Elle est aussi incongrue parce que, sur le plan anthropologique, ainsi posée sans nuances, elle est inapplicable. Surtout, quand elle est inscrite dans la Constitution, elle entre dans le champ juridique ; si, comme c'est le cas, les critères de détermination ne sont pas rigoureux et clairs, l'allusion porte un germe de graves conflits sociaux, nuisant considérablement à l'égalité entre les citoyens d'un même pays et au ressenti national. Finalement, politiquement, elle est une nébuleuse, source de nombreuses frictions. Il aurait été plus judicieux de s'en tenir aux notions d'allogènes et autochtones, telles que définies dans les Traités Internationaux.

Dans cette approche, peu importe la forme de la République, la trilogie – droits de l'homme – état de droit – démocratie – doit être solide et respectée ; elle est considérée comme la référence universelle des sociétés politiques modernes. Dans cette trilogie, les droits de l'homme, – homme, saisi dans son essence universelle abstraite –, sont conçus comme antérieurs et supérieurs au droit positif, afin d'être l'étalon de sa validité et la limite fixée au pouvoir légitime de l'État. Ainsi, la garantie des droits et libertés devient aujourd'hui le critère essentiel de l'état de droit et de la démocratie. L'évolution souhaitable est que, particulièrement dans les contextes africains, les Cours constitutionnelles puissent les garantir sous le contrôle de la Cour africaine des droits de l'homme et des peuples dans le respect du principe général de la primauté du droit international sur l'ordre juridique interne. Ce serait une avancée considérable de l'état de droit.

Louis Nkopipié Deumeni

S'il y a un concept qui suscite beaucoup d'intérêt de la part de la doctrine, c'est bien celle de l'état de droit. Intérêt au regard de son caractère insaisissable, variant d'une approche à l'autre, d'une école à l'autre, se donnant à conquérir/redécouvrir. Intérêt également au regard de son impact, réel ou supposé, en matière de paix et de développement *(Léopold DONFACK SONKENG, « état de droit, bonne gouvernance et développement : approche critique de trois décennies de réforme de l'État en Afrique », pp. 804 et s.).* Malgré son caractère polysémique, au moins deux constantes permettent de fédérer les différentes approches de l'état de droit : la primauté de la loi entendue dans son double sens formel et matériel, et le respect des droits de l'homme. Parce qu'elle est la Loi première de l'État, elle apparaît comme le socle de l'état de droit, lequel doit être évalué dans l'optique de promouvoir/renforcer l'état de droit et, partant, la « bonne gouvernance » *lato sensu*.

Constitution, socle et instrument opérationnel de l'état de droit

Se situant au sommet de la hiérarchie des normes au niveau national, la constitution n'a pas néanmoins tous les droits. Elle doit, en tant que loi première de l'État, être, à tout le moins, compatible avec les instruments/standards internationaux relatifs aux droits de l'homme, principaux garants de l'état de droit.

Évoquer la conformité/compatibilité de la constitution avec les instruments internationaux relatifs aux droits de l'homme revient à poser la question de la hiérarchie entre l'ordre interne et l'ordre international. Cette question a tranché en faveur du droit des gens. Les instruments internationaux relatifs aux droits ont un caractère supraconstitutionnel et de par leur nature, revêtissent un caractère d'ordre public s'affranchissant ainsi du droit commun des conventions internationales, ce qui renforce l'état de droit.

Aussi bien la doctrine que la jurisprudence affirment la suprématie de l'ordre international, en l'espèce, les instruments internationaux relatifs aux droits de l'homme, sur l'ordre interne, y compris la constitution des États.

Le fondement de cette suprématie a été énoncé par le Pr Virally en ces termes : « Tout ordre juridique s'affirme supérieur à ses sujets, ou bien il ne l'est pas. Le droit international n'est concevable que supérieur aux États, ses sujets. Nier sa supériorité revient à nier son existence » *(M. Virally, « Sur un pont aux ânes : les rapports entre droit international et droits internes », Mélanges Rollin, Paris, 1964, p. 488).* Le juge international semble avoir fait sienne cette analyse de la doctrine et règle en faveur du droit des gens le conflit hiérarchique pouvant naître entre celui-ci et le droit interne.

Il ressort en effet d'un avis de la Cour Permanente de Justice Internationale qu'une règle constitutionnelle ne saurait faire échec à l'application d'un traité. La Cour y affirme ceci : « Si, d'une part, d'après les principes généralement admis, un État ne peut, vis à vis d'un autre État, se prévaloir des dispositions constitutionnelles de ce dernier, mais seulement du droit international et des engagements internationaux valablement contractés, d'autre part, et inversement, un État ne saurait invoquer vis à vis d'un autre État sa propre constitution pour se soustraire aux obligations que lui imposent le droit international ou les traités en vigueur » *(CPJI, Avis Consultatif du 04 février 1932 relatif au traitement des nationaux polonais à Dantzig (série A/B, n° 44, p. 24)).*

Cependant, le risque de conflit entre les deux ordres juridiques est quasi nul. En effet, la plupart des constitutions règlent de manière préventive tout conflit pouvant naître entre la norme constitutionnelle et la norme internationale. Ainsi, selon l'article 276 de la Loi fondamentale haïtienne « L'assemblée Nationale ne peut ratifier aucun Traité, Convention ou Accord International comportant des clauses contraires à la Constitution ». *A contrario,* le législateur ne peut ratifier un traité contraire à la Constitution qu'une fois révisées les clauses conflictuelles de la Loi fondamentale. Dans le sens même, la Constitution camerounaise stipule en son article 44 : « Si le Conseil Constitutionnel a déclaré qu'un traité ou accord international comporte une clause contraire à la Constitution, l'approbation en forme législative ou la ratification de ce traité ne peut intervenir qu'après révision de la Constitution ».

Revêtant un caractère supra constitutionnel tout comme les autres conventions internationales, les instruments internationaux relatifs aux droits de l'homme s'en distinguent de la plupart par leur caractère d'ordre public. Celui-ci découle de leur nature même. Il s'agit en effet des traités objectifs, ce qui signifie que les droits de l'homme « ...ne sont pas attribués aux individus par le biais d'un statut particulier révocable mais qu'ils sont attachés par principe à la seule qualité humaine » *(Frédéric SUDRE, « La convention européenne des droits de l'homme », p. 11).* La jurisprudence internationale, notamment européenne va dans le même sens. Dans sa décision Autriche c/ Italie du 11 janvier 1961, la Commission Européenne affirme que : « Les obligations souscrites par les États ont essentiellement un caractère objectif, du fait qu'elles visent à protéger les droits fondamentaux des particuliers contre les empiètements des États contractants qu'à créer des droits subjectifs et réciproques ».

Le caractère d'ordre public des instruments internationaux emporte un certain nombre de conséquences.

En règle générale, l'exécution par un État du traité auquel il est partie est subordonnée à la condition de réciprocité. Cette condition, prévue par le traité de Vienne sur le droit des traités, permet à un État partie à un traité de s'abstenir d'exécuter les stipulations de cet instrument tant que les autres parties (ou l'autre partie) ne l'auraient pas fait. Toutefois, le droit international et sa jurisprudence excluent du champ d'application de la condition de réciprocité, les traités à caractère objectif, notamment ceux relatifs aux droits de l'homme. Il découle de *l'obiter dictum* de la Cour Internationale de Justice dans l'affaire Barcelona Traction, Light and Power Company que les « États ont une obligation *erga omnes* de respecter les droits fondamentaux de l'homme, et que cette obligation existe vis à vis des États pris dans leur ensemble » *(Cité par Kéba MBAYE, Les droits de l'homme en Afrique, éditions Pédone, Paris 1992, p. 47).*

Au niveau de l'exercice des droits, le caractère d'ordre public des instruments internationaux relatifs aux droits de l'homme implique un mécanisme de contrôle collectif et solidaire de tous les États parties, ceci dans la mesure où il s'agit de défendre « un patrimoine commun ». L'action étatique permet à chaque État d'exercer la garantie des droits de l'homme dans l'intérêt de la communauté en vue de la protection des valeurs communes consacrées par le système. Chaque État contractant ou toute entité juridiquement reconnue d'un État partie peut exercer cette action quand bien même ses ressortissants ne seraient pas inquiétés *(également, art. 24 de la Convention européenne des droits de l'homme, art. 49 de la Charte africaine des droits de l'homme et des peuples).*

Enfin, parce que les instruments internationaux relatifs aux droits de l'homme ont un caractère d'ordre public, le juge national doit appliquer leurs dispositions d'office quand bien même le requérant ou son conseil ne les aurait pas évoqué au soutien de leur argumentaire.

Dans son arrêt rendu dans l'affaire Barbie, la Cour de cassation française rappelle que les conventions qui soulèvent des questions touchant à l'ordre public international s'imposent à l'autorité judiciaire *(Cour de cassation, arrêt Klaus Barbie, 26 janvier 1984, Rec. p. 19).*

Champ matériel de l'état de droit

La délimitation du champ matériel de l'état de droit telle que envisagée par la majorité de la doctrine y compris l'organisation des Nations unies paraît limitée ne rendant pas compte de tous les éléments qui devraient être pris en compte. Il apparaît au regard des différentes approches du concept de l'état de droit que son contenu se résume très souvent à la convocation de certains principes voire institutions.

L'approche continentale, allemande et française notamment, aborde le concept de l'état de droit sous l'angle de la soumission de l'état au droit, du respect de la hiérarchie des normes et de son corollaire le principe du parallélisme des formes, de l'égalité des citoyens devant la loi, de la séparation des pouvoirs etc. L'on note néanmoins une prise en compte des droits de l'homme par les juristes français et allemands dans la définition du concept de l'état de droit au-delà des libertés publiques et des droits citoyens. En cela, ils se rapprochent de la conception angloxasonne du *Rule of Law*.

L'école anglo-saxonne, notamment britannique, conçoit en effet cette notion comme un ensemble de principes constitués de la séparation des pouvoirs, de la légalité, de la reconnaissance des libertés individuelles, de l'égalité, de l'indépendance de la justice, du contrôle juridictionnel, tous ces principes concourant à « cadrer » le pouvoir politique en tant que « principes fondamentaux de libéralisme démocratique ».

L'approche internationale, celle de l'Organisation des Nations unies, définit l'état de droit comme « un principe de gouvernance en vertu duquel l'ensemble des individus, des institutions et des entités publiques et privées, y compris l'État lui-même, ont à répondre de l'observation des lois promulguées publiquement, appliquées de façon identique pour tous et administrées de manière indépendante, et compatible avec les règles et normes internationales en matière de droits de l'homme. Il implique, d'autre part, des mesures propres à assurer le respect des principes de la primauté du droit, de l'égalité de la loi, de la responsabilité au regard de la loi, de l'équité dans l'application de la loi, de la séparation des pouvoirs, de la participation à la prise de décisions, de la sécurité juridique, du refus de l'arbitraire et de la transparence des procédures et des processus participatifs » *(Rapport du Secrétaire général sur l'état de droit et l'administration de la justice pendant une période de transition (S/2004/616))*.

Toutes les approches de l'état de droit telles que exposées ci-avant, se limitent à un énoncé des principes, à l'exception de la doctrine onusienne qui introduit un zeste de bonne gouvernance en mentionnant « La transparence des procédures et des processus participatifs ».

D'autres limites de l'état de droit concernent la réduction de son champ matériel du fait, notamment, des mesures d'exception prises par les gouvernants, dérogatoires au droit commun et attentatoires aux libertés et droits individuels. Elles sont justifiées par les circonstances exceptionnelles *(Terme créé par le juge administratif français pour sanctionner les débordements de l'administration face aux libertés (CE, arrêt Heyries 1928 et Dame Dol et Laurent))* car « à une situation de fait complètement bouleversée, les solutions normales ne conviennent plus » *(JEZE (G), "L'exécutif en temps de guerre. Les pleins pouvoirs » RDP, 1917, p. 10 cité par BAHANE BAMBARA Lydie « Les sources formelles de la légalité d'exception au Cameroun » in International Multilingual Journal of Science and Technology (IMJST), vol. 6, 3, March 2021).* Il peut s'agir d'insurrection armée, de guerre, de catastrophes naturelles, de grève voire de pandémie.

Si l'on peut concevoir l'octroi de pouvoirs exorbitants à l'exécutif pour faire face aux circonstances exceptionnelles, il reste que ceux-ci, tout comme les textes instituant l'état d'exception/d'urgence, doivent être encadrés, précis afin d'éviter tout « débordement » *(BAHANE BAMBARA Lydie, « Les sources formelles de la légalité d'exception au Cameroun », International Multilingual Journal of Science and Technology (IMJST), vol. 6, 3 March 2021, p. 2911)* voire « détournement » à d'autres fins. De même, la légalité d'exception doit être limitée dans le temps au risque de devenir la « norme » *(LEKENE (E.C), « Les sources juridiques de la législation d'exception en république fédérale du Cameroun », RDC, série 2, n° 15 et 16, 1978, pp. 13-20).*

Certaines immunités juridictionnelles limitent également le champ matériel de l'état de droit. Ainsi des actes de gouvernement *(en droit français, l'acte de gouvernement est un acte édicté par une administration qui bénéficie d'une immunité juridictionnelle pour des raisons essentiellement d'opportunité politique ou diplomatique et concernent les relations entre l'exécutif et le parlement, entre le l'exécutif et l'étranger)* et des mesures d'ordre intérieur *(Les mesures d'ordre intérieur sont considérées comme des mesures de « détail », leur immunité résulte du fait qu'elles ne sont pas assez importantes pour que le juge opère un contrôle).* Ceux-ci ne peuvent être attaqués pour excès de pouvoir, en cela, ils constituent des limites au principe de légalité, l'un des piliers de l'état de droit.

Par ailleurs, parce que la Constitution est la loi première de l'État, l'on devrait considérer toutes les institutions contenues dans celle-ci comme des institutions de l'état de droit. Cette approche institutionnelle de l'état de droit englobe tous les principes et éléments de l'état de droit chers aux différents courants et inscrits dans les instruments universels des droits de l'homme lesquels font partie intégrante de la plupart des constitutions ; elle englobe également les institutions chargées de leur mise en œuvre telles que le judiciaire, l'organe de contrôle de la constitution, les mécanismes de dévolution du pouvoir (démocratie), l'organe de protection des libertés/droits de l'homme, le contrôle des comptes publics etc. Ainsi envisagée, l'approche institutionnelle de l'état de droit permet par ailleurs d'apprécier le bon fonctionnement de ces institutions et d'évaluer ainsi l'état réel de l'état de droit, c'est-à-dire l'état de droit.

Évaluation de l'état de droit

Au regard de l'importance de l'enjeu du fait de ses nombreuses vertus, l'état de droit tel que envisagé ci-avant, devrait être évalué à travers l'institution d'un organe indépendant de gouvernance *(entendue comme "l'art de gouverner pour obtenir un développement économique, social et institutionnel soutenu », dans le respect des droits de l'homme, in Comprendre la gouvernance , atelier sur la gouvernance, 10 et 11 décembre 2001, Ottawa, p. 2 dans le respect des droits de l'homme)* institutionnelle. L'évaluation dont il s'agit devrait impliquer :

– l'analyse des informations recueillies, leur appréciation par rapport aux standards internationaux relatifs aux droits humains, ce, afin de déterminer ce que ces informations révèlent à propos de l'étendue de la conformité/compatibilité des actions du gouvernement avec ses obligations ;

– l'analyse de la performance des différentes institutions débitrices des droits envers le citoyen et/ou régulatrices des champs économique, politique et social. Il s'agit en réalité, d'apprécier la gouvernance desdites institutions, et, de ce fait, l'évolution de l'effectivité de l'état de droit.

L'étendue de l'évaluation l'état de droit paraît ambitieuse parce que en phase avec le postulat selon lequel les institutions prévues dans la constitution, Loi première de l'État, doivent être considérées comme les institutions de l'état de droit.

Au-delà de la démocratie, la bonne gouvernance est sans aucun doute la clé du développement et de l'épanouissement de nos citoyens ; elle a également pour vertu de combattre la plupart des maux qui minent nos sociétés, véritables freins au développement.

La mise en œuvre optimale des institutions et divers mécanismes de gouvernance prévus dans la constitution, temple de l'état de droit, mesurables à travers des indicateurs et autres critères bien définis et pilotés par un organe de gouvernance indépendant, assure l'état de droit, facteur déterminant pour l'atteinte des objectifs de paix, de développement durable et du respect des droits de l'homme.

Paul-Gérard Pougoué

Je voudrais insister sur les défis de l'universalité des droits de l'homme et de la démocratie. Les droits de l'homme, l'état de droit et la démocratie sont devenus des lieux communs où s'apprécient ou se déprécient les valeurs, les actions et les dynamiques des sociétés contemporaines. Ces trois notions apparaissent aujourd'hui profondément indissociables, au point d'être érigées en références universelles des sociétés politiques modernes.

Les droits de l'homme, ainsi compris comme formant un tout indivisible dans leurs différentes générations, refondent la démocratie et la bonne gouvernance. Il faut donc prendre une meilleure conscience de leur indivisibilité et définir les mesures pour leur effectivité. La mise en œuvre de ces notions invite à rejeter à la fois un universalisme hâtif et un ghetto particulariste.

Les défis de la gouvernance, de la démocratie et des droits de l'homme trouveront leurs solutions pointues en Afrique, avec la maturation et l'élaboration des politiques juridiques adéquates, épousant l'universalité et l'indivisibilité des idéaux de la famille humaine, tout en s'arrimant sur les réalités locales qui méritent aujourd'hui d'être tamisées pour le bien de tous.

Il faut donc sortir des faux débats et réaffirmer clairement qu'il s'agit de considérer la gouvernance, la démocratie et les droits de l'homme, ni sous l'angle de la souveraineté absolue, ni sous l'angle de l'ingérence politique. Par leur nature même, les droits de l'homme abolissent les distinctions traditionnelles et introduisent une perméabilité juridique nouvelle fondée sur un partage de souveraineté.

S'agissant spécialement de l'Afrique, il faut dire qu'elle ne s'est pas montrée totalement indifférente aux nouvelles valeurs de la démocratie, des droits de l'homme et de la bonne gouvernance. Certes, on trouve plusieurs réalités : une Afrique qui se transforme, une Afrique qui se bloque, une Afrique qui s'adapte. Mais, partout, la force des faits invite à trois suggestions :

– la consolidation et la restauration de l'autorité de l'État. Car qu'est-ce que la démocratie, si elle ne trouve pas son cadre d'exercice et d'expression dans un État rationalisé, structuré et stable. Car aussi, qu'est-ce qu'un droit de l'homme, s'il ne peut se poser et se revendiquer en face d'un État, seul capable de mettre en place l'appareil permettant de le satisfaire. Il faut donc que les institutions soient solides et non affaiblies, par une forte concentration des pouvoirs entre les mains d'un ou de quelques hauts responsables ; il faut également que l'action administrative soit ordonnée, parce que chaque maillon de l'administration connaît ses compétences et agi dans les limites de celles-ci. Sinon, on se retrouvera face à un pouvoir fort à la tête d'un État faible, ce qui est contraire à l'autorité de l'État dans une démocratie ;

– une fois que l'État s'est solidement constitué sur les bases de légitimité sûres, reste alors à lui opposer une société civile structurée, responsable et stable. Fondée sur l'esprit associatif dont le principe fondamental demeure la liberté d'association, la société civile doit s'ériger en véritable contre-pouvoir face à l'État;

– le strict encadrement des notions génériques comme l'ordre public ou les bonnes mœurs. L'enjeu est de faire entrer nettement ces notions dans le champ juridique afin de permettre un sérieux contrôle du juge.

Éric M. Ngango Youmbi

Je vais m'appesantir sur le nécessaire contrôle de l'ordre public par le juge dans une démocratie.

À l'occasion des débats à l'Assemblée Nationale constituante de 1848, Alcock posait une question fondamentale *: « que veut, que cherche la Nation dans l'œuvre de la Constitution qu'elle attend de nous ? La conciliation, la consolidation de l'ordre public et de la liberté, cet éternel problème que poursuivent depuis si longtemps les sociétés humaines ».*

Il faut toujours, disait Eisenmann, commencer par se mettre d'accord sur le sens que l'on donne aux mots de peur de discuter inutilement : les notions de libertés et d'ordre public méritent d'être explicitées.

À propos de la liberté, Montesquieu écrivait en 1748 dans *l'Esprit des lois* : *« il n'y a point de mot qui ait reçu plus de différentes significations, et qui ait frappé les esprits de tant de manières, que celui de la liberté ».* C'est la raison pour laquelle il est préférable de l'écrire au pluriel. Les libertés sont un aspect particulier des droits fondamentaux, lesquels sont tout simplement des droits constitutionnellement et internationalement protégés. Une autre connotation conduit à les considérer comme des droits qui n'admettent pas de dérogations ou encore des droits les plus essentiels ou vitaux de la vie sociale. Il n'y a pas de consensus sur la notion de fondamentalité.

La classification trilogique de Karel Vasak (inspirée de celle de Georg Jellinek) distingue à l'intérieur des droits fondamentaux : les droits-libertés, les droits-créances et les droits de solidarité. Ce sont les droits-libertés qui nous intéressent, en ce que leur exercice suppose une abstention de la part de l'État, à l'exception des interventions qui visent précisément à assurer le maintien de l'ordre public. La notion de « libertés » parait dès lors mieux adaptée que celle plus large de « droits fondamentaux », pour une mise en dialogue avec l'ordre public.

L'ordre public recouvre au moins trois acceptions qui ne sont point figées mais dynamiques. Selon le président Odent, un moyen d'ordre public est « *un moyen relatif à une question d'importance telle que le juge méconnaitrait lui-même la règle de droit qu'il a mission de faire respecter si la décision juridictionnelle rendue n'en tenait pas compte » (ordre public procédural).* Ces moyens constituent généralement des garanties de bonne justice ou des droits au profit du justiciable.

L'ordre public renvoie par ailleurs aux *« valeurs essentielles du consensus social et du système juridique » (ordre public social).* Suivant cette signification, l'ordre public semble aujourd'hui se réduire comme une peau de chagrin, particulièrement dans les États occidentaux. Ainsi ce qui était considéré comme des atteintes à l'ordre public tend désormais regrettablement à être admis au nombre des droits. Il en va ainsi de l'inceste (à un certain degré) en Allemagne, de la bestialité au Canada, du mariage entre personne de même sexe (E.U, France...), de l'admission de nombreuses exceptions au principe de l'indisponibilité du corps, du changement d'identité, etc. Il y'a par ailleurs une ligne de démarcation entre la consistance de l'ordre public dans les sociétés occidentales et sur notre continent. Autrement dit, des pratiques (excision et polygamie par exemple) qui sont des atteintes frontales à l'ordre public ailleurs, ne le sont pas chez nous et vice-versa.

L'ordre public est enfin un ordre public matériel et extérieur exprimé à travers les pouvoirs du Maire (et des autorités préfectorales dans notre contexte) qui recouvrent la trilogie classique (sécurité, tranquillité et salubrité publiques), à laquelle la jurisprudence a ajouté « le bon ordre ». C'est cette dernière signification qui nous intéresse. Notre propos adoptera dès lors une perspective théorique avec un ancrage en droit public, même si le dédicataire de ces écrits est particulièrement hostile à l'érection d'un rideau de fer entre droit public et droit privé.

Comment qualifier les rapports entre l'ordre public et les libertés à partir de l'activité du juge ? Il faut relativement à cette question observer une dynamique qui va de l'antagonisme à la conciliation. Évolution qui traduit le passage de la société illibérale à la société libérale.

Les rapports entre les libertés et l'ordre public se sont de ce qui résulte de la jurisprudence constitutionnelle, administrative et judiciaire, traditionnellement construit dans l'antagonisme. Les deux termes se posent en principe en s'opposant, traduisant ainsi la troisième loi d'Isaac Newton appelée *« principe des actions réciproques »* ou *« loi de l'action et de la réaction »*. Ces rapports peuvent également être appréhendés sous l'angle de l'allégorie de la balance à fléau, traditionnellement utilisée pour représenter la justice, en ce sens que le grossissement de l'ordre public entrainait forcement la réduction des libertés et inversement.

La situation fut si particulière dans le contexte africain, qu'il était intentionnellement entretenu un flou autour de la définition de l'ordre public et ses éléments essentiels. L'ordre public était considéré comme l'utilité particulière de ceux auxquels il était confié et se confondait avec l'intérêt de l'oligarchie dirigeante. Il était partout sacralisé et sanctifié. La doctrine africaine lui prêtait une force totalisante et explicative et tout le droit public se trouvait polarisé autour de ce mot magique qui était en réalité une variante de « l'intérêt général ».

La notion d'ordre public a ainsi été pendant longtemps utilisée par les pouvoirs publics et le juge, particulièrement sur notre continent, comme un gigantesque cimetière où étaient ensevelies les libertés. Elle était (et est encore dans certains contextes) partout invoquée de façon vicieuse pour réprimer toute force oppositionnelle. Il suffit à l'autorité administrative de l'invoquer telle une formule abracadabrantesque, pour disperser une manifestation, interdire un parti politique, retirer une autorisation, fermer un établissement, priver un citoyen de la liberté d'aller et venir...

La multiplication des crises : politiques, économiques, sociales, environnementales, migratoires, terroristes, sanitaires a contribué à grossir et dévoyer la notion d'ordre public. La marche vers la démocratie conduit toutefois beaucoup d'États à reconfigurer les rapports entre l'ordre public et les libertés qui s'énoncent désormais sous le prisme de la conciliation.

L'ordre public qui était considéré comme immanent et prohibitif tend désormais dans beaucoup de régimes constitutionnels et administratifs, à être concilié avec les libertés de quatre manières :

D'abord, beaucoup de composantes de l'ordre public matériel et extérieur se sont muées en droits fondamentaux. Si l'on se réfère aux trois composantes traditionnelles : la sécurité se mue en droit à la sécurité, la tranquillité en droit à la paix, et la salubrité en droit à un environnement sain ou encore en droit à la santé, en sorte que l'enjeu à l'heure actuelle ne consiste plus à opposer ordre public et libertés, mais à établir une hiérarchie, mieux une conciliation dans des contextes particuliers entre droits fondamentaux apparemment antagonistes. Ainsi le juge met désormais en balance, à titre d'exemple, liberté d'aller d'une part et droit à sécurité. La balance pouvant pencher d'un côté ou d'un autre selon que l'on est en situation de normalité ou de crise.

Ensuite, il s'est développé un ordre public immatériel (moralité publique, dignité humaine, esthétique) qui offre une approche renouvelée de la notion d'ordre public, définie désormais comme « *un socle minimal d'exigences réciproques et de garanties essentielles de la vie en société* ». Cette conception positive qui va au-delà de l'absence de trouble pour recouvrir les principes et valeurs assurant la cohésion nationale, se concilient parfaitement avec les droits fondamentaux en ce sens que l'ordre public ne s'exprime plus tant en termes de restriction que de de garanties.

Par ailleurs, l'ordre public apparait de plus en plus sous la plume du juge non point comme l'antithèse ou le mouroir des libertés, mais un mécanisme assurant la parfaite protection des citoyens. Il en est ainsi de la protection des usagers et des individus contre eux-mêmes (port du casque ou de la ceinture de sécurité). Ce qui correspond d'ailleurs à la formule exprimée à l'article 4 de la DDHC : « *La liberté consiste à pouvoir fait tout ce qui ne nuit pas à autrui : ainsi l'exercice des droits naturels de chaque homme n'a de bornes que celles qui assurent aux autres membres de la société la jouissance de ces mêmes droits* ».

Enfin, le contrôle du juge se fait de plus en plus poussé sur la restriction des libertés au nom de l'ordre public, ce que les administrativistes appellent le contrôle des mesures de police. Le juge administratif dans plusieurs pays a développé le test que nous appellerons le test NAP (Nécessité –Adaptabilité –Proportionnalité). Il a été suivi en cela par le juge constitutionnel qui a certes reconnu l'ordre public comme une valeur essentielle de la société (OVC en France), pour ensuite préciser : « *[...]législateur d'opérer la conciliation nécessaire entre le respect des libertés et la sauvegarde de l'ordre public sans lequel l'exercice des libertés ne saurait être assuré [...]* » *(Décision du Conseil constitutionnel français, « nouvelle Calédonie » du 23 août 1985)* et fixé enfin les éléments permettant d'assurer un contrôle de proportionnalité.

L'on est passé dans presque tous les régimes constitutionnels administratifs d'une conception idéologique où l'ordre public repousse la liberté, à une conception où l'ordre est au service de la liberté. C'est vers ces horizons que doivent tendre nos États en construction et en quête de repères constitutionnels et administratifs.

Paul-Gérard Pougoué

En somme, seul un contrôle juridictionnel sérieux permet aux autorités administratives de faire un bon usage de l'ordre public. Alors, l'ordre public ne se confond pas avec « la raison d'État ». Cette dernière permet aux gouvernants de s'affranchir souverainement du respect du droit, alors que l'ordre public est à la fois au service de la paix sociale et de la sauvegarde des droits et libertés. Le contrôle juridictionnel permet ainsi de déceler les usages abusifs de l'ordre public et de les sanctionner. On comprend dès lors l'importance de ce contrôle pour l'enracinement de la culture des droits et libertés, sans laquelle l'on ne saurait parler de démocratie.

Cela étant, je vais aller plus loin dans ma réflexion. S'agissant justement des valeurs universelles, les droits de l'homme doivent être mieux pris en considération dans les politiques régionales d'intégration (CEMAC, CEEAC, etc.).

Dans les relations de coopération, l'éthique des droits de l'homme doit influer une approche nouvelle. La coopération, même économique, ne doit pas ignorer les préoccupations incarnées par les trois notions qui nous préoccupent. Si la bonne gouvernance doit être une conditionnalité, la prise en considération des droits de l'homme autres que les performances économiques doit occuper une égale place dans la politique de coopération.

De même, la bonne gouvernance et la culture d'évaluation et de sanctions caractérisent fortement la République. C'est alors que la question de la forme de la République est un enjeu majeur de gouvernance au plus près des populations, et partant, du ressenti national. Le débat, classique, oppose deux conceptions : la centralisation et la décentralisation.

Un pouvoir très centralisé devient autoritaire ; le pouvoir autoritaire ne peut se décentraliser. Peut-il au moins se déconcentrer. Tout le débat tourne autour du partage du pouvoir politique, c'est-à-dire le droit de se gouverner par ses propres lois, sans remettre en cause la souveraineté de l'État. La déconcentration est simplement une modalité d'administration publique. Par contre, la décentralisation, dans la crise existentielle que traverse le Cameroun, suppose une dose d'autonomie politique, c'est-à-dire la faculté pour la collectivité territoriale de déterminer elle-même les règles et les contraintes auxquelles elle soumet, tout en respectant l'unité de l'État. La décentralisation est ainsi un modèle politique. En substance, la déconcentration peut être envisagée, que le pouvoir soit démocratique, monarchique voire autoritaire ; elle n'a aucun lien avec la forme de l'État. Or, le vrai enjeu, dans le cadre d'une démocratie, est une gouvernance très proche des populations, en somme le partage du pouvoir politique. Dès lors, une prétendue décentralisation sans partage du pouvoir politique se ramène en réalité à la déconcentration.

Il faut le dire, le développement de la décentralisation est une des caractéristiques de notre siècle ; et, dans ce souci de la décentralisation, le fédéralisme est le mode achevé et le plus pratique. Sur le plan juridique, le fédéralisme est clairement défini par rapport aux autres pratiques de la décentralisation ; les principes de base sont universels. Surtout, le fédéralisme est la seule solution viable pour permettre aux entités composantes de conserver leur identité, tout en approfondissant leur intégration dans la société globale. De même, le fédéralisme est un puissant instrument pour rapprocher l'administration des administrés et susciter des pôles de développement viables et adaptés aux besoins locaux, tout en soutenant l'unité et la croissance économique nationales.

La lecture géopolitique et économique du monde d'aujourd'hui montre l'essor des fédérations et, en même temps, révèle que les décentralisations les plus réussies, en dehors du fédéralisme, sont celles dont les principes, les modalités et les pratiques sont très largement inspirées par le fédéralisme.

Le débat actuel au Cameroun, en laissant de côté les charges émotionnelles et les rigidités de principe, gagnerait beaucoup en s'inspirant de cette approche, dominée par un partage du pouvoir politique et le résultat socio-économique recherché. Peut-être, il faudrait alors resserrer le nombre de régions, pour tenir compte à la fois des particularismes culturels, sociologiques et écologiques, d'une part, et, d'autre part, de l'enjeu de pôle de développement pour une croissance inclusive et durable. Il ne faudrait pas alors envisager plus de cinq régions, ou mieux de territoires, pour marquer fortement à la fois les contrastes géographiques, culturels et humains du Cameroun, les compétences territoriales spécifiques et le pôle de développement économique et social. En ce sens, je me suis laissé aller à une esquisse qui se présente comme suit :

– le territoire « La Clairière Vallonnée », qui regrouperait les départements de la Lékié, de la Mefou-et-Afamba, de la Mefou-et-Akono, du Mfoundi, avec pour chef-lieu Yaoundé. Cette dernière reste en même temps le siège des institutions de la République. Ce territoire symbolise ainsi fortement l'unité nationale ;

– le territoire « La Forêt Verte », qui regrouperait l'actuelle région de l'Est ; l'actuelle région du Sud, excepté le département de l'Océan ; et l'actuelle région du Centre, exceptés les départements de la Lékié, de la

Mefou-et-Afamba, de la Mefou-et-Akono, du Nyong-et-Kellé, du Mbam-et-Inoubou et du Mbam-et-Kim. Il aurait pour chef-lieu Bertoua ;

– le territoire « Le Massif Rouge », qui regrouperait les actuelles régions du Nord-Ouest et de l'Ouest, excepté l'arrondissement de Santchou dans le département de la Menoua qui serait rattaché au département du Moungo ; les départements de Lebialem, du Manyu, du Mbam-et-Inoubou, du Mbam-et-Kim ; ainsi que l'arrondissement de Bankim dans le département du Mayo Banyo. Ce territoire aurait pour chef-lieu Bamenda ;

– le territoire « Le Nouveau-Littoral », qui regrouperait l'actuelle région du Littoral, avec cette innovation que l'arrondissement de Santchou serait désormais rattaché au département du Moungo et non au département de la Menoua ; l'actuelle région du Sud-Ouest, excepté, les départements de Lebialem et du Manyu ; enfin, les départements du Nyong-et-Kellé et de l'Océan. Ce territoire aurait pour chef-lieu Buéa ;

– le territoire « Les Steppes Jaunes », qui regrouperait les actuelles régions de l'Extrême-Nord, du Nord et de l'Adamaoua, excepté l'arrondissement de Bankim dans le Mayo Banyo. Ce territoire aurait pour chef-lieu Garoua.

Véritablement, le Cameroun est une Afrique en miniature.

Dans le prolongement, on trouve la culture d'évaluation et des sanctions. On perçoit du coup la place et l'autorité de la Cour des Comptes, notamment en ce qui concerne la déclaration des biens de certains hauts responsables, le contrôle des finances publiques, voire la vérification des comptes des partis politiques. Il devrait s'agir d'une véritable juridiction, sinon la lutte contre les détournements des deniers publics et les fautes de gestion resteront un leurre.

En substance, la gouvernance de la cité doit être orientée exclusivement vers l'intérêt général et l'épanouissement du peuple. Cela suppose qu'elle soit fondée sur quatre (04) exigences : l'exigence des droits de l'homme ; l'exigence de la démocratie ; l'exigence de la construction nationale ; l'exigence de la croissance économique. L'effort constant dans l'accomplissement de ces exigences est un puissant facteur de la véritable stabilité politique, du progrès économique et social, de la cohésion nationale.

4. Chefferie traditionnelle, demain

Paul-Gérard Pougoué

La chefferie traditionnelle est un étalon majeur des cultures camerounaises. Elle est un espace de vie. Le chef détient à la fois le pouvoir temporel et le pouvoir spirituel sur l'ensemble de son territoire.

L'histoire du Cameroun indique que les divers pouvoirs politiques, depuis la période des mandats jusqu'à nos jours, ont toujours cherché à inféoder d'une manière ou d'une autre la chefferie traditionnelle. Faisant fi de la conception et de l'organisation originelles de celle-ci, les autorités administratives ont procédé à une hiérarchisation des chefferies – 1er degré, 2e degré, 3e degré – ; fait des chefs traditionnels des auxiliaires de l'administration avec, désormais une rétribution mensuelle ; plus insidieusement, leur font jouer des rôles politiques, comme responsable de parti politique, sénateur, député, maire, etc. La conséquence est désastreuse, à tel point qu'aujourd'hui l'avenir de la chefferie traditionnelle est pour le moins incertain.

Dans un nouvel environnement, fait de la république et de la démocratie, le rôle de la chefferie traditionnelle ne se limite pas à la recherche de la paix dans son terroir. La chefferie traditionnelle participe aussi, d'une certaine manière, à la gouvernance de la cité et, partant, contribue à l'éclosion et à l'épanouissement du ressenti national. Ainsi, il n'est pas souhaitable que la chefferie traditionnelle disparaisse.

Inévitablement, elle connaît et connaîtra des secousses face aux mutations de la société, au pouvoir politique, à la puissance administrative, au positionnement de certains de ses sujets... L'on peut à coup sûr parier sur les transformations profondes pour l'adapter à l'évolution. Tout doit être mis en œuvre pour faire prendre pleinement conscience par les chefs traditionnels et les notables de la splendeur de leur fonction, mais aussi de la délicatesse de leur responsabilité de pères qui rassemblent, réconcilient et œuvrent dans le seul intérêt de leur peuple, avec abnégation et détermination ; à développer chez les ressortissants d'un même village l'amour de leur terroir ancestral, la fraternité et une attitude responsable et sereine.

Surtout, la réflexion doit être nourrie sur la place et le rôle des chefferies dans la société globale à la recherche de nouveaux piliers matriciels politico-administratifs. L'enjeu est à la fois de consolider la chefferie traditionnelle, la république et le ressenti national. Le chef traditionnel exerce une autorité ancestrale sur le terroir de sa chefferie. Il faut lui permettre d'exercer pleinement cette lourde charge ancestrale. Il me semble alors qu'on devrait, dans l'intérêt de la chefferie, de la république et de la démocratie, interdire au chef traditionnel de briguer un quelconque mandat électif à quelque niveau que ce soit dans les structures de la république. Par contre, pour renforcer le ressenti national, les chefs pourraient s'organiser au niveau régional en une force de proposition au service de la république et du ressenti national. Les membres d'une telle chambre régionale devraient être élus par les chefs eux-mêmes pour un mandat rotatif de deux ans. Les dirigeants politiques devraient tenir le plus grand compte des analyses et des propositions des chefs traditionnels. L'opinion publique est aussi un étalon de la démocratie.

Hilaire de Prince Pokam

En Afrique subsaharienne, les chefferies traditionnelles constituaient avant la colonisation, des sociétés globales souveraines. La légitimité de leurs dirigeants avait son origine en partie dans l'histoire précoloniale, en partie dans les croyances religieuses et en partie dans la culture ancestrale. Ces chefferies étaient même considérées par certains auteurs comme des micro-États. Depuis la période coloniale, ces chefferies traditionnelles, ayant perdu leur souveraineté d'antan, subissent plusieurs transformations qui ne sont pas toujours de nature à rassurer les populations étant donné qu'elles constituent les socles de la tradition ancestrale. Une partie de ces populations se trouve de plus en plus dans l'impasse, désorientée par les actions des autorités politiques et administratives de leurs pays et les comportements parfois peu orthodoxes de certains chefs traditionnels qui n'incarnent plus assez la tradition dans un contexte de démocratisation et de mondialisation. Nous espérons reconstruire la posture des chefferies traditionnelles en Afrique au Sud du Sahara dans le contexte précolonial, colonial et post-colonial, afin de déterminer si ces entités politiques sont encore de nature à conserver ou à reconquérir leur identité et à jouer leur rôle communautaire d'antan et ouvrir si possibles des pistes de nature à redynamiser ces structures traditionnelles.

- Les chefferies traditionnelles comme sociétés globales avant l'entrée à la modernité occidentale

En Afrique subsaharienne, avant la colonisation, les chefferies traditionnelles étaient souveraines à tel point que certaines avaient même des relations diplomatiques avec les grands empires des pays voisins et d'Europe. Tel fut le cas du royaume du Kanem du Tchad qui entretenait des relations avec celui du Bornou au Nigeria et de celui de l'Ouaddaï qui avait signé un accord militaire avec l'empire ottoman. Le chef traditionnel était le leader de la communauté, l'homme le plus écouté, le garant de la tradition dont on attendait l'avis lors des palabres organisées en cas de conflit. Le pouvoir traditionnel était alors considéré comme le gardien de l'âme d'un peuple. Les populations y recouraient pour se retrouver avant de se projeter ailleurs. Dans ce contexte, les chefs traditionnels avaient un pouvoir temporel, spirituel, sacré et presque ou parfois divin. À la fois vénérables et redoutables, ils étaient propriétaires de toutes les terres dont ils étaient les seuls gestionnaires. Les chefs traditionnels, symboles de l'unité et de la force du peuple disposaient des pouvoirs étendus au plan mystico-religieux et temporel. Ils étaient soutenus par des sociétés initiatiques qu'ils couronnaient eux-mêmes en tant que membres ; Ils avaient également l'autorité sur la notabilité et dirigeaient leurs activités. Ils avaient la capacité d'accumuler les ressources et biens divers de leur communauté afin de les redistribuer en cas de nécessité. Ce qui renforçait son rôle communautaire. En tant qu'autorités judiciaires, ils avaient la présidence du conseil de notables qui coordonnait la palabre sur la place publique qui n'est rien d'autre que la cour royale, les lieux sacrés et les forêts sacrées. Leurs décisions étaient sans appel, insusceptibles de recours ni de critiques. Car, le « Roi ne peut avoir tort ». Pour protéger ou étendre leurs territoires, ils étaient des chefs de guerre disposaient de véritables armées.

- Les chefferies traditionnelles comme sociétés décadentes depuis leur modernisation à travers leur subordination coloniale et postcoloniale.

Entités souveraines avant la colonisation, les chefferies traditionnelles ont connu et connaissent encore un déclin à la faveur de la colonisation et de l'indépendance des États en Afrique au Sud du Sahara.

Je vais d'abord m'attarder sur l'érosion des pouvoirs des chefferies traditionnelles pendant la période coloniale

En dehors de certains pays comme Madagascar où la monarchie merina a été abolie par les colonisateurs français en avril 1897, la colonisation a cherché à soumettre, y compris par la force, les chefferies traditionnelles au pouvoir des administrateurs coloniaux. Une désacralisation systématique a été particulièrement menée contre les chefs et les cultures traditionnels par les colons et leurs complices. Chargés de collecter les impôts et taxes, les chefs traditionnels avaient entre autres rôles, de fournir la main d'œuvre pour les travaux forcés, de rabattre les esclaves, de relayer et de veiller à l'exécution des instructions des autorités coloniales.

Fidèles à leur formule administrative de centralisation du pouvoir, les Français ne purent supporter le partage de celui-ci avec les chefs indigènes. Le pouvoir devant demeurer la possession exclusive des autorités françaises qui pouvaient, à leur guise, en déléguer quelques parcelles aux chefs indigènes. Pour le rayonnement des subdivisions, la France décida de déposséder une bonne partie du pouvoir du chef supérieur et de village. Ce dernier devint un agent de l'administration française après la réforme de l'autorité administrative, tout en gardant une position traditionnelle vidée de ses fondements politiques et religieux. Ce chef avait perdu aussi son rôle de protection et d'assistance au profit des « hommes nouveaux » désormais représentants de l'administration coloniale dans les régions.

Nommés et révocables par l'administration, les chefs supérieurs et de village devaient accepter les nouvelles méthodes qu'avait plantées Théodore Marchand, et qui consistaient à devenir un simple exécutant dans son territoire de commandement, l'essentiel dudit pouvoir étant détenu par un fonctionnaire français d'autorité. L'effritement de l'autorité du chef et la pratique frustrante qui mettait en mal certaines autorités n'allaient pas faciliter l'harmonie dans la gestion des territoires. C'est ainsi qu'on ne saurait oublier le problème de la perte d'influence des chefs vis-à-vis de leurs sujets et sur leurs terres. Qu'ils l'eussent transféré de plein gré ou qu'ils y fussent contraints par la force de l'occupant, la soumission au pouvoir du nouvel administrateur enlevait du même coup aux chefs supérieurs et de village toute possibilité de décider d'eux-mêmes de leurs affaires. Ces chefs qui jadis étaient dotés d'une marge de manœuvre sous les Allemands devenaient quasi dépendants. Comme on peut le constater, les chefs traditionnels étaient appelés à jouer un rôle important dans l'administration coloniale. Seulement, ce rôle n'était jamais autonome, il ne fut pas déterminé par les institutions locales préexistantes. Ces chefs conservèrent plus ou moins leurs titres et attributions anciennes, mais aux yeux de la loi des colonisateurs, ils n'étaient que des agents de l'administration coloniale, agents non fonctionnaire dépourvus de tout statut et par conséquent titulaires de tout droits révocables *ad nutum* par l'administration supérieure, passibles de sanctions applicables aux autres sujets indigènes. Sur un autre plan, le pouvoir colonial avait recours à toutes formes de pratiques pour s'implanter dans les territoires.

Partout où il parut nécessaire, le nouveau pouvoir colonial n'hésitait pas à organiser la chasse ou l'élimination des chefs qui ne lui convenaient pas, soit en les exilant, soit en les emprisonnant s'ils n'étaient pas physiquement éliminés. Ainsi, certains chefs étaient destitués, remplacés et déportés, leurs trésors royaux détruits ou pillés et emportés pour les musées occidentaux. Tel fut le cas au Cameroun du Sultan de Mora Oumar Adjara, remplacé en 1922 par Amada, son fils, lui-même destitué en 1924 pour *« incapacité politique nuisible à notre action civilisatrice »*. Tel fut aussi le cas du Sultan des Bamoun, le Roi Njoya, exilé à Yaoundé en 1931, du chef Nono de Bangwa en 1930 et celui des Lamidos de Maroua, en 1959. Les Allemands quant à eux, avaient déjà exécuté le Roi Douala Manga Bell à cause de sa résistance à la colonisation.

Ces méthodes permettaient à la nouvelle administration de mettre en place des éléments qui lui semblaient favorables. La fonction n'offrait alors plus la même gloire avec l'instauration de quelques mécanismes destinés à diluer le pouvoir traditionnel. L'autorité traditionnelle était désormais méprisée des populations, manipulée par l'administration, la haute personnalité qui hier était respectée était transformée en une sorte de laquais de l'administration coloniale française après la Grande Guerre.

L'érosion du pouvoir traditionnel a été renforcée par les religions modernes par certaines pratiques qui interdisent la croyance à la tradition et même l'adhésion de certains chefs à ces religions. Ce qui incite les populations et ces chefs convertis à l'abandon ou la remise en cause des croyances ancestrales. L'indépendance n'est pas plus reluisante.

Je vais évoquer maintenant la fragilité des chefferies traditionnelles depuis l'indépendance des États.

Après l'indépendance des États africains, les chefferies traditionnelles ont connu des fortunes diverses. Sékou Touré avait purement et simplement supprimé ces institutions en Guinée. Il les avait remplacés par les structures de son parti politique le Pdg-Rda. Elles ont été restaurées tout de suite après son décès en 1984. Au Tchad, elles ont également été supprimées avant d'être réhabilitées en 1969. Les autres dirigeants africains les ont transformées en courroies de transmission. Leur sort varie dès lors en fonction du type de système politique monolithique ou pluraliste.

La plupart de pays africains au Sud du Sahara adoptent dès leur accession à l'indépendance, un système monolithique dont les effets se font ressentir dans leurs relations avec les chefferies traditionnelles. Ces dernières fonctionnent dans le cadre des États modernes qui sont régis par des lois et un mode d'administration républicains. Le pouvoir administratif et politique des chefs traditionnels s'arrête désormais là où commence celui de l'État. L'État moderne cherche à atteindre les communautés locales en s'adressant à leurs chefs pour faire passer ses messages et ses directives, notamment électorales, en empruntant d'autres canaux que ceux par lesquels il touche les citadins et *les nouvelles élites*. Vis-à-vis de ces communautés rurales, il se montre en quête de légitimité car, comme le disait Georges Niangoran-Bouah, dans une de ces formules lapidaires dont il était coutumier, "le royaume est plus vieux que la République", qui n'a derrière elle ni longue histoire, ni symboles ancrés dans l'idéologie de la société.

Au Cameroun par exemple, l'État moderne n'a pas supplanté l'organisation traditionnelle. Si avant la colonisation, les chefferies étaient des micro-États souverains, l'État les reconnait depuis 1960 comme « des structures chargées d'assister les organismes administratifs dans l'exercice de leurs fonctions ». Le décret n° 77/245 du 15 juillet 1977, modifié et complété par le décret n° 82/241 du 24 juin 1982, fait de la chefferie traditionnelle un échelon, une circonscription de l'organisation administrative et territoriale. Ce qui la réduit et la relègue à la portion congrue d'auxiliaire de l'administration.

Devenus de simples courroies de transmission entre le pouvoir central et les populations locales, relais des instructions et autres directives, les chefs traditionnels subissent les remontrances et les foudres des autorités administratives. De plus, toutes ces chefferies traditionnelles qui jusque-là fonctionnaient de manière indépendante avec des systèmes de dévolution de pouvoir spécifiques, ont été soumises à un même texte qui fait des autorités administratives les présidents des commissions de désignation des chefs en cas de vacance à la tête d'une chefferie traditionnelle. Cette désignation des chefs traditionnels par les autorités administratives conduit la plupart du temps à la contestation de la population.

Les chefs traditionnels sont dès lors devenus des collaborateurs de l'administration dans l'encadrement de leurs populations. C'est dire que nos monarques doivent pouvoir concilier les exigences d'un État moderne avec le respect des us et coutumes, de la spiritualité et des religions traditionnelles dont ils sont les garants. Dans le cadre de leurs activités coutumières, de la spiritualité et des religions traditionnelles, ils doivent éviter tout acte ou pratique qui serait en porte-à-faux avec les lois en vigueur dans la République.

Au Cameroun par exemple, ils se retrouvent confinés au rôle peu reluisant de « *chefs administratifs* », astreints au port d'une tenue de commandement très prisée dans les régions du Centre et du Sud mais boudée et rejetée par endroit, notamment dans le grand Nord, l'Ouest et ailleurs. Ces propos du chef Bafoussam Njitack Ngompé Pélé résument au mieux et sans doute à regret les attributions actuelles des chefs traditionnels au Cameroun : *« mais aujourd'hui, nous sommes contraints de suivre les lois de la République. À ce titre, nous aidons les pouvoirs publics à mieux administrer. J'ai par exemple la responsabilité d'encadrer la population sur le plan culturel, social ou économique ».*

En vertu d'un nouveau décret de 2013, les chefs traditionnels perçoivent mensuellement des allocations de l'État, affranchies de l'impôt. Ce qui contribue à les fidéliser en tant que partenaires de premier choix pour consolider leur auxiliariat dans une visée électoraliste. Cette fonctionnarisation les rend plus dépendants et engendre une loyauté sans bornes aux autorités étatiques. De plus, les chefferies traditionnelles sont régies par un décret de loi et représentées dans les conseils régionaux.

De chefs communautaires, certains sont devenus des entrepreneurs économiques à travers à l'acquisition de l'esprit capitaliste. Ils sont actuellement des chefs des temps modernes, attirés par les attributs de la modernité, tel que l'argent qui n'est pas assurément une valeur traditionnelle. Il est devenu le vecteur de la puissance convoité par certains chefs à tel point qu'ils attribuent à tort et à travers des titres de chef ou de notable à tout sujet considéré ou perçu comme riche ou homme d'affaires dans les grandes métropoles. On arrive à l'avènement d'une sorte « de chef par l'argent et pour l'argent ».

Ce qui dénature la procédure traditionnelle d'acquisition du titre du chef ou de notable. En acceptant ainsi de partager leur titre avec n'importe qui, les chefs contribuent eux-mêmes à l'effritement de leur pouvoir et à la dilution de l'honneur, de la dignité et du prestige attachés à la fonction sacrée de chef traditionnel. Ceci est également de nature à semer la confusion dans les esprits des jeunes qui risquent de croire que n'importe qui peut devenir chef ou notable. Ces chefs des temps modernes, monogames pour certains alors qu'en Afrique et particulièrement chez les Bamiléké le chef a toujours la famille la plus nombreuse du village, du haut de leur pouvoir de *« chefs administratifs »* en *cours de « traditionalisation »,* usent d'artifices et de stratagèmes pour se constituer une population dans le but de fonder ou d'agrandir leur « village nouveau-né », parfois virtuel ou réduit aux seuls membres de leur famille.

D'autres chefs traditionnels sont devenus des administrateurs civils occupant des postes stratégiques dans l'administration. Tel est le cas du chef Foto au Cameroun qui est sous-préfet ce qui contribue à sa soumission et sa subordination à l'administration et à l'État camerounais.

Aussi, toujours attirés par la modernité, certains chefs traditionnels n'assument plus leurs responsabilités à temps plein. Car, ils sont devenus hommes d'affaires ou fonctionnaires. Ce qui justifie très souvent leur absence à leur poste de commandement, les obligeant à faire une gouvernance et une gestion à distance, par procuration à durée indéterminée. Dans ces conditions ces chefs sont dans l'impossibilité de suivre au quotidien, les problèmes de leurs communautés.

Après l'argent, la politique. Entrepreneurs économiques, la plupart des chefs traditionnels sont devenus des entrepreneurs politiques surtout depuis l'avènement du pluralisme et la libéralisation politique, avec pour corolaires la démocratie. Des chefs traditionnels jadis craints, respectés et adulés, sont entrés en compétition et ont échoué lamentablement en perdant à plate couture leur dignité et leur respectabilité, en mordant la poussière face à certains de leurs « sujets » nantis et autres élites intellectuelles, à qui parfois, ils ont bradé et distribué des titres de notabilité sans que ces derniers ne justifient du moindre lien avec la notabilité ou la chefferie.

Comment le roi peut-il rivaliser avec ses sujets ? Le roi est-il un homme comme tout le monde ? Le roi serait-il nu ? Aujourd'hui, lors des joutes électorales, tous les coups étant permis, on a vu des sujets aigris, révoltés, farouches et hargneux, décocher des flèches en direction des *chefs traditionnels en compétition politique.* On a vu certaines élites traîner leur chef devant les tribunaux, avoir gain de cause et ne plus oser se décoiffer en leur présence, quand ils ne les traitent pas de tous les noms d'oiseaux lugubres. *Il est même arrivé que dans certains villages, des chefs élus comme maires, refusent de développer leur propre village sous prétexte que leur « population était surtout constituée d'opposants ».* Ainsi, en accordant sa préférence aux uns, ils se mettent à dos les militants des autres partis concurrents.

Tout comme au Cameroun, les autorités traditionnelles et coutumières au Tchad ont des attributions en matière administrative et judiciaire. Elles disposent également de pouvoirs de conciliation en matière civile et coutumière et en matière économique et financière (collecte des impôts et taxes par exemple).

Leur bilan est également en demi-teinte de l'effectivité de leurs pouvoirs. Sous l'effet de la modernité, certains chefs préfèrent les grosses voitures climatisées aux vieux moyens de portage. Ce qui les met en dépendance financière vis-à-vis des pouvoirs politiques qui en profitent et contribue à la dépréciation de leur autorité morale.

Toujours sur le plan politique, contrairement au Cameroun ou au Burkina Faso, les chefs traditionnels et coutumiers tchadiens sont soumis à l'obligation de neutralité, interdits d'activités militantes et partisanes et doivent démissionner de leurs fonctions s'ils veulent mener des activités politiques. L'article 19 de la loi organique n° 13/PR/2010 du 25 août 2010 portant statuts et attributions des autorités traditionnelles et coutumières : « les autorités traditionnelles et coutumières sont soumises à obligation de neutralité dans l'exercice de leurs fonctions ». Elles sont interdites d'activités militantes partisanes. Toute intervention des autorités traditionnelles et coutumières dans les activités des partis politiques entraînera des sanctions prévues à l'article 21 de la loi organique. Les autorités traditionnelles et coutumières qui désirent s'engager dans des compétitions électorales doivent au préalable se décharger de leurs fonctions à compter de la date de convocation du corps électoral.

Au Burkina Faso, la qualité de chef traditionnel est devenue la voie « royale », un sésame pour être assuré de bénéficier d'un mandat électif et d'entreprendre avec le maximum de sécurité, une carrière politique rapide (locale d'abord, puis nationale ensuite) : la conséquence est qu'au sein de l'Assemblée nationale burkinabé, nombreux sont les fonctionnaires, médecins, banquiers et autres élites urbaines, qui siègent surtout grâce au prestige et aux avantages que leur confère leur « bonnet » qui est le signe de la chefferie dans ce pays.

Au Niger, par contre, pays où les autorités traditionnelles sont influentes sur toute l'étendue du territoire national, la reconnaissance de la chefferie traditionnelle est moins sujette à polémique et l'alliance entre État et pouvoirs traditionnels est moins ambiguë. De longue date, la chefferie coutumière a été consacrée en tant qu'institution locale responsabilisée dans la gestion des affaires locales (gestion des ressources naturelles, collecte des impôts et taxes, règlement des conflits.). La chefferie traditionnelle nigérienne bénéficie d'un statut administratif dont le fondement légal actuel est une ordonnance de 1993 (Ordonnance n° 93-28 du 30 mars 1993). L'article premier de cette ordonnance, relatif à la chefferie traditionnelle, dispose : « il est constaté sur le territoire de la République du

Niger, l'existence de collectivités dont les structures ont été héritées de nos traditions et coutumes sous la dénomination de communautés coutumières et traditionnelles ». Les chefs traditionnels, par leur statut légal, se présentent comme de véritables fonctionnaires de l'État, payés par lui et se trouvant donc, de gré ou de force, dans des liens inconfortables de dépendance à l'égard de leur employeur, notamment pour ce qui est de leurs revenus, ou même de la pérennité de leur pouvoir.

Non seulement les chefs traditionnels perdent une parcelle de leur légitimité du fait de leur relations avec les autorités étatiques, certains engagés en politiques, abusent de leur pouvoir. Ainsi, au Burkina Faso, des cas de manquements graves au respect des droits humains perpétrés par des chefs coutumiers ayant accédé aux fonctions de maires ont été observés. Beaucoup de cas d'abus ou de pratiques non équitables sont reprochés à ces chefs. Par exemple, des chefs traditionnels exerçant les fonctions de maires font arrêter et battre à mort par la garde royale des citoyens qui auraient critiqué le chef. La confusion est certainement grande, du moins du point de vue de la perception de ces « chefs-maires », ainsi que d'une partie de la population rurale n'ayant pas conscience de leur statut et de leurs droits de citoyens.

Dans certains pays, où les chefs ne peuvent pas faire office de parlementaires ou de ministres du Cabinet par crainte qu'ils puissent exercer une trop grande influence, existent des structures institutionnelles leur permettant de participer au fonctionnement de leur pays. C'est le cas des chambres des chefs au Ghana qui regroupent plusieurs centaines de conseils traditionnels, dont chacun élit les membres d'une des dix Chambres régionales des chefs, lesquelles nomment à leur tour cinq membres qui siègent à la Chambre nationale des chefs. Le personnel administratif est fourni par le gouvernement du Ghana en outre, une Division des chefferies rattachée au Cabinet du Président assure la liaison avec les Chambres des chefs.

Dans l'ensemble, dans un contexte marqué par la modernité depuis la période coloniale, il y a une tendance la fragilisation des chefferies traditionnelles en Afrique subsaharienne même s'il existe quelques spectaculaires exceptions, des noyaux durs complètement réfractaires à la modernité, à l'instar du lamidat de Ray Bouba, Nord-Cameroun, qui se comporte dans l'État camerounais comme un corps étranger doté d'un appareil judiciaire, d'une prison et d'une fiscalité. Cette situation des chefferies traditionnelles dont les autorités s'estiment en premier lieu garantes du maintien des liens des vivants avec les générations disparues, avec leurs propres ancêtres et d'une façon globale avec le passé, ouvre des pistes susceptibles de favoriser l'adaptation de ces structures traditionnelles à la modernité sans pour autant se compromettre.

Ainsi, il serait intéressant que ces autorités se démarquent et gardent une totale indépendance vis à vis des hommes de savoir, des hommes de pouvoir et des hommes d'avoir. C'est-à-dire des détenteurs des capitaux culturels, politiques et économiques. Se distinguer également par leur neutralité politique. Car, un chef traditionnel qui s'engage publiquement en politique, divise ipso facto son peuple. Ces autorités devraient se doter d'une grande ouverture d'esprit, des capacités d'adaptation et d'innovation, des qualités de rassembleurs. Leur sens de responsabilité et le souci constant de l'intérêt général en faveur de leurs populations devraient être remis au goût du jour et constamment tenus en éveil. Se consacrer essentiellement à leurs rôles traditionnels connus depuis la nuit des temps en les modernisant si possible, afin de relever le défi de la cohabitation harmonieuse des valeurs culturelles et spirituelles africaines avec les valeurs modernes. Ces autorités devraient également concilier les intérêts divergents d'une population de plus en plus partagée entre le conservatisme et le modernisme.

Twengembo

L'article premier du décret n° 77/245 du 15 juillet 1977 portant organisation des chefferies traditionnelles pose pour règle que « *Les collectivités traditionnelles sont organisées en chefferies...* ».

Mais qu'est-ce que la chefferie ? Le texte ne le dit pas. L'article 2 du décret se contente d'énoncer que « *La chefferie traditionnelle est organisée sur la base territoriale* », à savoir, en principe, département pour la chefferie de 1er degré, arrondissement pour la chefferie de 2ème degré et village ou quartier en milieu rural et quartier en milieu urbain pour la chefferie de 3ème degré (art. 3).

Le territoire du quartier se trouvant à l'intérieur de celui de l'arrondissement, lequel se trouve dans le département, on se serait attendu que le chef de 1er degré soit le supérieur du chef de 2ème degré lequel lui-même serait le supérieur du chef de 3ème degré ; exactement comme cela se passe dans l'administration territoriale avec la hiérarchisation gouverneur (région), préfet (département) et sous-préfet (arrondissement).

Mais tel n'est pas le cas. Contrairement à la règle de la hiérarchie verticale ci-dessus, le décret met toutes les chefferies, du point des attributions des chefs, au même niveau. C'est ce que font les articles 19 et 20 du décret en conférant aux chefs les mêmes attributions sans tenir compte du degré.

Tout d'abord, l'article 19 porte que ; « *Sous l'autorité du Ministre de l'Administration Territoriale, les chefs traditionnels ont pour rôle de seconder les autorités administratives dans leur mission d'encadrement des populations* ». Ainsi, la chefferie de 1er degré comme la chefferie de 2ème degré et la chefferie de 3ème degré a, à sa tête, un chef traditionnel, à qui on donne du « Sa Majesté ».

Ensuite, l'article 20 du décret fait du chef de 1er degré comme du chef de 2ème degré et le chef de 3ème degré un auxiliaire de l'administration : « *Auxiliaires de l'administration, les chefs traditionnels sont notamment chargés :*

1. *de transmettre à la population les directives des autorités administratives, et d'en assurer l'exécution ;*
2. *de concourir, sous la direction des autorités administratives compétentes, au maintien de l'ordre public et au développement économique, social et culturel de leurs unités de commandement ;*
3. *de recouvrer les impôts et taxes de l'État et des autres collectivités publiques, dans les conditions fixées par la règlementation.*
   Indépendamment des tâches qui précèdent, les chefs traditionnels doivent accomplir toute autre mission qui peut leur être confiée par des autorités administratives ».

À la lecture des dispositions ci-dessus, les chefs de degré inférieur ne se considèrent pas comme des obligés des chefs de degré supérieur.

D'ailleurs le chef de 1er degré et le chef de 2ème degré, marchent ensemble. À titre d'illustration, dans l'ancien département de la Mifi, le chef Baham (2ème degré) avait un territoire propre et régnait sur une population au même titre que le chef Bandjoun (1er degré). Pour ce qui concerne les questions de son royaume, le premier n'avait pas à se référer au second.

Tout autre est la situation du chef de 3ème degré que les chefs de 1er degré et de 2ème degré appellent par abus de langage « sous-chef » alors que dans la pratique, conformément au décret, les autorités administratives entretiennent des rapports directs avec eux et leur transmettent des instructions sans passer par le chef de 1e degré ou le chef de 2ème degré, selon le cas.

De même, dans un département ayant des chefferies de 1er degré et de 2ème degré, plusieurs groupements peuvent se trouver dans le même arrondissement (p. ex. Pour le département des Hauts Plateaux, Arrondissement de Baham ; Baham, Badenkop, Bahouan, Bamenjou, Bangou, Bapa, Batcham, Batie), chaque chef de 1er degré ou de 2ème degré a plusieurs chefs de 3ème degré dans son territoire. On se demande même si les chefs de 1er degré et de 2ème degré ont un territoire puisque le site qui abrite la chefferie se trouve sur le territoire d'une chefferie de 3ème degré.

C'est que, le décret n° 77/245 du 15 juillet 1977, pris après que les chefferies traditionnelles actuelles existaient déjà, n'a pas tenu compte de l'organisation coutumière. Il n'a certes pas ignoré la « tradition » qui est expressément visée en son article 5 : « *Chaque chefferie porte la dénomination consacrée par la tradition* » et son article 6, alinéa 1 : « *Toute chefferie traditionnelle est placée sous l'autorité d'un chef, assisté d'un conseil de notable, formé selon la tradition locale* ». Mais il n'en tire pas toutes les conséquences.

À titre d'illustration, d'après la tradition locale de l'Ouest Cameroun, celui que le peuple appelle « chef supérieur », roi ou sultan, et qui, dans le décret, serait le chef de 1er degré ou de 2ème degré, est le trait d'union entre le monde des ancêtres fondateurs de la chefferie et celui des vivants. Il est censé être au-dessus de tout le monde. Il est entouré de sociétés secrètes dont le Conseil des neuf (*Mkamvu*), à vocation administrative, et celui des sept (*Mkam Sombuech*) qui s'occupe des questions spirituelles. Ces sociétés secrètes sont des instances de régulation sociale dont le rôle est de maintenir, pérenniser et légitimer le pouvoir du chef.

Ceux qui dans le décret sont des chefs de 3ème degré, sont forcément membres de ces sociétés secrètes. En effet, ils sont de très grands notables désignés ou installés dans les quartiers dont ont été nommés chef de 3ème degré par l'administration, par le « chef supérieur ». Ils sont ses représentants dans les quartiers (aujourd'hui dénommé village). Ils n'ont pas de pouvoirs autres que ceux que le « chef supérieur » et la coutume leur confèrent. Ils se savent donc en état de vassalisation sur le plan coutumier par rapport au « chef supérieur ». Ils ne peuvent donc pas lui tenir tête et doivent même se décoiffer lorsqu'ils se trouvent en présence de ce dernier.

La réalité en est que le système de succession au trône du « chef supérieur » et des autres grands notables en vigueur avant le décret a été maintenu après. Avant son décès, chacun d'eux désigne une personne, généralement un de ses fils ou son frère (comme à Bandjoun), comme son héritier principal. C'est cette personne qui occupera la « chaise » dans les différentes castes (sociétés secrètes) dont le défunt était membre. C'est elle que l'autorité administrative nommera, après concertation certes, comme nouveau chef en lieu et place du défunt chef conformément à l'article 8 du décret « *Les chefs traditionnels sont, en principe, choisis au sein des familles appelés à exercer coutumièrement le commandement traditionnel* ». Il en est ainsi parce que, dans la région du Grand Ouest, la chefferie traditionnelle est peuplée des descendants d'un même ancêtre.

Il n'en est pas ainsi partout ailleurs. Il a été relevé que de nouvelles chefferies ont été créées au mépris des us et coutumes locales (*Catherine Coquery-Vidrovitch, L'Afrique noire. Permanences et ruptures, Paris, l'Harmattan, 1990, p. 119 et suiv.).* De telles créations ne peuvent être intervenues que par le grignotage des territoires de chefferies existantes. La création de ces chefferies et la nomination de chefs, à quelque degré qu'ils soient, est de nature à entraîner la déconsidération de la chefferie traditionnelle.

Des solutions doivent être recherchées en vue de redorer le blason de la chefferie traditionnelle.

Singulièrement, le classement des chefferies en chefferie de 1er degré et en chefferie de 2ème degré doit disparaître pour laisser la place à la CHEFFERIE. En effet, la coexistence des deux pose très souvent des problèmes dès lors que l'une est classée par rapport à l'autre par l'article 3 du décret :

> « *Est de 1er degré, toute chefferie dont le territoire de compétence recouvre celui d'au moins deux chefferies de 2ème degré. Ses limites territoriales n'excèdent pas en principe celles d'un département.*
> *Est de 2ème degré, toute chefferie dont le territoire de compétence recouvre celui d'au moins deux chefferies de 3ème degré. Ses limites territoriales n'excèdent pas en principe celles d'un arrondissement.*
> *La chefferie de 3ème degré correspond au village ou quartier en milieu rural et au quartier en milieu urbain* ».

En effet, là où se trouvent les chefferies de 1er degré et de 2ème degré, les rapports entre le chef de 1er degré et le chef de 2ème degré ne sont pas toujours au beau fixe, le deuxième se proclamant, à raison ou à tort, indépendant du premier.

En outre, il y aura lieu, à défaut de supprimer les chefferies de 3ème degré de modifier le texte pour empêcher les autorités administratives d'entrer en relation avec eux sans passer par les chefs supérieurs.

Dans cette veine, les chefs de zones, chefs de quartiers et chefs de blocs institués par l'article 31 du décret, bien qu'ils ne soient certes pas des chefs traditionnels, doivent aussi disparaître. En effet, l'implantation actuelle de l'administration sur le territoire ne justifie plus leur présence.

Mais surtout, des mesures doivent être prises afin que les chefs traditionnels cessent d'être membre d'un parti politique, voire de prendre part aux activités des parties politiques. En effet, le décret a été pris lorsqu'un seul parti (l'UNC) était autorisé au Cameroun. Tous les camerounais, y compris les chefs supérieurs étaient d'office membres de ce parti. Avec l'avènement du multipartisme, plusieurs partis se sont implantés dans tous les villages. Les enfants de ces villages ont créé ou adhérés aux partis autres que celui au pouvoir. Laisser les chefs de village militer dans un parti, de manière ostentatoire ou officieuse, est certainement de nature à le couper de ses sujets qui ne sont pas de son parti.

Les élites administratives et le pouvoir en place se complaisent certes dans la situation actuelle. Mais rien n'empêche de rêver.

Paul-Gérard Pougoué

La chefferie traditionnelle est un enjeu majeur de la refondation de la République résolument au service de la cité et des peuples. Elle ne pourra dès lors survivre que si elle cesse d'être inféodée de droit ou de fait au pouvoir politique et à l'administration publique ; que si, dans le cadre d'une démocratie nettement ouverte aux droits de l'homme et à la séparation des pouvoirs, et d'une République réellement décentralisée, elle se concentre à la préservation de son patrimoine ancestral et culturel ainsi qu'au bien-être de son peuple. Alors, dans cette refonte de la société globale, la chefferie traditionnelle devrait revêtir le caractère d'une société civile d'utilité publique *sui generis,* qui incarne une autorité reconnue et légitime. La règlementation d'une telle société civile devrait avoir pour socle les fondements ancestraux de la chefferie traditionnelle authentique.

5. Idéal de justice et règne du droit

Paul-Gérard Pougoué

L'angoisse historique s'est emparée de la société. Même le droit doute de lui-même. Pourtant, la solution ne peut venir que du droit. Il n'y a pas de société sans droit.

La méditation sur le droit est saisissante. Au cœur du droit, on trouve l'idéal de justice. Le juste donne au droit son unicité et son universalité. Le droit est ainsi une spiritualité laïque fondée sur la quête de la justice. C'est pourquoi, là où le droit ne règne pas, la société se délite.

Il faut faire rayonner le droit, absolument.

C'est d'abord dans la Constitution. Celle-ci est la loi fondamentale de la République, la norme supérieure de la République. On parle volontiers de contrat social, pour relever le consensus qui doit être à sa base. Elle est aussi la première source du droit dans une République. Sa rédaction doit être très attentive à l'idéal de justice. Il y a des principes transcendants et éternels que même les dieux ne peuvent violer.

Le constituant est ainsi très fortement interpellé. La loi fondamentale est exclusivement une œuvre de compromis : si elle n'est pas partagée et acceptée, la société grogne, la cohésion sociale est minée, le ressenti national est mis à rude épreuve. Si cette source majeure et suprême du droit interne ne rassure pas, le droit perd son crédit, le sentiment d'une société injuste s'installe.

C'est ensuite dans la loi. Celle-ci doit être générale, impersonnelle et assurer la sécurité juridique. Le législateur est ainsi à son tour très interpellé. Il faut éviter des lois, chefs-d'œuvre sur le plan technique, mais inefficaces sur le plan pratique, traumatisant sur le plan psychologique, aliénant sur le plan culturel, ineffectives sur le plan sociologique, déséquilibrant sur le plan économique.

L'art de légiférer est très délicat. On ne peut l'exercer qu'en tremblant.

À la loi, il faut rapprocher les traités internationaux. Ils sont de plus en plus nombreux. Leur rang dans la hiérarchie des normes bouge. On estime même que les traités ratifiés ne sont plus seulement considérés comme supérieurs à la loi et inférieurs à la Constitution ; on estime fortement aujourd'hui qu'ils priment sur l'entièreté de l'ordre juridique interne, y compris son ordre constitutionnel. C'est une question de raison et de cohérence par rapport à l'ordre international. Encore faut-il que le traité soit ratifié et promulgué. La primauté matérielle suppose ainsi au préalable la ratification du traité. Ici aussi, le législateur est très fortement interpellé. Il doit être très vigilant sur le contenu du traité avant de proposer sa ratification. Au besoin, il pourra solliciter l'éclairage de la structure chargée du contrôle de constitutionnalité des lois. Le législateur devra donc prendre toutes les précautions pour écarter en amont tout risque de contrariété du traité à ratifier avec l'ordre constitutionnel. La ratification n'est pas seulement une question d'opportunité, c'est aussi une délicate opération juridique. Lorsque celle-ci n'est pas rigoureuse, l'ordre juridique peut être déséquilibré et la société ébranlée.

C'est enfin dans la norme applicable. Le législateur prend la loi, il revient au juge de dire le droit. Comme le fait remarquer Michel Troper, la norme supérieure que le juge applique ne lui est pas donnée ; c'est à lui qu'il appartient de la créer ; ce qui préexiste au jugement n'est pas une norme, mais un texte ; la norme n'est pas ce texte, mais seulement sa signification. On le voit, le juge est ainsi, à son tour, fortement interpellé. Il doit déterminer la signification d'un texte, c'est-à-dire la norme applicable. Il doit interpréter la loi, ce qui revient finalement à la refaire. Vient immédiatement à l'esprit un parallèle avec la pierre philosophale qui, selon les alchimistes, permet d'opérer la transmutation des métaux en or. La loi est le métal, le droit est l'or. L'interprétation créatrice est la pierre philosophale du droit.

Le rôle singulier et primordial du juge relance le débat sur sa figure dans notre société. Il faut avant tout qu'il ait une solide formation en culture générale et en droit : les procédures, certes ; mais aussi les notions essentielles de l'histoire et de l'environnement social, culturel et politico-économique, une excellente maîtrise des fondamentaux de droit et une élévation d'esprit suffisante pour aller auprès des dieux rechercher les principes non écrits nulle part et incarnant particulièrement l'idéal de justice, principes sans lesquels on ne peut parler du droit et sans lesquels il n'y a pas de procès équitable.

On insiste beaucoup, et avec raison, sur l'indépendance et l'impartialité du juge. Les attentes concernent l'effectivité du pouvoir judiciaire reconnu dans les textes. Cela relance le débat sur la séparation des pouvoirs et les véritables contre-pouvoirs. Il devient alors impérieux de repenser profondément, dans le cas du Cameroun, la composition et le fonctionnement du Conseil Supérieur de la Magistrature, mais aussi le principe de l'inamovibilité du juge. Il faut y réduire le plus possible le risque de suspicion de connivence avec le pouvoir en place. Peut-être, en approfondissant l'étude de la question, d'autres pistes surgiraient-elles à partir d'analyses objectives d'autres expériences, même en dehors du canevas hérité de l'expérience française.

L'indépendance nécessite également une lutte sans complaisance contre la corruption en milieu judiciaire. Alors, l'une des pistes porteuses, me semble-t-il, serait de développer davantage en milieu judiciaire la culture d'évaluation périodique, indépendante et extérieure, et de donner tout son poids à l'éthique de la sanction.

Il faut lutter contre les lenteurs judiciaires, simplifier l'exercice des voies de recours et garantir l'exécution des décisions de justice. C'est une caractéristique majeure de l'état de droit.

Il faut juger avec conviction, motiver les décisions, voire les expliquer. L'obligation d'expliquer viendrait ainsi conforter l'obligation de motiver. Beaucoup de considérations entrent en jeu : le mode de recrutement du magistrat, sa formation, son statut, la gestion de sa carrière, son traitement. Tout cela interpelle fortement. C'est un débat à mener sans état d'âmes. Les expériences sont nombreuses et variées de par le monde. Leur analyse comparée peut constituer une source lumineuse d'inspiration. Surtout, il faut éviter le mimétisme; osons créer une magistrature solide, digne, respectée.

Sylvain Sorel Kuaté

Quel juge ... demain ?

Autrefois facile à identifier, mais surtout admirée et honorée, la figure du juge est devenue, c'est le moins que l'on puisse dire, sinon floue, du moins mal-aimée. Ce tableau s'éclaircit ou s'assombrit d'une époque, d'un système de droit ou d'un espace géographique à l'autre ; il n'est pas uniforme selon que l'image soit celle du juge civil, du juge pénal, du juge administratif, du juge constitutionnel, du juge communautaire, pour ne viser que ceux-ci. Afin de contribuer à améliorer le rendement ou mieux l'efficacité de ce magistrat du siège et par ricochet redorer son blason, quelques leviers, parmi d'autres, pourraient être mobilisés.

Le premier levier d'action est celui de la reformulation des missions du juge, lesquelles ont un lien étroit avec son office. Au départ et à juste titre, il avait semblé que la vie humaine pourrait difficilement être harmonieuse sans l'existence de structures, d'institutions et surtout de professionnels chargés de régler les différends, donc de « trancher » à la lumière de la règle de droit et de leur conscience. Un peu plus tard, on a pensé que le juge dit le droit, que ce soit pour trancher, constater, donner acte, concilier, contrôler, homologuer, ordonner. Aujourd'hui et demain, le souhait est que celui-ci contribue davantage à prévenir les conflits et s'implique plus que par le passé dans l'encadrement du règlement alternatif des différends, toute chose qui désencombrera son prétoire, réduira les ressources à affecter au service public de la justice, mettra les sujets de droit dans une posture davantage participative en cas de désaccord. Cela suppose que les pouvoirs publics s'investissent à encourager les MARD ou s'attèlent à mieux articuler ceux-ci avec la justice étatique notamment à travers l'observation de « l'étape préalable », la promotion de la médiation judiciaire, la conciliation judiciaire, les transactions y compris en matière répressive où il a parfois été suggéré que le juge puisse être mis à contribution pour homologuer les accords conclus entre le parquet et la personne poursuivie. Cela appelle l'affinement de l'organisation des recours contre les décisions issues de la justice parallèle organisée. On peut alors entretenir l'espoir, un jour, que soient créés des établissements publics où s'organise et se rend la justice alternative sous le regard du juge. On peut nourrir l'espoir, dans les jours à venir, d'un dialogue fécond entre les professionnels du droit et avec les parties en vue de la manifestation de « la vérité », du pardon, du vivre ensemble.

Le deuxième levier d'action est celui de la rationalisation du processus de recrutement et, par ricochet, de l'affinement du profil du juge. À une époque reculée et dans un environnement particulier, la piste utopiste du tirage au sort avait été creusée. Cela s'opérait parmi les personnes ou les professionnels du droit aptes à assumer la fonction de magistrat. Dans d'autres espaces géographiques, à mesure de l'écoulement du temps, on décida d'élire les magistrats et les juges tantôt en occultant leurs aptitudes, tantôt en privilégiant des éléments tels que la confiance du justiciable et l'acceptation de la décision à prononcer. Après coup, il fut résolu de nommer les juges et de leur attribuer des charges à la fois patrimoniales et héréditaires. Les travers de ce procédé devaient conduire à son perfectionnement en s'orientant vers le chemin de la nomination désormais amputée de la vénalité des charges ; quelques-uns faisant parfois le choix d'hybrider l'option en conjuguant la nomination et l'élection. Au Cameroun comme dans d'autres pays même partiellement rattachés au système romano-germanique, la balance a penché vers la nomination du jeune magistrat par le président de la République, avec la possibilité plutôt marginale d'un « recrutement latéral » ou du « tour extérieur », singulièrement en matière administrative ou des comptes. À l'examen du modèle retenu ici, il se révèle sans ambages que le confort intellectuel, l'âge, la moralité sont en première ligne. Autant relever intuitivement, à rebours, que l'accent est faiblement porté sur les garanties d'indépendance et d'impartialité, lesquelles ne sont pas sans lien avec « la force de caractère » ou le « tempérament » de l'impétrant. Autant avouer que peu de choses sont prescrites au sujet du travail en équipe et du leadership pourtant utiles dans le cadre de la relation avec le collègue qui parfois n'est pas magistrat de carrière (assesseur par exemple), avec l'auxiliaire de justice, le justiciable etc. Autant observer que la capacité d'adaptation dans un pays en construction et dans un monde à la recherche de nouveaux repères compte peu en amont au moment de la sélection des membres du corps judiciaire. À tout prendre, il apparait que les formations initiale et professionnelle ne préparent pas suffisamment le futur juge à assumer au mieux les fonctions qui seront les siennes. Des ajustements s'imposent au gré des objectifs à atteindre. Les pistes à explorer ne manquent pas : recours à des assistants de justice ou à des juristes intérimaires capables de contribuer à « ficeler » les dossiers et à les mettre en état notamment en matière non répressive ; intensification du recrutement latéral avec une priorité aux professions libérales afin notamment de gérer le flux des « dossiers » sans générer des dépenses excessives à la charge de l'État ; recours à des juges supplétifs non seulement à temps plein, mais aussi à temps partiel issus des rang des auxiliaires de justice libéraux, des salariés du secteur public ou privé dont le parcours académique et professionnel, la moralité et le profil psychologique présument de l'aptitude à exercer des fonctions judiciaires ; retour au modèle classique d'un cycle de licence à base élargie en tronc commun, puis de la spécialisation adaptée en Master ; affermissement du bagage juridique de l'apprenant dans les filières rattachées aux « sciences non juridiques exactes » éligibles à la magistrature ; renforcement de l'économie, de la gestion et des outils de télécommunication dans les parcours de formation des facultés de droit conduisant aux fonctions de juge. Si l'introduction ou le renforcement du droit dans les programmes d'enseignement non juridiques ou inversement, le renforcement de l'économie, de la gestion, ou des TIC dans les filières juridiques s'avèrent écrasants, la panacée pourrait consister à ramener certaines de ces disciplines à la fin du cursus scolaire dans les lycées et collèges. Rien n'interdit au demeurant qu'elles puissent, périodiquement, à l'issue d'un tirage au sort, être partiellement retenues au nombre des épreuves à passer à la fin du semestre, de l'année académique, mais surtout du concours pour le recrutement des magistrats. Rien ne s'oppose à ce que la sélection des juges accorde un intérêt accru à la capacité à absorber la transition numérique, la dématérialisation du procès et des procédures, la composante linguistique centrée a minima sur l'utilisation des langues officielles. Rien n'empêche, au début ou dans le cours de la formation à l'école, que l'auditeur de justice ait l'opportunité de s'orienter vers la magistrature du parquet ou vers celle du siège, laquelle en toute hypothèse pourrait être exercée d'une juridiction à l'autre pendant une fourchette de temps délimitée, avant toute mobilité éventuelle.

Le troisième levier d'action est celui d'une meilleure organisation du parcours professionnel et de la carrière du juge. À ce propos, il convient de relever et de regretter que beaucoup perdent du temps à accéder au grade plancher après la formation à l'école, mais surtout que le passage aux grades supérieurs prenne les allures d'un concours de patience teinté d'aléa. Le chemin jusqu'au « sommet » semble anormalement long, surtout lorsqu'on s'aperçoit dans d'autres métiers du droit non libéraux que le pallium pourrait être atteint moins de quinze ans après le recrutement. Le passage du parquet au siège et vis-versa se décide « en haut lieu » et parfois discrétionnairement. Les promotions et la désignation aux fonctions judiciaires obéissent à des paramètres dont la lisibilité n'a pas achevé d'être recherchée dans une configuration où la nature des juridictions et du contentieux sont hétérogènes, où les magistrats ont des profils composites. Là n'est pas tout. La formation continue relève véritablement de l'inédit alors que le parcours professionnel conduira tantôt au siège, tantôt à l'instruction, tantôt au parquet ; qu'il faudra animer la justice pénale, la justice civile, la justice administrative générale ou spéciale. Quelques-uns se retrouveront même au conseil constitutionnel ou dans des juridictions d'envergure sous régionale, continentale, universelle. Il est alors dans l'ordre des choses d'espérer, demain, que soient réduites les strates hiérarchiques du corps judiciaire afin d'éviter, ainsi que des auteurs avertis le font remarquer pertinemment, que s'installe insidieusement une culture de la soumission susceptible de compromettre l'indépendance et l'impartialité attendus de la justice et du juge *(GUINCHARD S., VARINARD A., DEBARD T., Institutions juridictionnelles, 16ème éd., Dalloz, Paris, 2021, p. 1067, n° 904).* Il n'est pas saugrenu d'entrevoir que les magistrats soient spécialisés en début de carrière et rattachés soit au siège soit au parquet, donc corrélativement que le pèlerinage du siège au parquet et vice-versa ne s'opère qu'après l'acquisition d'une solide expérience ou rendu à un grade intermédiaire. Au-delà de la question séculaire de la reconfiguration du conseil supérieur de la magistrature élargie au parquet et dont la présidence pourrait échoir soit au premier président de la Cour suprême secondé par le procureur général près ladite cour soit à l'un des membres statutaires du conseil élu par ses pairs, il n'est pas blâmable de rêver que les sessions de celui-ci soient moins irrégulières ; l'enjeu étant de parer au plus pressé en temps opportun en faisant face aux cas de décès, de congés liés à la maladie ou à la maternité, d'accroissement inopiné du contentieux dans le ressort d'une juridiction. On ne pourrait ne pas souhaiter, sans préjudice à l'inamovibilité, une limitation du plafond de la durée dans les fonctions en juridiction, que ce soit au siège ou au parquet d'une cour ou d'un tribunal, avec comme référence haute le temps d'un mandat municipal, régional, législatif ou mieux présidentiel. On doit sans doute aussi espérer, ici, la consolidation voir la conception de mécanismes plus « neutres » de contrôle, de sanction, de récompense et finalement d'émergence d'un juge en phase avec ce que les sujets de droit attendent de l'« honnête homme de justice ».

La quatrième manette, composite, est, pêle-mêle, celle d'une meilleure organisation du cadre, des modalités et méthodes de jugement. Afin de réconcilier le juge avec lui-même, mais aussi avec le justiciable et la société, il ne serait pas sans intérêt de s'attaquer au déséquilibre des pouvoirs que la constitution organise, spécialement en songeant à améliorer voire à renforcer la protection du juge. Il importe de méditer à propos des matrices de la fonction de juger. Il convient de les affiner dans un contexte traversé par différentes traditions juridiques et où le repli vers la coutume côtoie l'ouverture démesurée à la globalisation, à l'intégration à l'échelle nationale, sous régionale, régionale, continentale ; de mettre en cohérence les repères du métier de juge dans un environnement où un décalage se perçoit parfois d'une part entre le droit supranational et le droit national, d'autre part entre les sources internes du droit (notamment entre la constitution et les lois de procédure). Il importe que la rigueur de la motivation et du syllogisme juridique ou judiciaire soit pleinement mobilisée afin de s'assurer de l'intelligibilité de la décision à rendre, de son acceptation, de son retentissement et, corrélativement, du rayonnement de ce qui a été jugé. Il faudrait que les exigences d'un délibéré sérieux (vote, secret) soient durablement mises en œuvre ; que le juge soit véritablement soucieux de la rédaction de sa décision dans un style clair, accessible et précis dans le dispositif ; que sa préoccupation soit de la rendre disponible sans égard à la nature ou au contexte de son prononcé (en référé, sur requête, au fond, avant dire-droit, en collégialité, isolément, en anglais, en français, etc.). On doit espérer que la réorganisation de l'organisation judiciaire ne sacrifie guère « la matière » et débouche sur une juridiction de droit local unifiée éventuellement dotée de chambres, sur une juridiction économique et commerciale elle aussi dotée de chambres, sur une juridiction répressive unique mais compartimentée, sur une justice administrative ayant une strate d'appel et un segment suprême ou de « cassation ». On doit nourrir l'espoir qu'à l'instar du médecin ou du restaurateur, le juge privilégie la « proximité » dont l'un des piliers est le détachement du siège et la démultiplication des audiences foraines, au besoin dans des sièges secondaires à créer. La question des moyens matériels ayant jailli de longue date sans être abordée froidement, il ne fait pas de doute que le moment est venu de s'intéresser sérieusement au financement de la justice avec un accent sur son autonomie financière, laquelle draine dans son sillage la recherche de solutions durables à la question névralgique des conditions de travail et du « bien-être » du juge *(À propos du détail, voir NSOGA E.Z. II, Le jugement, thèse, Yaoundé II, 2021, pp. 218 et s. n°s 226 et s. ; nous même, La justice, ses métiers, ses procédures, 4ème éd., l'Harmattan, Paris, 2021, p. 1362).*

Il n'est pas utile d'aller plus loin avant de tourner la page ouverte. Contre toute attente et paradoxalement, cette conclusion s'exprime au mieux à travers une préoccupation devenue banale. Elle consiste à savoir si la réception par les pouvoirs publics des recettes préconisées sans recul ici procurera au juge de demain, dans l'exercice de ses fonctions, l'intelligence et la sagesse de Salomon ou d'une figure universelle similaire. Le doute est permis. Bien que pessimiste, pareille grille de lecture n'empêche nullement d'entrevoir un scénario différent, favorable à la paix et à la cohésion sociale. En « âme et conscience », on est alors obligé de se retourner vers le créateur, de constater la fragilité des trajectoires humaines, de murmurer humblement que celui « Qui vivra verra » !

Paul-Gérard Pougoué

Cette interpellation sur la figure du juge vaut pour tous les ordres de juridiction, y compris la justice constitutionnelle. Celle-ci insuffle à la démocratie constitutionnelle une âme juridique jouant ainsi un rôle fondamental dans l'affirmation de l'état de droit ; elle est, non une conséquence, mais un critère de la démocratie. On a affaire à une véritable juridiction ; aussi abandonne-t-on de plus en plus le terme de Conseil constitutionnel pour celui de Cour constitutionnelle, et soumet-on ses juges à tous les grands principes de désignation, d'indépendance et d'impartialité. Le seul enjeu est la garantie de la trilogie indissociable « droits de l'homme – état de droit – démocratie ». Il n'y aura pas de démocratie, s'il n'est pas accordé à son principal instrument, la juridiction constitutionnelle, sa véritable place et son rôle de premier plan.

Le premier rôle de la Cour constitutionnelle est de réguler le fonctionnement des institutions et de l'activité des pouvoirs publics à la lumière de cette trilogie. Quand elle interprète la Constitution, il lui revient ainsi de relever la norme, et cette norme n'est pas la Constitution ; et si cette norme ne reflète pas les valeurs transcendantes des droits de l'homme et les principes universels de la démocratie, alors elle doit le faire savoir.

Le développement de la démocratie engendre un important contentieux constitutionnel. Dès lors, la Cour constitutionnelle est amenée à examiner les questions de droit et de dire le droit. C'est le cas lorsqu'elle est saisie pour vérifier la conformité à la Constitution d'un projet de loi voire incidemment d'une convention visée dans un projet de loi autorisant sa ratification ; lorsqu'elle est saisie pour vérifier la régularité du processus électoral par rapport à la loi électorale, devant même à l'occasion connaître des questions d'entrave aux libertés publiques, de fraude ou d'abus de pouvoir ; lorsqu'elle est saisie, de façon générale, des violations des droits de l'homme du moins dans les régimes politiques qui lui en donnent compétence ; en cas d'exception d'inconstitutionnalité soulevée à l'occasion d'une instance en cours devant une juridiction. Dans toutes ces hypothèses, la Cour constitutionnelle recherche la vérité juridique, car, ce qui en cause, est le règne du droit. Elle prend les décisions qui ont l'autorité de la chose jugée et qui, de plus, s'imposent à toute les autres juridictions, peu important l'origine professionnelle de ses membres. En revanche, lorsque la Cour constitutionnelle statue sur les questions des droits de l'homme, elle doit respecter les instruments internationaux ; dès lors, dans le contexte africain elle statue sous le contrôle de la Cour africaine des droits de l'homme et des peuples.

La caractéristique essentielle n'est pas l'existence d'un procès mais « dire le droit ». S'il y a un procès, ce dernier est encadré par les principes universels et les règles nationales. Qu'il y ait ou non procès, le juge est amené à dire le droit sur une question de droit précise. Et c'est bien ce que fait la Cour constitutionnelle. C'est pourquoi, dans la plupart des démocraties constitutionnelles modernes, la Cour constitutionnelle fait l'objet d'un chapitre dans le titre relatif au pouvoir judiciaire. Dès lors, la réflexion sur la figure du juge concerne aussi le juge constitutionnel.

Joseph Djogbenou

Entre sidération et détestation, fascination ou répugnance, mythe ou réalité, la justice constitutionnelle est au cœur de tous les débats républicains et démocratiques contemporains. Pourtant, la phosphorescence des controverses nourries à son sujet par les discussions animées par les universitaires, les politiques et les praticiens, ne semble encore en dévoiler l'exact contenu. À tout le moins, une question, de sens, demeure sans réponses : qu'est-ce, la justice constitutionnelle ?

L'extraordinaire expansion de la justice constitutionnelle ainsi que son ancrage au sein de l'espace institutionnel des États de démocratie libérale ont paru sourdre sur le terreau d'un malentendu fondateur : aussi constitutionnel qu'il soit, l'organe juridictionnel poursuit-il un but de justice ? Au-delà de la délicate question de rapport entre juridiction et justice, cette question engage à rechercher ce que n'est pas la justice constitutionnelle afin de cerner avec une précision plus ou moins géométrique ce qu'elle est.

En ce qu'elle n'est pas, la justice constitutionnelle ne poursuit certainement pas un but de « justice », au sens classique, entendue idéalement comme recherche d'équilibre et d'harmonie individuelle. Éloignée des perspectives aristotéliciennes de justice particulière, la justice constitutionnelle ne se résout pas en partage entre les individus. Elle ne distribue ni bénéfices ni charges, ni récompenses ni peines : la justice constitutionnelle n'est pas une justice subjectivée dont la vocation serait de protéger les droits subjectifs, mus par l'intérêt, en principe personnel, direct et actuel ainsi que la qualité à agir. Il en résulte que la notion de partie et les effets qu'on en induit au sens de l'impartialité du juge, de l'effet relatif de la décision, de la chose qui est plutôt interprétée que jugée, la récusation ou la suspicion légitime, ainsi que le désistement au double sens de l'action et de l'instance, échappent à l'instance constitutionnelle, à moins d'en être sérieusement nuancée.

Aussi, en dépit de la juridictionnalisation salutaire du contentieux devant les juridictions constitutionnelles et de l'avènement d'un procès constitutionnel, la symbolique processuelle ne saurait-elle être, à l'identique, celle de la justice ordinaire. Le bandeau, symbole de cécité voulue du juge, préventive de chute sentimentale potentielle dans son rapport à l'être-sujet du droit, partie au procès, et garant de son impartialité, n'apparaît pas comme une figure représentative de la justice constitutionnelle, la finalité de celle-ci étant l'expurgation de l'ordre juridique dont la constitution est la source, de toute malformation patente ou latente qui en vicierait l'intégrité et la cohérence. Sous cette vue, le juge constitutionnel est tenu d'avoir l'œil d'acier, ouvert en continue sur la loi fondamentale. Si même la balance y mesure aussi le droit, ce n'est point en raison, afin commutative, d'une égalité des choses à l'égard des personnes, ou afin distributive, d'une égalité des valeurs à l'égard des personnes. La balance y symbolise plutôt la recherche de cohérence générale des règles posées avec les valeurs fondamentales de la société et le bon équilibre nécessaire au fonctionnement harmonieux de ses institutions.

En ce qu'elle est, la justice constitutionnelle apparaît donc principalement comme une autorité de certification de sens de la constitution, de régulation du fonctionnement des institutions et, dans certains États, de garant à titre principal ou incident de la protection des droits fondamentaux attachés à la personne humaine.

La première considération accentue le cœur de sa mission qui est recherche de la rectitude de l'ordre juridique à la volonté générale. Ce n'est donc pas, à proprement signifié, la recherche de l'obéissance à la loi dont s'occupe la justice ordinaire, mais la recherche de la conformité du droit posé aux valeurs essentielles dont la constitution est le corps. Si donc la justice ordinaire vise à être rendue en faveur des personnes juridiques, la justice constitutionnelle vise à être rendue, pour ainsi dire, en faveur de la constitution.

C'est également sous cette vue d'équilibre général à rechercher que la deuxième considération met en relief la mission institutionnalisant de justice constitutionnelle. Elle apparaît, à cet égard, comme la régulatrice de tension entre les institutions de la République dans une société démocratique. Les organes du pouvoir d'État exercent leurs prérogatives dans une concurrence fonctionnelle et politique dont il importe d'arbitrer les confrontations qui en résultent. La justice constitutionnelle s'y emploie comme une autorité de régulation, en charge de gérer les conflits de cette nature.

Toutefois, sur la troisième considération, pour les ordres juridiques qui l'admettent, la prérogative de protection à titre principal des droits fondamentaux de la personne humaine fait assigner à la justice constitutionnelle une mission de garantie de l'essence du genre humain. En un sens, la justice recherchée ici est transcendantale : elle ambitionne d'assurer la conservation et la pérennisation de l'humanité contre les atteintes au genre humain.

À la vérité, il n'y a de justice dans le but de l'organe constitutionnel que dans la conservation de la rectitude de la loi fondamentale et de l'essence de l'être humain. En cela, la justice constitutionnelle veille à la justesse des actes ainsi que celle des comportements des autorités publiques à l'égard des valeurs et des fins majeurs et fondamentales dont la constitution est le socle dans une société démocratique.

Alors, mal nommée, la justice constitutionnelle ? Le plus important, à son égard, est de ne point se tromper, ni de sens, ni d'objet encore moins de finalité.

Paul-Gérard Pougoué

De nos jours, le caractère juridictionnel de la Cour constitutionnelle et la figure de ses membres sont des questions primordiales. Si la Cour constitutionnelle n'est pas une juridiction et si ses membres ne sont pas des juges, alors il y a un grand risque que la démocratie se limite à un jeu de pouvoir au lieu d'être le creuset des valeurs transcendantales et des principes universels à cultiver et à sauvegarder. C'est ainsi, par exemple, que le Conseil constitutionnel français, par une création prétorienne, a intégré le principe de la dignité humaine dans le bloc de constitutionnalité, le faisant dès lors entrer dans l'ordre juridique français, et cela sans un procès au sens du droit processuel.

Le droit à l'exécution forcée des décisions de justice définitive se rattache aussi bien au droit au juge qu'au droit à la réparation. Cette question met en exergue le lien très fort entre l'état de droit et les droits de l'homme. Même contre l'État, les injonctions avec astreintes devraient être possibles.

L'immunité d'exécution est difficilement compréhensible, même en faveur des entreprises du secteur public et parapublic, les personnes morales de droit public, l'État et les collectivités territoriales locales. Heureusement, l'Acte Uniforme OHADA relatif aux voies d'exécution révisé et adopté le 16 octobre 2023 à Kinshasa règle définitivement cette incongruité.

Reste le pouvoir pour le juge de recourir aux astreintes et de prononcer des injonctions contre l'État et ses démembrements ainsi que contre les entreprises publiques et de parapubliques. J'ose espérer que, dans un prochain avenir, ce pouvoir sera reconnu dans l'espace OHADA.

Enfin, il faut à tout instant évaluer l'efficacité du droit. C'est le lieu d'insister sur la sociologie juridique et judiciaire et de fréquents partages scientifiques entre juristes et sociologues du droit. De ces rencontres, jaillissent à coup sûr de nouvelles analyses doctrinales, de nouvelles législations et de nouvelles jurisprudences. C'est une base solide pour une justice « juste ».

Sans une justice « juste et intègre », pas de paix sociale, pas de développement économique, et, partant, la société globale vacille.

La justice permet de mettre l'éthique au centre de la gouvernance de la cité et de retrouver la liberté, la dignité et la responsabilité qui proviennent du ressenti national.

6. Système éducatif, pilier de tout pays

Paul-Gérard Pougoué

Cela va sans dire, le système éducatif est un enjeu de tout premier plan dans les stratégies de l'éclosion du ressenti national, de la croissance économique et du développement global de l'homme. L'éducation et la formation sont des piliers de tout pays. On parle volontiers du droit à l'éducation comme un droit de l'homme. De la vision qu'on en aura dans un pays donné, dépendront le destin des populations et l'avenir du pays. C'est un secteur exigeant. Il ne faut pas se contenter des expériences étrangères, sous peine d'être des perroquets de l'histoire. Chaque pays doit soigneusement concevoir son propre système éducatif et l'évaluer constamment pour atteindre des résultats prometteurs.

Alors, une interpellation générale surgit *prima facie* : quelle vision… pour quels résultats ?

Le Cameroun a hérité de deux systèmes éducatifs étrangers qui ont fait leur preuve, chacun dans son contexte : le système éducatif de l'Angleterre et le système éducatif de la France. Transportés au Cameroun, on a deux grands systèmes juxtaposés. La différence significative concerne l'enseignement secondaire général.

D'un côté, dans la partie francophone du pays, un premier cycle général, allant de la classe de 6e à la classe de 3e et sanctionné par un Brevet d'étude, du reste non exigé pour accéder au second cycle. Ce dernier, plutôt peu spécialisé, va de la classe de seconde en terminale, avec un examen probatoire à la fin de la classe de première qui conditionne l'accès en classe de terminale.

De l'autre côté, dans la partie anglophone du pays, un système relativement spécialisé assez tôt, qui connaît sa première évaluation d'ensemble à la fin de la classe de seconde, avec un certificat sans lequel on ne peut accéder en classe de première, et une évaluation finale en classe de terminale.

On a salué à grands cris la réforme envisagée il y a quelques années déjà dans la loi n° 98/004 du 4 avril 1998 d'orientation de l'éducation nationale, qui visait une harmonisation des deux systèmes. Le décret d'application n'étant pas pris, la réforme est restée lettre morte.

La vision stratégique reste donc entière. L'initiative de rapprochement me paraît porteuse. On pourra ainsi concevoir un système éducatif propre pour le Cameroun, tirant le meilleur parti de chacun des deux systèmes étrangers de départ. Le premier cycle irait de la sixième en seconde, sanctionné par un diplôme qui conditionne l'accès au second cycle. Ce dernier comporterait les classes de première et de terminale, avec la caractéristique qu'il n'y aurait pas de diplôme officiel en fin de la classe de première, mais à la fin de la classe de terminale.

Le système éducatif est une mission régalienne de l'État. Il s'agit de donner l'essentiel pour le développement global jusqu'à l'âge de 18 ans, âge normal pour finir l'enseignement secondaire. J'ai toujours pensé que jusqu'à cet âge, l'enseignement devrait être obligatoire pour tous et gratuit au moins dans les établissements publics. L'analphabétisation est le pire ennemi de l'homme.

Dans le prolongement, apparaît le financement de l'enseignement. Ce dernier est une manifestation forte de la mission régalienne de l'État. Il y a parfois une ambiguïté relative à la place de l'association des parents d'élèves. Son rôle est primordial dans l'organisation des activités périscolaires : garderie d'enfants, cantine scolaire, sport... Mais, elle ne saurait participer, de quelque manière que ce soit, au budget et à la gestion de l'établissement de formation.

Quatre soucis doivent être pris en considération de façon particulière. Le souci du bilinguisme est un enjeu majeur, non seulement pour mettre en œuvre un principe essentiel de la Constitution, mais aussi pour faciliter l'immersion dans le monde. La culture de demain sera aussi celle de la maîtrise d'au moins deux langues largement parlées. C'est une bataille à gagner à tous les niveaux de l'éducation, du primaire au supérieur, parce qu'elle est d'une très grande utilité, parce qu'elle est indispensable pour l'épanouissement de l'homme de demain, parce qu'elle est une exigence fondamentale de la Constitution.

La civilisation d'aujourd'hui est déjà celle du numérique. On parle volontiers de la révolution numérique. Celui qui ne la maîtrise pas se met au banc des transformations de la société. Tout en enseignant les nouvelles technologies de communication, il faudrait aussi développer la formation aux métiers du numérique, mettre en place une régulation favorable à l'émergence de nouveaux modèles économiques nés de la révolution numérique, et des mesures efficaces pour soutenir les jeunes pousses africaines du numérique à tout âge et les transformer en fleurons technologiques. Mais, il faut bien le préciser, enseigner le numérique ne signifie pas digitaliser l'éducation. Il faut absolument éviter une digitalisation de l'enseignement, ce qui développerait une addiction très préjudiciable à l'acquisition des méthodes et à l'équilibre des enfants.

Le souci de la professionnalisation, en lien avec les besoins du monde du travail et de l'employabilité, doit être permanent. Ainsi, dans le secondaire, un maximum de jeunes devrait être orienté vers la formation professionnelle, l'enseignement technique et les formations agricoles au sens large. Même l'enseignement général doit être un tantinet professionnalisant. C'est un choix stratégique salutaire qui évite des fuites en avant, assure un avenir professionnel aux jeunes, réduit le risque pernicieux de la massification future de l'enseignement supérieur. C'est surtout pour ces enseignements techniques que le partenariat public-privé présente véritablement un intérêt.

À la suite, apparaît celui de la formation à l'entrepreneuriat et à la recherche du financement de projets. Ce qui invite à développer concomitamment l'accès aux financements.

L'enseignement primaire et secondaire pourrait être pensé au niveau régional, dans le respect d'une politique nationale de cadrage. Il s'agit de former pour les besoins bien ciblés de la région, avec des adaptations tous les cinq ans après évaluation, pour tenir compte des transformations économiques et des attentes du monde du travail.

Mais, quel que soit le niveau, il faut insister sur la place et le rôle des conseillers d'orientation scolaire. Ces derniers sont actuellement bien discrets dans le système éducatif. Or, leur rôle est essentiel pour, en lien avec les parents et les enseignants, accompagner les jeunes. Dans le secondaire notamment, et, dans la cohérence de nos propositions, il devrait accompagner l'aiguillage à la fin de la classe de 5e vers l'enseignement général ou vers l'enseignement technique et professionnel ; à la fin du cycle de pré-orientation qui irait de la classe de 5e à la classe de seconde, car en l'espace de trois ans, les élèves passent de l'enfance à l'adolescence ; en second cycle, où les enfants sont devenus les adolescents qui, à la fin de la classe de terminale, soit intégreront le monde professionnel, soit s'orienteront vers les formations professionnelles courtes de deux à trois ans, soit choisiront l'enseignement supérieur. À chaque stade, il faudra aider les jeunes à se connaître, à gagner en confiance, à concilier leurs envies et leurs capacités, à penser leur avenir professionnel sans précipitation et sans contraintes. C'est alors qu'on réalise la place importante des conseillers d'orientation scolaire. Encore faut-il les doter des formations solides en psychologie des enfants et des adolescents, sur les mutations de la société et sur les besoins et les attentes du monde professionnel.

Tout cela suppose qu'on évite trois pièges qui guettent le monde contemporain : la tendance à trop alléger les programmes, la tendance à trop affaiblir l'autorité de l'enseignant et l'insuffisance du développement personnel de l'apprenant. En effet, les programmes d'enseignement sont de plus en plus allégés. Dès lors, on abandonne la pédagogie pour la didactique, alors que cette dernière suppose qu'on ait d'abord acquis des connaissances. Du coup, le niveau des apprenants baisse. Cela interpelle particulièrement. De même, on assiste de façon un peu surprenante à des pratiques contribuant à diluer l'autorité de l'enseignant. Or, c'est ce dernier qui doit avec pédagogie transmettre les connaissances à l'apprenant. Cette tendance à affaiblir l'autorité de l'enseignant interpelle également particulièrement. Enfin, la seule quête des diplômes n'est pas suffisante. Il faut valoriser davantage les diplômes par l'acquisition des aptitudes, des compétences, et des réflexes contribuant au développement personnel de l'apprenant.

Joseph Modeste Tala

Cette école-là !

De nombreux théoriciens des Sciences de l'Éducation admettent que l'école, en Afrique, malgré les ravages qu'elle a causés dons les sociétés traditionnelles, est devenue un mal nécessaire. Les ressources naturelles ont beau être abondantes, s'il n'y a pas de ressources humaines qualifiées et adéquates, on peut bien mourir de faim, assis sur une montagne d'or ou de provisions.

La formation des citoyens, hommes et femmes, assurée par l'État et ses partenaires sociaux, reste pour ainsi dire le socle du développement et de l'épanouissement individuel et collectif. La responsabilité de tout système éducatif n'est-elle pas d'offrir à chacun, les moyens de se doter d'un esprit éveillé face aux réalités de ta vie ? Ainsi, le système éducatif, parce qu'il tient compte des besoins et des ambitions d'une Nation, de l'épanouissement harmonieux des êtres humains dans un univers donné, mérite toutes les attentions.

Peut-on dire que le Cameroun comme Nation, jouit d'un système éducatif qui lui est propre ? L'on pourrait répondre à une telle question par un néologisme emprunté à Georges Bernanos : ouigne. Cette alliance de deux adverbes dont l'un équivaut à une proposition affirmative, « oui », et l'autre, « ne », marquant la négation, est l'expression de l'embarras et le souci de nuancer.

Ancienne colonie allemande placée sous la double tutelle de la France et de la Grande Bretagne par la Société Des Nations, ancêtre de l'Organisation des Nations Unies, le Cameroun a hérité, au moment de son indépendance, d'un double système éducatif : le système anglo-saxon pour les locuteurs anglophones et le système français pour les locuteurs francophones. Un héritage, on le sait, peut-être galvaudé comme il peut être valorisé.

Conscients de cette situation ambiguë et inconfortable, les premiers dirigeants essaieront de nager entre deux eaux. Mois dès l'année 1967, lors d'une rencontre institutionnelle entre le Cameroun oriental et le Cameroun occidental, la décision est prise de favoriser, promouvoir et renforcer l'intégration nationale et faire des camerounais de parfaits bilingues, maîtrisant à souhait le français et l'anglais. Le lycée fédéral bilingue de Buea sera le galop d'essai de cette volonté. La parité parfaite, 50% d'anglophones et 50% de francophones restera la règle d'or d'admission et de gestion de ce premier établissement bilingue. Aucun groupe linguistique ne devait phagocyter l'outre par la loi du nombre.

Mais cette expérience restera unique en son genre. En effet, les établissements scolaires bilingues aujourd'hui sur le territoire national, constituent la juxtaposition des deux systèmes en vigueur ou moment de l'indépendance. Pendant huit longues années, 1960-1968, presque une décennie, les évaluations certificatives en zone francophone resteront sous la coupole de l'Académie de Bordeaux, et les examens anglophones sous le contrôle de Londres. Selon une belle expression des Gross lands, lorsqu'on vous donne un couteau en retenant le manche, on vous met dans l'incapacité d'utiliser l'instrument en toute compétence et avec la dextérité nécessaire.

Le contenu même des enseignements dans les établissements secondaires au Cameroun a été, pendant de longues années, une photocopie des enseignements des établissements français ou britanniques. Quand on sait que le système français, même s'il semble aujourd'hui en perte de vitesse, est fondé sur l'excellence académique, les élèves des premières décennies de l'indépendance ont pu rivaliser avec les meilleurs éléments des autres pays.

Si le Cameroun indépendant avait eu le génie des abeilles qui, butinant de fleur en fleur nous livrent du miel qui leur est propre, il aurait pu tirer des deux systèmes hérités des puissances tutrices, un système scolaire original et unique au monde. Hélas ! Ce ne sera pas le cas.

Les États Généraux de l'Éducation de mai 1995 avaient pour objet de faire des propositions en vue de la définition d'une nouvelle politique éducative visant à doter le Cameroun d'un nouveau système éducatif susceptible de relever les défis présents ainsi que ceux du 27ème siècle.

Il est surprenant, pour un observateur attentif, de relever pour le déplorer, que la loi n° 98/00 du 4 avril 1998, au lieu d'unifier le système éducatif camerounais, a consacré en son article 15 la dichotomie persistante, en proclamant deux sous-systèmes, l'un anglophone, l'autre francophone, « par lesquels est réaffirmée l'option nationale du biculturalisme ».

Les décideurs ont-ils oublié qu'avant la partition du Cameroun, conséquence de la défaite allemande, on n'y parlait ni anglais ni français ? Dans un pays dont le plurilinguisme est reconnu et proclamé, les autorités camerounaises n'ont-elles pas choisi la voie de ta facilité ? Mais pour quels résultats ? Qu'est-ce qui fonde la nationalité au Cameroun ? Le Cameroun n'est ni la France, ni l'Angleterre. La citoyenneté camerounaise est-elle fondée sur la langue française ou sur la langue anglaise ? Deux langues héritées de la domination étrangère devraient-elles sceller le sort de tout un peuple ? Le Cameroun, sur le plan éducatif, n'a-t-il pas reproduit le mythe du Minotaure ?

Alors que l'éduction avait été gérée depuis l'avènement de l'indépendance par le seul ministère de l'Éduction Nationale, avec des directions techniques pour les autres ordres d'enseignement, en 1984, l'Enseignement Supérieur est doté d'un ministère à part entière.

En multipliant les pôles d'action, la vision globale de l'éducation devient parcellaire. Ainsi, en 2004, deux autres ministères voient le jour : le Ministère de l'Éducation de Base et le Ministère de l'Emploi et de la Formation Professionnelle. Devant cette multiplication des pôles d'action, l'on se demande quel est le fil conducteur pour rendre cohérant et harmonieux ces différents ministères œuvrant pour le même but : l'organisation formelle du parcours scolaire, académique et professionnel. Puissions-nous un jour bénéficier des services d'une Ariane camerounaise pour sortir du labyrinthe !

Dans l'enseignement secondaire qui doit servir de lien entre l'éduction de base et l'enseignement supérieur, les enfants sont enfermés dans le cercle vicieux du diplôme. Les filières d'études, pas toujours connectées aux réalités locales, sont caractérisées par le cloisonnement qui n'offre pas toujours le choix des passerelles qui permettent de se réorienter, de rebondir à partir d'une observation du marché de l'emploi. Les diplômes sont perçus en termes de finalité alors qu'ils doivent être de simples étapes dans un cursus.

Au risque de déplaire à certains, le rôle d'un historien de l'esprit ne consiste pas à faire chorus, même pour les fables les mieux établies. Le Cameroun, à force d'hésitation ne risque-t-il pas de connaître le sort de l'âne de Buridan, qui, indécis dans ses choix, meurt de faim et de soif, incapable de choisir entre une botte de foin et un seau d'eau pourtant à sa portée?

À notre avis, ce qui est sûr, le Cameroun est doté de nombreux établissements d'enseignement à la qualité et à la réputation diversifiée. Mais à proprement dire, le Cameroun n'a pas de système éducatif. Sans être un iconoclaste, il n'est pas excessif de reconnaître que nous avons vécu dans une sorte de bricolage éducatif depuis plus d'un demi-siècle. L'absence d'une vision d'ensemble du type d'homme et de femme à former n'est-elle pas à l'origine de toutes les dérives qui minent certains produits finis de l'école camerounaise ?

En termes d'établissements scolaires, en particulier dans le secondaire, l'on peut regretter que certaines de ces structures, au nez et à la barbe des autorités compétentes, soient de simples cadres de gardiennage où certains jeunes gens usent leurs culottes ou leurs jupes, en attendant de se retrouver dans la jungle sociale de leur pays.

Avec un texte de loi qui consacre un biculturalisme importé, laissant à chaque sous-système de formation sa spécificité dans les méthodes d'évaluation et de certification, n'est-on pas en face d'un aveu d'échec de ce qui aurait pu faire figure de système éducatif camerounais ?

Georges Sangang

La question que chacun peut se poser est de savoir si nous formons des femmes et des hommes pour comprendre leur pays et le monde dans lequel ils vivent, ou si nous formons des « réciteurs ». La question est primordiale singulièrement dans les cycles du primaire et du secondaire dans lesquels il faut donner les bases de la connaissance et surtout de la réflexion logique aux enfants ?

Dans certains pays, en Europe du Nord par exemple, les enfants à la maternelle et au primaire apprennent à jouer ensemble. On développe ainsi dès l'enfance l'esprit d'équipe, la réflexion, le leadership et la quête du résultat.

L'école maternelle et primaire doit être le socle de l'enseignement de base, où l'on façonne le jeune enfant à la réflexion permettant à celui-ci de connaitre son environnement, de chercher à le comprendre, de l'utiliser pour grandir dans la vie.

Souvenons-nous que déjà tout petit, l'enfant cherche à comprendre son environnement quand il porte tout dans sa bouche, quand il veut toucher à tout, même au feu ; c'est quand il se fait bruler qu'il comprend que le feu doit être abordé avec prudence. L'enfant développe donc son esprit à partir d'un an, voire même avant.

Comment donc comprendre, qu'au lieu de l'encourager à comprendre et à réfléchir, notre système éducatif l'encourage plutôt à réciter ?

Dans le système anglophone par exemple, dès l'école primaire, les enfants apprennent la compréhension et la contradiction. En grandissant, il développe l'esprit critique. C'est d'ailleurs ce qui explique que, dans notre système scolaire, on observe beaucoup de questionnements (certains diront grèves) à l'université de Buea.

Nous proposons une refonte du système scolaire dans nos pays lequel devrait aider dès l'enfance nos populations à connaitre leur environnement, à leur apprendre à utiliser les outils disponibles pour progresser dans la vie. Encourager la création d'un esprit d'équipe favorisera l'émergence d'adultes travaillant ensemble pour atteindre leurs objectifs ; développera chez les jeunes enfants un esprit critique constructif. L'enjeu est d'aider notre jeunesse à affronter un monde de plus en plus complexe.

Paul-Gérard Pougoué

La phrase conclusive de monsieur Sangang me donne l'occasion d'insister particulièrement sur la place du sport et de l'éducation physique pour préparer la jeunesse à mieux affronter ce monde de plus en plus complexe et stressant. Le sport ne vise pas avant tout la compétition des médailles. Du maternel au secondaire, le sport, dans ma réflexion, est la matière la plus constante. C'est justement parce que le sport développe de nombreuses aptitudes pour la vie en société et l'épanouissement personnel. De plus, la place de sport est de plus en plus reconnue pour le traitement de certaines maladies chroniques et l'accompagnement des patients. Dès lors, il faut repenser le sport dans notre système éducatif, avec, en toile de fond, tous les problèmes liés aux infrastructures sportives dans les établissements, aux structures de formation comme l'Institut National de la Jeunesse et des Sports, et au corps enseignant. C'est là une mission régalienne de l'État. L'enjeu est le développement global de la jeunesse, au-delà des strictes acquisitions des connaissances scientifiques.

Ama Pierre F.M

L'exercice physique est le plus puissant des interventions de santé non invasives et non pharmacologiques mais toujours fondée sur la science : on parle des Interventions Non Médicamenteuses (INM) qui peuvent être psychologique, corporelle, nutritionnelle, numérique ou ergonomique. Elles visent à prévenir, soigner ou guérir et doivent être reliées à des mécanismes biologiques et/ou des processus psychologiques identifiés. Les INM ont un impact observable sur les indicateurs de santé et de qualité de vie ainsi que sur les indicateurs comportementaux et socio-économiques. Leur mise en œuvre nécessite des compétences relationnelles, communicationnelles et éthiques (définition des INM donnée en 2017 par la plateforme CEPS de l'université de Montpellier).

Nous nous proposons de donner de façon succincte, l'importance de l'Éducation Physique et Sportive (EPS) dans la formation de l'enfant, de l'adolescent et de l'adulte d'une part, et aborder le problème de la formation des enseignants d'EPS, d'autre part.

Le Cameroun a inscrit la promotion des Activités Physiques et Sportives (APS) dans le cadre de sa politique d'Éducation Physique (EP). Celle-ci préconise l'enseignement de l'EP au primaire (les enseignants polyvalents et parfois les maîtres et maîtres adjoints d'EPS assurent cet enseignement), au secondaire (les maîtres et professeurs d'EPS assurent cet enseignement) et dans l'enseignement supérieur (les professeurs d'EPS assurent l'encadrement des étudiants).

La pratique régulière des activités physiques favorise le développement harmonieux de l'enfant et de l'adolescent tant au plan morphologique que psychologique ainsi que l'intégration sociale des enfants déficients (grâce à la rééducation physique). À côté de l'activité physique proprement dite, le sport joue aussi un rôle essentiel pour le développement psychomoteur des enfants et de leurs habitudes sociales (toxicomanie, violence, tabac, alcool, nutrition etc.).

Favoriser l'acquisition d'une culture sportive dès l'enfance et durant l'adolescence peut permettre :

- d'être une source de plaisir et d'intégration sociale ;
- de développer l'éthique sportive en favorisant l'application des règles du fair-play dans la vie de tous les jours ;
- de renforcer le goût de l'effort ;
- de favoriser le rapprochement des peuples en relativisant les différences ethniques, économiques, culturelles, sociales et sexuelles etc.

Malheureusement, nous notons une quasi-absence des infrastructures sportives dans les écoles primaires, secondaires voire dans les établissements de l'enseignement supérieur. En outre, les enseignants des écoles primaires qui dispensent les cours d'EPS, ne sont pas qualifiés pour cette tâche.

L'EPS compte désormais comme une discipline à part entière dans les examens du premier et du second degré, du certificat d'études primaires au baccalauréat.

S'agissant des adultes, une pratique régulière de l'activité physique diminue l'anxiété et l'instabilité émotionnelle, l'humeur et la résistance au stress sans oublier la prévention des maladies chroniques. Le sport est aussi très efficace pour se remettre d'une opération chirurgicale ou d'un lourd traitement médical comme ceux qu'on prescrit en oncologie.

Au regard des différents programmes d'enseignement de l'EPS du primaire au secondaire, le système de formation des enseignants d'EPS au Cameroun met l'accent sur la fonction hygiénique de l'Éducation Physique et du sport d'une part, et sur la performance physique, d'autre part.

Le but des sciences du sport n'est pas seulement de battre des records. À chaque fois qu'on résume les sciences du sport à ces objectifs de performance, on passe à côté de leur véritable raison d'être et on efface du même coup toute une branche de la recherche qui consiste à établir des passerelles entre les différentes sciences. La santé est la passerelle la plus évidente entre le sport et les sciences du sport.

Les enseignants d'EPS ne sont pas bien imprégnés du rôle important des Activités Physiques en prévention primaire (avant la maladie) et en prévention secondaire et tertiaire (après la maladie pour éviter une récidive). Il apparaît alors difficile, dans le cadre de l'Activité Physique Adaptée (APA), de les intégrer dans la prise en charge des maladies chroniques.

L'enjeu est de pouvoir répondre aux exigences des problèmes de santé de l'heure et de rendre crédibles les enseignants d'EPS auprès des populations et des personnels de santé, ces derniers étant leurs collaborateurs dans l'APA.

En rappel, Il est désormais reconnu qu'une pratique régulière des activités physiques possède des vertus préventives voire thérapeutiques non médicamenteuse dans la quête de la santé et du bien-être.

En dépit du manque de laboratoires et des terrains de sport à l'INJS pour les tests pratiques, il y aurait urgence d'inclure dans le cursus de formation des enseignants d'EPS, une filière spécialisée dans l'APA et où, seuls les enseignants ayant des compétences, y dispenseront des cours.

Paul-Gérard Pougoué

Ce premier échange a permis de dégager quelques problèmes généraux de notre système éducatif. On peut dès lors aisément aller plus dans la réflexion, en portant des regards ciblés sur les différents niveaux de la chaîne du système éducatif, depuis l'enseignement de base jusqu'à l'enseignement supérieur.

D'abord, le regard sur l'éducation de base

Il faut poser des fondations solides, sinon l'enfant ne pourra plus tard savoir lire, compter, écrire et, partant, s'intégrer dans la société.

La multiplication des écoles maternelles et des écoles primaires sont d'une importance capitale pour donner plein effet au droit à l'éducation. Le chantier est immense. C'est alors que l'on envisage la place des écoles privées, confessionnelles ou non. Il s'agit alors moins de subventions à accorder que d'un encadrement à apporter. On parle de plus en plus d'un véritable partenariat public-privé pour aborder cette question.

La formation des enseignants est primordiale pour atteindre les objectifs. Je me suis toujours interrogé sur le niveau de certains enseignants qui ne maîtrisent ni les matières ni la pédagogie. Leur formation serait-elle en cause ? L'évolution actuelle du pays ne devrait-elle pas amener à revoir la formation des instituteurs et institutrices, ainsi que leur place dans la pyramide sociale.

Ces enseignants sont si précieux. Le temps n'est-il pas venu de réformer fondamentalement les écoles normales, en abandonnant l'idée d'instituteurs pour celle de professeurs des écoles maternelles et primaires. L'accès serait réservé aux titulaires d'une licence de l'enseignement supérieur. La formation durerait deux ans à l'école normale, avec des formations solides en psychologie et en pédagogie en première année et une spécialisation en seconde année, soit pour les écoles maternelles, soit pour les écoles primaires. Leur diplôme de sortie aurait l'équivalence d'un master, donnant droit à des traitements conséquents et à l'accès à un doctorat dans la spécialité. Ce sont ces professeurs des écoles maternelles et primaires qui devraient être les principaux penseurs de l'enseignement de base. Notre société doit absolument changer de regard sur les enseignants des écoles maternelles et primaires. C'est un métier délicat, subtil et difficile qu'il faut revaloriser.

L'éducation de base ne sera pas solide si le niveau des apprenants n'est pas conséquent. Je me suis toujours inquiété d'une certaine tendance à faire avancer les écoliers par cohortes, sans avoir pris toutes les mesures pour s'assurer l'atteinte du niveau nécessaire, au risque de banaliser le certificat sanctionnant la fin de l'enseignement de base. Pourtant, c'est le premier diplôme ! Certains s'arrêteront à ce niveau et se lanceront dans la vie active. La connaissance ne s'acquiert pas seulement par l'école ; elle s'acquiert aussi par l'auto-formation, l'apprentissage et le risque entrepreneurial.

Considérons les métamorphoses de notre temps et anticipons sur l'avenir. Le bilinguisme, anglais / français, et l'initiation à l'intelligence artificielle doivent être une effectivité. C'est une condition essentielle pour être de notre temps et de s'intégrer dans la société.

On peut même, à ce niveau de l'enseignement de base, proposer, à titre facultatif, l'apprentissage d'une troisième langue vivante, y compris d'une langue nationale.

Ensuite, le regard sur l'amorce de l'enseignement secondaire

Comme il est crucial ce niveau d'enseignement entre l'éducation de base et l'enseignement supérieur ! On entrevoit nettement l'acteur social de demain.

Il faut, avant tout, consolider les acquis de l'enseignement de base, tout en préparant le jeune à l'immersion dans la société. C'est alors que l'on ressent fortement l'opportunité d'un seul ministère de l'Éducation nationale.

Les deux premières années de l'enseignement secondaire (classes de 6e et de 5e) devraient être consacrées à cela. C'est d'ailleurs à ce propos que l'on parle de plus en plus de sous-cycle d'observation. En plus des matières du primaire à consolider, de l'enseignement moral et civique et du sport, des ouvertures doivent être faites à des matières optionnelles (2 au choix), comme une troisième langue vivante, le latin, le grec, une langue nationale, d'une part, et, d'autre part, à des matières facultatives, véritables violons d'Ingres, comme la musique, la danse, le théâtre, la peinture, la poterie, les techniques agricoles, la maçonnerie, l'électricité, la couture, la coiffure, l'art plastique, la photographie, etc.

À la fin de ce sous-cycle d'observation, des tests devraient être faits pour un premier aiguillage décisif vers le monde du travail, vers l'enseignement technique ou vers l'enseignement général. Les seuls critères doivent être l'ingéniosité et la personnalité de l'apprenant, avec en arrière-plan une préférence de l'orientation vers l'enseignement technique et un souci d'éviter la massification future de l'enseignement supérieur. C'est pourquoi, il faut déjà à ce niveau développer considérablement la formation technique, en associant les entreprises dans la définition des cursus et des compétences.

Un accent tout particulier devrait donc être mis sur la multiplication des collèges et lycées techniques. Ceux-ci devraient accueillir au moins 60% des apprenants en fin du sous-cycle d'observation. C'est surtout pour cet ordre d'enseignement que le partenariat public-privé est le plus utile. Investir dans ce secteur apparaît autant, comme une opération économique, qu'une participation à la mission de formation de l'État. Ce n'est plus une question de subvention de la part de l'État, mais d'un partenariat solide gagnant-gagnant entre l'État ou l'un de ses démembrements avec un prometteur privé, confessionnel ou non.

Après le sous-cycle d'observation, la formation de la classe de 4e à la classe de seconde bénéficierait énormément du rapprochement des systèmes éducatifs étrangers hérités.

L'idée de la pré-orientation par les spécialités est vraiment fantastique. Mais, il ne faut pas oublier que la population scolaire concernée est encore très jeune. Il est nécessaire de maintenir un tronc commun minimum, à la fois pour renforcer sans relâche le bilinguisme, faire éclore progressivement le ressentit national, faciliter l'ouverture au monde et initier aux nouvelles technologies, sans lesquelles l'on est déjà considéré de nos jours comme analphabète. Aussi, il faut mieux équilibrer le système avec une dose de matières obligatoires, une dose de matières optionnelles en fonction des possibilités des établissements, une dose de matières facultatives, en somme une pré-orientation. Celle-ci présente d'immenses avantages : éduquer les enfants à opérer des choix et développer leur désir de créativité, ce qui accroît leur soif de connaître et leur passion d'apprendre.

J'ai eu à réfléchir sur les matières obligatoires : anglais, français, mathématiques, sciences et technologies (dont informatique), histoire-géographie, enseignement moral et civique, sport ; aussi sur des matières optionnelles : trois matières au choix parmi l'économie, la comptabilité, le commerce, les établissements financiers, la science de la terre, la biologie, la chimie, la biochimie, l'assurance, la physique, l'administration publique, le droit et le contentieux juridique, le latin, le grec, une langue vivante autre que l'anglais et le français, une langue nationale, l'économie, la sociologie, l'anthropologie, etc. ; également sur les activités facultatives, véritables violons d'Ingres, selon les possibilités des établissements : musique, théâtre, danse, peinture, élevage, photographie, menuiserie, agriculture, maçonnerie, électricité, plomberie, carrelage, aviculture, art plastique, etc., à titre indicatif.

Ce sous-cycle de pré-orientation s'achève en seconde avec un diplôme, sans lequel on peut accéder au second cycle du secondaire.

Le sous-cycle d'observation et le sous-cycle de pré-orientation formeraient le nouveau premier cycle de l'enseignement secondaire. On pourrait, si l'on veut, réserver le terme collège aux établissements de formation du niveau de ce cycle.

Puis, le regard sur l'aiguillage vital

Un double souci marque cette phase finale de l'enseignement secondaire général, formée des classes de première et de terminale. Ce serait le nouveau second cycle de l'enseignement secondaire. Tel le potier, on polit le jeune adolescent en le dotant d'aptitudes et de compétences suffisantes, soit pour son insertion dans la vie professionnelle ou dans des formations professionnelles de courtes durées (un à trois ans), soit pour son entrée à l'enseignement supérieur, les critères primordiaux étant toujours l'ingéniosité et la personnalité du jeune, avec en arrière-plan une préférence pour l'insertion dans le monde du travail ou une orientation vers des formations professionnelles de courtes durées. On retrouve ici aussi la double précaution de faire face aux besoins de l'économie et celui de limiter le plus possible la massification de l'enseignement supérieur.

Ici également, en rapprochant les deux systèmes hérités de notre passé et en considérant les besoins de notre société et les attentes du monde professionnel, on peut proposer à la réflexion quelques éléments de programme :

– enseignements obligatoires sur les deux années : philosophie, histoire-géographie, entrepreneuriat, anglais parlé ou français parlé ;

– blocs optionnels, à titre illustratif : langues et communication ; langues et traduction ; patrimoine culturel et tourisme ; numérique et intelligence artificielle ; géologie et mines ; beaux-arts ; biologie, chimie et biochimie ; sciences sociales et développement social ; mathématiques et physiques ; sciences de l'ingénieur ; sciences de l'organisation (droit, économie, gestion) ; sciences biomédicales ; pratique d'un sport et management du sport ; danse, musique et théâtre ; soins infirmiers ; science agronomique, kinésithérapeute, etc.

– matières facultatives (au moins une au choix) : théâtre, cinéma, peinture, danse, poterie, commerce, couture, coiffure, musique, techniques agricoles, maçonnerie, carrelage, plomberie, électricité, électronique, mécanique, pisciculture, élevage, aviculture, photographie, montage vidéo, protection de l'environnement, etc.

L'examen final est proposé à la fin de la classe terminale, avec une épreuve orale simple pour l'anglais parlé ou le français parlé, une épreuve de grand oral (devant deux enseignants) pour l'entrepreneuriat, une épreuve pratique pour la matière facultative et des épreuves écrites de trois heures chacune pour toutes les autres matières obligatoires ou optionnelles. Le grand oral permet de renforcer la personnalité et la maturité du candidat et de développer sa capacité à la synthèse, à la transmission et à la discussion. L'élève de la classe de terminale réfléchit, tout le long de l'année scolaire, sur un projet sous la supervision d'un enseignant ; un stage en entreprise, même seulement d'une semaine, serait précieux. Lors de l'épreuve de grand oral, le candidat présente son projet pendant 10 minutes ; après l'exposé, il y a une discussion de 10 minutes avec le jury.

On pourrait si l'on veut, réserver le terme de lycée aux établissements qui forment à ce cycle. Pour une meilleure performance, certains pourraient être spécialisés : lycée du patrimoine culturel, de l'hôtellerie et du tourisme ; lycée des sciences de l'ingénieur ; lycée des sciences de l'organisation ; lycée du numérique et des métiers du numérique ; lycée agricole de l'élevage et de la pêche ; lycée du sport et du management du sport ; lycée littéraire et des sciences de l'homme ; lycée des sciences sociales et du développement social ; lycée de la musique, de la danse et du théâtre ; lycée des arts et beaux-arts ; etc., toujours avec bien sûr, les enseignements obligatoires et des matières facultatives, comme il est construit ci-dessus.

Enfin, le regard sur l'enseignement supérieur

L'enseignement supérieur au Cameroun est désormais régi par la loi n° 2023/06 du 25 juillet 2023 sur l'orientation de l'enseignement supérieur. Elle apporte d'utiles clarifications, notamment en ce qui concerne le système Licence – Master – Doctorat (LMD), la Validation des Acquis de l'Expérience (VAE), l'Habilitation à Dispenser les Enseignements Professionnels et Technologiques (HDPT), l'enseignement supérieur privé. Dans l'ensemble, elle légalise quelques pratiques antérieures, tout en restant dans la logique de la politique de l'enseignement supérieur matérialisée par la loi n° 2001/005 du 16 avril 2001. Elle n'innove véritablement pas. L'université interpelle fortement et a besoin d'une réforme en profondeur, concertée et acceptée. La présente loi apparaît alors comme le point de départ des réflexions urgentes, partagées et discutées.

À cet égard, mon regard s'est attardé sur trois enjeux.

*

Le premier enjeu est la nécessaire refondation de l'enseignement supérieur. Mais quelle refondation ?

Je ne pouvais pas dire un mot sur l'enseignement supérieur sans, dès le départ, évoquer les lueurs du système Licence – Master – Doctorat (LMD) au cœur de la refondation de l'université.

Je sais combien le passage à ce système est plombé par la massification des universités. Ce sera une préoccupation aussi longtemps qu'on n'aura pas anticipé dès le secondaire une stratégie rigoureuse d'aiguillage privilégiant l'insertion immédiate dans la vie professionnelle et régulant strictement le flux orienté vers l'enseignement supérieur. C'est une question de volonté politique et de viabilité de tout le système éducatif.

Le système LMD suppose une programmation basée, non plus sur l'année, mais sur le semestre. Mais, sur ce point, le résultat recherché doit l'emporter sur la tradition. C'est une question de gouvernance.

Je sais aussi combien une transformation profonde de l'enseignement supérieur doit être progressive. Mais, ce qui me séduit le plus dans le système LMD, ce sont les matrices d'une refondation de l'enseignement supérieur : compétitivité, employabilité, semestrialisation, mobilité. Il faut en tirer toutes les virtualités, pour, à la fois, développer et fructifier le concept nouveau d'entreprise – Université, faciliter la coopération interuniversitaire et la codiplomation, et implémenter une meilleure gestion du capital « enseignant-chercheur », par une souplesse dans l'organisation pédagogique, de manière à mieux équilibrer les temps pour l'enseignement, la recherche et l'expertise.

Cela étant, le système LMD ne peut être vraiment opérationnel avec de gros effectifs. Il faut absolument trouver des solutions à la massification des universités. C'est l'un des enjeux de la réforme de l'enseignement secondaire présentée ci-dessus, qui permettrait de procéder à des orientations vers l'enseignement technique et professionnel et vers le monde du travail à la fin des classes de 5e, de seconde et de terminale. La spécialisation des universités évoquée ci-dessous contribue également à trouver une réponse à la massification. En tout état de cause, toute réforme de l'enseignement supérieur qui n'accorde pas une grande attention à la massification, dans le respect strict des sélections pour passer d'un cycle à l'autre, est inachevée.

La première piste de la refondation est le retour à la politique de la spécialisation des universités, qui avait autrefois abouti à la création des centres universitaires. Le modèle universitaire généraliste ne fait pas ressortir suffisamment les spécificités. Il s'agit donc de concevoir des politiques universitaires en fonction des spécificités, afin de mieux répondre aux attentes de la société. J'avais déjà soutenu en vain cette idée lors de la réforme universitaire de 1993. J'y crois toujours. Dans cette logique, j'entrevois huit types d'universités à promouvoir et à développer : université des arts, des beaux-arts et des lettres ; université des sciences de l'homme et de la société ; université des sciences fondamentales ; université des technologies, des sciences de l'ingénieur et de l'intelligence artificielle ; université des sciences de l'organisation et des stratégies ; université des sciences, des pratiques et du management des sports et des activités physiques ; université des sciences agronomiques, du développement rural et de l'environnement ; université des sciences de la santé. Évidemment en cas de besoins, les universités pourront développer entre elles des coopérations ou se rapprocher sous des formes juridiques diverses pour relever certains défis ou mener certaines recherches. Ainsi, dans ce regroupement, le premier cycle pourrait être mené partout, mais le deuxième cycle dans quelques universités seulement et le troisième cycle dans un nombre plus restreint d'universités.

On est loin de la politique actuelle de la duplication à travers le pays du même type d'université. L'enjeu est de promouvoir réellement le type d'université retenu pour un lieu précis, afin d'en faire, à terme, un compétitif pôle d'excellence. Alors, surgit la question de l'évaluation périodique pour maintenir cette quête de l'excellence. À cet égard, la récente loi précitée a prévu une commission nationale d'accréditation et d'assurance-qualité. Celle-ci a pour mission d'assister le ministère chargé de l'enseignement supérieur dans la délivrance des accréditations, le développement, le suivi, le contrôle et la mise en place d'un système d'assurance-qualité des institutions et des établissements publics et privés, ainsi que les programmes d'enseignement supérieur. Une telle structure existe dans plusieurs pays. Mais, partout, pour des raisons d'objectivité et de crédibilité, elle est complètement détachée du ministère chargé de l'enseignement supérieur. On pourrait la rattacher aux services du Premier ministre et la doter d'une totale autonomie administrative et financière. De même, l'évaluation en question devrait concerner non seulement les établissements mais aussi les institutions universitaires. Enfin, sa composition devrait être ouverte et comporter, outre des universitaires et des chercheurs, des représentants du monde professionnel.

La seconde piste est l'implémentation de l'université-entreprise ou université entrepreneuriale. Le concept d'entreprise-université est une lueur pour l'avenir de l'université. La nouvelle loi précitée sur l'orientation de l'enseignement supérieur y fait allusion.

Mais, le concept d'université entrepreneuriale suppose une vision et une politique totalement nouvelle tournées vers la performance globale et la compétitivité de l'université. L'université n'est pas une excroissance de l'administration centrale. L'université est une véritable entreprise ; son statut doit lui permettre d'exprimer pleinement son génie propre, d'affirmer son identité et d'afficher sa spécificité. Beaucoup plus que par le passé, il revient à chaque université de définir et de réaliser son propre projet pédagogique et scientifique, le ministère n'intervenant qu'ensuite pour habiliter ses propositions par rapport au cadrage général ; de même, il revient à chaque université d'arrêter des stratégies pour rechercher les financements y compris les subventions de l'État et des collectivités territoriales décentralisées ; afin de développer ses activités et de maintenir sa compétitivité.

Emmanuel Kamdem

L'université entrepreneuriale : levier pour la refondation de l'enseignement supérieur au Cameroun

L'enseignement supérieur au Cameroun, comme dans tous les pays africains, connaît une situation très difficile en lien avec l'environnement économique qui n'est pas toujours favorable. Plusieurs faits marquants illustrent cette situation : vétusté des infrastructures académiques ; rationnements budgétaires qui retardent fréquemment les paiements des prestations académiques des enseignants ; financements aléatoires de la recherche, etc. Cette situation préoccupante est observée dans les institutions universitaires publiques et privées. Ces dernières n'étant pas encore éligibles aux financements gouvernementaux principalement dédiés aux investissements et au fonctionnement des activités académiques courantes. Ce contexte et cette problématique suscitent un questionnement majeur sur l'utilité et la portée d'une vision nouvelle de l'université, celle de l'université entrepreneuriale.

De quoi s'agit-il ? Une clarification sémantique est utile pour bien traduire la différence entre l'université entrepreneuriale (*entrepreneurial university*) et l'entrepreneuriat universitaire (*university entrepreneurship*). L'université entrepreneuriale est une université qui valorise l'activité entrepreneuriale pour la création des richesses, complémentairement à ses missions fondamentales que sont l'enseignement, la recherche, l'appui aux communautés (Clark (1998). En d'autres termes, les missions (éducative, épistémique, sociétale) de cette université sont complétées par la mission économique (Schmitt, 2005). Cette dernière permet de commercialiser les connaissances et les savoirs créés au sein de l'université. L'entrepreneuriat universitaire est le processus dans lequel s'engage une université pour susciter des transformations innovations considérées comme des facteurs essentiels de sa performance (académique et scientifique) et de sa durabilité (Rothaermel et *al.,* 2007).

En réalité, ces deux notions sont tout à fait complémentaires et inclusives relativement à une préoccupation fondamentale à laquelle sont confrontés les institutions et les établissements universitaires camerounais depuis des décennies. Il s'agit de mobiliser les ressources nécessaires pour permettre le fonctionnement au quotidien, assurer la performance globale (académique, scientifique, heuristique), créer les conditions du rayonnement national et international, garantir la pérennité (Kamdem et Ouafo, 2022). En définitive, il s'agit de redéfinir les modalités de structuration, de fonctionnement, d'innovation des institutions et des établissements de l'enseignement supérieur, par la reconnaissance et la valorisation de la mission économique. Cette dernière permet de compléter les trois missions formellement inscrites dans les textes actuels (enseignement, recherche, appui aux communautés).

Paul-Gérard Pougoué

Quelle que soit l'approche de la refondation, l'enseignant est au centre de l'enseignement supérieur. Alors, comment percevoir le personnel enseignant et l'entrainer dans la dynamique de l'enseignement supérieur ?

J'ai toujours estimé que l'enseignant du supérieur n'est pas un fonctionnaire comme les autres. Son profil est assez proche d'un métier libéral. On peut harmonieusement combiner les deux approches. On peut proposer des nuances dans le statut du personnel enseignant permanent du supérieur : enseignant permanent à plein temps, enseignant permanent à mi-temps, voire à tiers ou à quart temps ; enseignant manifestant une certaine préférence pour l'administration universitaire ; enseignant manifestant une certaine préférence pour la recherche ; enseignant manifestant une certaine préférence pour l'enseignement. Pour chaque catégorie, sera défini un régime particulier des services d'enseignement et de recherche, et aussi des rémunérations.

Cette flexibilité permet de résoudre avec équité la situation d'enseignants qui sont occupés par ailleurs, notamment ceux qui exercent une activité libérale ou cumulent des postes divers comme fonctionnaires. Dans cette approche flexible, seuls les enseignants permanents manifestant une certaine préférence pour l'administration pourraient accéder à des postes de responsabilité d'envergure – chef d'établissement, haut responsable de l'université – avec des mandats bien précis négociés et limités dans le temps.

J'ai toujours regretté un statut du personnel enseignant du supérieur qui ne stimule pas l'émulation. Les grades universitaires raisonnent. Il faut en tenir le plus grand compte, en évitant le chevauchement d'indices d'un grade à un grade. L'enjeu commande d'avoir des indices et barèmes de rémunération spécifiques à chaque grade sans chevauchement possible.

Dans ce statut, on estime de plus en plus qu'il est opportun et urgent de faire véritablement une place à des experts qui n'auraient pas suivi la voie traditionnelle de master et doctorat. Il ne s'agit pas de faire appel à des vacataires provenant du monde professionnel. Cela se fait déjà ;

seulement, on est toujours dans la logique des contrats temporaires de prestation des services académiques. C'est utile ; on y recourra toujours. Mais, il faut aller plus loin et concevoir l'accès dans le corps d'enseignants du supérieur, des experts techniques, à certaines conditions : formation de départ de type ingénieur de conception ou de niveau comparable, expérience professionnelle, potentialités en recherche-développement matérialisées par la renommée du centre de recherche ou du laboratoire de rattachement, un doctorat ou PhD ou alors, les publications innovantes, les certifications, les reconnaissances scientifiques, les prix, les brevets, etc., estimés de niveau doctorat ou PhD. Alors, par une comparaison de niveau et non de diplômes, on pourra les admettre dans le corps de l'enseignement supérieur et les promouvoir en qualité de chargé de cours, de maître de conférences, de professeurs. C'est crucial pour la compétitivité de l'université, en ce moment où l'on demande de passer de l'université purement académique à l'entreprise-université. Tout cela montre l'urgence de développer le lien entre l'université et le monde professionnel. L'université a besoin du monde professionnel comme le monde professionnel a besoin de l'université.

L'autre point, qui me taraude l'esprit, tourne autour de la personnalité juridique propre de l'université, et le lien entre l'université et la gestion du corps enseignant. Bien que fonctionnaire, l'enseignant, à son recrutement, est rattaché à une université, parce que le projet scientifique de celle-ci l'a séduit. Il s'ensuit une double conséquence : l'accès à des postes de responsabilité est l'affaire de l'université ; une affectation administrative ou par nomination par l'administration centrale est incongrue.

Le dernier point, objet de mes tribulations pour l'université, est la nécessaire compétition entre les universités. Cette compétitivité est indispensable pour la quête de l'excellence. Elle a un lien puissant avec la qualité et l'expertise de l'enseignant. Bien que fonctionnaire et, au départ, membre d'une université donnée, la compétitivité invite à une gestion conséquente du corps enseignant. Il doit être possible à une université de débaucher un enseignant d'une université pour réaliser son projet scientifique, si elle en a les moyens financiers.

En somme, les enseignants constituent la clé de voûte de l'entreprise-université. Cela invite à reconsidérer le statut des enseignants qui relèveraient à la fois de la fonction publique et de l'institution universitaire. Les conditions de travail et les avantages proposés par celle-ci constitueraient des éléments comparatifs pour attirer les enseignants / chercheurs les plus performants.

Véritablement, l'enseignant du supérieur ne saurait être un fonctionnaire ordinaire. Il est aussi un expert libéral. Son statut doit être revu en conséquence, pour son plein épanouissement, mais aussi pour l'éclosion et le rayonnement de l'université. La seule constante est que l'enseignant du supérieur, quel que soit son grade – chargé de cours ou maître-assistant, maître de conférences, professeur – doit présenter des aptitudes croissantes à l'enseignement à la recherche individuelle et en équipe, à l'encadrement et au service de la société ou appui au développement. Il faut mettre l'accent sur ce que l'encadrement revient à titre principal au professeur ; le chargé de cours ou maître-assistant peut diriger des travaux de niveau licence et le maître de conférences les travaux de niveau master. Mais, seul le professeur ou le maître de conférences détenteur d'une Habilitation à diriger les travaux (HDR) devrait diriger les travaux de niveau de doctorat et au-delà. Tout mode de recrutement ou de promotion des enseignants du supérieur devrait trouver un équilibre entre ses missions constantes de l'enseignement supérieur. À cet égard, l'avancement à l'intérieur du grade de professeur devrait tenir le plus grand compte des capacités à diriger des thèses et des équipes de recherche.

Cette réflexion entraîne trois conséquences majeures : premièrement, éviter le chevauchement entre les grades en terme de rémunération ; deuxièmement, prévoir à l'intérieur du grade de professeur des graduations sans chevauchement – professeur 2e classe, professeur 1ère classe, professeur de classe exceptionnelle –, la promotion du niveau inférieur au niveau supérieur se faisant toujours sur la base de la quadruple exigence de l'enseignement, de la recherche, de l'encadrement et du service à la société ou appui au développement ; troisièmement, reconfigurer l'âge d'admission à la retraite sans prolongation possible – chargé de cours ou maître-assistant 60 ans, maître de conférences 65 ans, professeur 70 ans, quelle que soit sa classe. Cette manière de procéder est générale et impersonnelle, sans qu'il soit nécessaire d'imaginer des contrats de collaborations au cas par cas lors de l'admission à faire valoir le droit à la retraite, pratique discriminatoire et arbitraire. Par ailleurs, elle met en relief l'incongruité du recours à la notion d'enseignant de rang magistral qui, n'étant pas un grade de l'enseignement supérieur, est une grave source de confusion et de manipulation.

*

Le deuxième enjeu, me semble-t-il, est de penser l'université désormais dans une perspective d'intégration régionale.

L'enseignement supérieur, qui joue un rôle si important pour le développement, ne peut pas y échapper. Les enjeux et les défis du développement sont énormes. Les universités doivent se regrouper pour y faire face efficacement.

Certains modes d'association des ressources à l'université sont classiques : la coopération interuniversitaire, qui peut concerner toutes les activités d'enseignement, de recherche, de vie estudiantine, de gouvernance ; le regroupement pour souscrire aux offres de recherche, fondamentale ou appliquée, et les conduire ; la mise en œuvre, à la faveur du système LMD, des co-diplomations, des délocalisations, des partages de formation. La régulation générale doit être assez flexible et laisser aux universités la liberté nécessaire pour éclore leurs potentialités et développer leur génie, leurs projets scientifiques et pédagogiques propres.

Mais, les défis de développement invitent à aller au-delà de ces approches classiques, pour construire des espaces universitaires régionaux, voire fédérer les universités. En réalité, l'idée n'est pas nouvelle. Les espaces régionaux, comme la CEMAC ou la CEEAC en Afrique centrale, devraient accorder plus d'attention à leur politique commune d'intégration universitaire et dégager les moyens conséquents. À ce propos, il faut signaler le programme « Espace CEMAC de l'Enseignement Supérieur, de la Recherche et de la Formation Professionnelle » (ESRFP) qui a pour objectif de moderniser et d'adapter l'enseignement supérieur aux nouvelles exigences du marché de l'emploi. Par ailleurs, le souci du développement du capital humain est une préoccupation majeure de la 2e phase (2021-2025) en cours du Programme des Réformes Économiques et Financières de la CEMAC (PREF-CEMAC). On attend une évaluation de ces deux programmes. Il y a bien, au niveau de l'Union africaine, des programmes de formation ou de recherche ponctuels.

L'idée porteuse, à cette ère de la mondialisation, est de penser une stratégie des fédérations des universités. On trouve des germes d'une telle stratégie dans le Conseil Africain et Malgache pour l'Enseignement Supérieur. Les États membres devraient être plus attentifs à l'opportunité qu'est le CAMES, lui doter des ressources humaines, financières et matérielles à la hauteur des attentes, lui laisser la latitude suffisante pour développer et déployer ses programmes.

J'ai toujours rêvé d'un CAMES plus ambitieux pour le bien exclusif de l'enseignement supérieur dans son espace. Il ne s'agit pas seulement de mettre en place des programmes communs, notamment en termes d'accréditation et d'assurance-qualité. Le CAMES pourrait être repensé comme une véritable instance d'intégration régionale universitaire. Cette instance mettrait en œuvre des programmes de mobilité d'enseignants, de chercheurs et d'étudiants, d'ambitieux programmes de recherche-développement; constituerait un corps de fonctionnaires d'enseignants-chercheurs détaché des États membres et qu'il gérerait directement ; veillerait à la cartographie des universités à l'échelle de son espace, de manière à développer des universités et à intensifier des centres de formation professionnel de haut niveau et des centres d'excellence scientifique dans son espace.

Des initiatives intégratives pourraient même être conçues au niveau de l'Union Africaine. Celle-ci déploie déjà des programmes appréciables de formation et de recherche à l'échelle continentale. Mais, à ce niveau également, une politique plus volontariste devrait être mise en place pour associer les universités à son ambitieux programme de développement en Afrique. Elle devrait, en ce sens, concevoir un espace universitaire africain, avec des programmes de mobilité d'enseignants, de chercheurs et d'étudiants. Elle pourrait, avec détermination, concevoir une politique de maillages des universités autour de ses grands programmes de développement ou des grands problèmes mondiaux contemporains. C'est en procédant de la sorte que des consortiums d'universités vont surgir, compétitifs centres d'excellence à l'échelle mondiale.

*

Le troisième enjeu est relatif au partenariat public-privé à l'enseignement supérieur. Mais, quel partenariat ?

La moisson est abondante et exigeante. Pour y faire face, le partenariat public-privé est une piste stimulante.

On connaît et on se réjouit de la place de plus en plus importante de l'enseignement supérieur privé et l'apport de la canalisation par l'État.

Actuellement, la canalisation de l'État consiste en une double tutelle, une tutelle administrative par le ministre chargé de l'enseignement supérieur, et une tutelle académique par une université publique. La récente loi précitée n'a rien revue à ce sujet.

Elle pourrait toutefois, si l'on y prend garde, aboutir à considérer l'institution privée comme une structure de l'université publique. Le système de tutelle comporte des risques de recherche d'uniformisation et d'ingérence dans le choix du modèle organisationnel et dans la gestion ; elle engendre aussi des charges financières lourdes. Le génie propre de la structure privée pourrait être inhibé.

L'État moderne régule et encadre. La régulation suppose le contrôle et les évaluations périodiques : le contrôle par une autorisation de la création de la structure privée d'enseignement supérieur et par les autorisations d'ouverture des filières ; l'auto-évaluation sur un schéma arrêté par l'autorité administrative ; l'évaluation externe commanditée par l'autorité administrative tous les 5 ans et pouvant déboucher sur des décisions fermes de félicitation, d'encouragement, de fermeture de l'établissement, de fermeture de filière, de réorientation de filière pour mieux répondre aux attentes de la société globale ou de la région, d'homologation comme structure de l'enseignement supérieur pouvant, par lui-même délivrer des diplômes pleinement reconnus. Cette approche est loin de l'interventionnisme et n'impose pas des charges financières exorbitantes et irréalistes.

Si l'on considère sainement à sa juste valeur la contribution que l'enseignement privé apporte à l'État dans sa mission de service public, la voie qui vient spontanément à l'esprit est le partenariat public-privé. Ce dernier est négocié et accepté par les deux parties. Désormais, c'est le solidarisme contractuel qui agit et non les injonctions de la part de l'État et l'inféodation à des universités d'État. L'approche est plus managériale et orientée vers les résultats. Un tel partenariat gagnant-gagnant doit être pensé et conclu au cas par cas.

Certains prometteurs d'instituts d'enseignement supérieur privé sont des opérateurs économiques, animés par l'idée de faire les affaires ; d'autres sont des confessions religieuses, mues surtout par la charité messianique. Dans le paysage, une expérience atypique surgit : c'est celle de l'université des Montagnes, portée par une association à but non lucratif, l'Association pour l'Éducation et le Développement (AED).

Celle-ci entend contribuer autrement à l'éducation et au développement. S'agissant d'une association, elle ne recherche pas des bénéfices et ses membres n'ont pas de dividendes ; les membres, par leurs cotisations annuelles et leur entregent, soutiennent l'Université et ne sont pas rémunérés ; ils œuvrent pour promouvoir l'idée d'entreprise-université. La motivation profonde est l'élan du cœur, *l'animus donandi,* qui propose des formations compétitives sur place. Avec cette variété de promoteurs, l'approche du partenariat ne peut être identique.

Le champ du partenariat est ouvert et nuancé. L'université, qui est mue par la quête de l'excellence, mais est aussi une entreprise, doit pouvoir négocier elle-même des partenariats spécifiques avec des centres de recherche publics ou privés, avec des firmes publiques, privées ou multinationales.

L'université, soucieuse des programmes attractifs et des formations appropriées, doit pouvoir négocier les partenariats bien ciblés avec le monde professionnel : pour le stage des étudiants, la mobilité des enseignants, dans le double objectif d'acquérir des expériences professionnelles et d'affiner leur approche pédagogique, la mobilité des responsables d'entreprise vers l'université, pour approfondir leurs connaissances ou pour transmettre leur expertise par des contrats *sui generis* de prestation de services académiques.

Une dernière piste de réflexion me vient à l'esprit et s'invite de plus en plus dans les débats sur les questions de l'enseignement supérieur, à savoir, la place du monde productif. Une organisation ne peut être indifférente au rôle singulier de l'université dans le développement économique et social. Cela est de nature à changer les approches. De même, l'université devrait développer des partenariats féconds avec des ONG de développement par différence avec les ONG urgentielles, qui interviennent ponctuellement et très rapidement dans des situations d'extrême détresse. Les ONG de développement financent les projets de développement conçus et mis en œuvre par la société civile.

Un dialogue devrait s'instaurer entre l'État et le monde productif pour définir les politiques et les stratégies de l'enseignement supérieur. De même, il doit être possible pour les universités de négocier directement avec de tels organismes des partenariats multiformes. Dans cette approche de l'université ouverte, la formule de partenariat très contractualisé est à coup sûr la plus adaptée et la plus efficace.

Il faudrait alors inonder le pays des accréditations et des formations supérieures courtes dans les domaines techniques, les nouvelles technologies et l'intelligence artificielle ; inonder le pays des facultés de sciences, des facultés de technologies, des écoles d'ingénieurs et des écoles polytechniques, y compris les questions relatives à la transformation écologique, des écoles d'agronomie au sens large, des écoles de commerce ; accroitre les nombres de places dans les formations biomédicales. Le souci de développer des centres d'excellences très compétitifs doit orienter toute la politique en la matière, y compris pour les facultés des arts, des beaux-arts et des lettres, les facultés des sciences de l'homme, les facultés des sciences sociales, les facultés de droit, les facultés d'économie, les facultés de sciences politiques, les facultés de gestion. Il faut le relever avec force : il ne suffit pas de les créer, encore faut-il résoudre les problèmes d'enseignants et de techniciens spécialistes de qualité, d'infrastructures, de laboratoires et de matériels de pointe de manière à en faire de véritables établissements de référence dans la durée.

Émile Tanawa

Je veux plaider particulièrement pour la transformation de la formation des ingénieurs au Cameroun.

Le rôle de l'ingénieur est de « résoudre des problèmes de manière qu'ensuite, on puisse « mesurer » le changement induit par la mise en œuvre des solutions. Ces problèmes relèvent surtout des champs de la technologie, mais ne peuvent être durablement résolus par la seule technologie : ils sont complexes.

C'est pourquoi l'ingénieur doit être en mesure d'intégrer d'autres dimensions sociale, environnementale, économique, pour élaborer des solutions robustes et les rendre opérationnelles. Il doit pouvoir s'inscrire dans la dynamique de son environnement, anticiper sur les problèmes, mais aussi capter ce qui relève des données culturelles ou des connaissances ancestrales. Ses qualités et compétences lui permettront d'être aussi un entrepreneur. Il doit avoir une grande capacité de travail et d'animation des équipes.

Si l'on accepte que l'ingénieur doit être capable de tout ceci, alors, l'on conviendra qu'il y a des ajustements, des transformations à faire dans la formation des ingénieurs au Cameroun.

Ce texte met en relief quelques aspects de la formation des ingénieurs au Cameroun qui appellent des améliorations.

*

La réforme universitaire initiée en janvier 1993 avait fixé des objectifs d'amélioration quantitative et qualitative communs à toutes les universités publiques, mais elle n'a pas fait de différenciation entre les types de formation. La différence entre les formations en sciences de l'ingénieur et les autres formations est notable. Les coûts, les taux d'encadrement sont plus élevés. De plus, il est difficile dans le contexte du Cameroun, d'avoir des formations avec des effectifs dépassant une centaine d'étudiants par spécialité et par promotion. Dans un sens, il manque toujours une stratégie nationale de formation des ingénieurs.

Une stratégie nationale de formation des ingénieurs viendrait compléter le cadre stratégique de la performance (CSP) de l'enseignement supérieur 2020-2030, dont on peut souligner quelques sous-objectifs à savoir :

- mettre en place un dispositif visant à accroitre l'offre de formation technique, professionnelle et technologique ;
- mettre en œuvre le plan STEM (Sciences, Technology, Engineering and Mathematics) ;
- favoriser la mutualisation des capacités infrastructurelles et scientifiques des centres de recherche et des universités ;
- assurer l'adéquation de l'offre de formation à la demande des secteurs productifs en main d'œuvre ;
- améliorer la qualité des apprentissages tout en adaptant leurs contenus à l'environnement socioéconomique.

Cette stratégie permettrait de se projeter sur une période pouvant aller jusqu'à 20 ans moyennant actualisation, de travailler en conséquence sur les contenus, les profils et les ressources nécessaires aux formations, tout ceci en cohérence avec les enjeux nationaux, régionaux et internationaux qui interpelleront les ingénieurs.

Une telle stratégie nationale devrait résulter d'une co-construction avec la contribution de tous les types d'acteurs des écosystèmes des établissements. Elle devrait constituer un socle pour l'élaboration ou l'actualisation des plans stratégiques ou les plans de développement des établissements, pris individuellement. Elle s'inscrirait dans la stratégie nationale de développement 2020-2030 du Cameroun, qui, pour l'enseignement supérieur, indique entre autres, qu'il est question:

- d'accorder la priorité aux formations scientifiques et technologiques de qualité afin de disposer d'une masse importante d'ingénieurs et de techniciens supérieurs qualifiés pour l'exploitation et surtout la transformation des ressources naturelles dans les sous-secteurs moteurs de l'industrialisation ;
- de promouvoir la recherche appliquée dans les grands établissements en cohérence avec le rattrapage technologique.

La réforme universitaire de 1993 a permis de diversifier l'offre de formation moyennant la création de nouveaux de nouveaux établissements publics et d'augmenter le nombre de diplômés par année. C'est ainsi que l'offre des formations d'ingénieurs est offerte par les établissements ci-dessous, y compris les ceux qui dépendent de ministères autres que celui de l'enseignement supérieur :

- École nationale de sciences agro-alimentaires (Université de Ngaoundéré) ;
- École nationale des postes et télécommunications ;
- École nationale supérieur polytechnique (Université de Yaoundé I) ;
- École nationale supérieure des travaux publics ;
- École nationale supérieure polytechnique de Douala (Université de Douala, https://enspd-udo.cm/departement/GM#) ;

- Faculté d'agronomie et de sciences agricoles (Université de Dschang, https://www.univ-dschang.org/bienvenue-a-la-faculte-dagronomie-et-des-sciences-agricoles/) ;
- Faculty of engeneering and technology (université de Buéa, https://www.ubuea.cm/faculty-of-engineering-and-technology/) ;
- Institut des mines et du pétrole (Université de Maroua, http://www.univ-maroua.cm/fr/ecole/institut-des-mines-et-des-industries-petrolieres) ;
- Institut sous-régional de statistique et d'économie appliquée (ISSEA, https://www.issea-cemac.org/issea/fr/presentation) ;
- Institut supérieur du sahel (Université de Maroua, http://www.univ-maroua.cm/fr/ecole/institut-superieur-du-sahel).

Il existe également d'autres établissements relavant des secteurs privé ou confessionnel.

L'augmentation d'établissements et donc du nombre d'étudiants constitue théoriquement une réponse robuste aux besoins de développement du pays. Cependant, peu de soins sont apportés à la qualité des formations, au recrutement des enseignants, au renforcement des équipements ou au financement des établissements.

L'écosystème d'un établissement de formation lui permet de maintenir la pertinence de ses formations, de mobiliser des ressources nouvelles et/ou additionnelles, de donner davantage de perspectives aux étudiants, tout en garantissant un environnement social favorable, aussi bien pour les étudiants que pour le corps enseignant. Pour qu'il fonctionne, l'établissement doit consacrer des moyens conséquents au suivi et à l'animation de son écosystème, et en associer les acteurs à sa gouvernance. Ces acteurs doivent avoir à la fois une perception et une connaissance claires de ce qui est attendu d'eux vis-à-vis de l'établissement.

*

Aujourd'hui, il n'est pas exagéré de dire que les établissements consacrent très peu d'efforts à leur écosystème, même si on peut repérer ici et là, quelques actions significatives. Les principaux acteurs de cet écosystème sont : les associations d'étudiants qui, comme les diplômés, doivent avoir un sentiment fort d'appartenance à leur établissement ; l'État, garant du cadre institutionnel ; les entreprises qui emploient les diplômés, utilisent les résultats de la recherche ; les associations de diplômés qui contribuent aux levers de fonds, au parrainage des étudiants ; les diplômés non-inscrits dans des associations qui, à titre individuel, peuvent être sollicités pour une contribution pour l'établissement ; les autres établissements de formation nationaux ou internationaux avec lesquels des mobilités académiques et scientifiques peuvent être organisées, pour les étudiants comme pour les enseignants ; les collectivités publiques territoriales et locales, les chambres patronales et les chambres de métiers qui peuvent agir au même titre que les entreprises. Les établissements devraient alors se doter de structures d'écoute des entreprises et autres milieux économiques, afin de mieux valoriser leurs formations et les résultats des recherches.

Dans cet écosystème, les diplômés occupent une place spéciale, car ils renvoient comme un miroir des informations et données sur leurs formations, accueillent et encadrent des stagiaires. Ils doivent être consultés, comme les entreprises, sur les changements qu'ils souhaiteraient voir apportés à la formation des ingénieurs.

Pour qu'un écosystème tienne ses promesses, il est souhaitable que l'établissement soit jaloux de sa réputation. Ceci passe par :

- la qualité et la fiabilité dans le recrutement des étudiants, que ce soit par concours ou sur étude de dossier ;
- la fiabilité dans le recrutement des enseignants ;
- la prise en compte de l'égalité femme-homme à tous les niveaux ;
- l'ouverture des établissements à des enseignants et à des étudiants venant d'autres pays, le respect et le suivi étroit des conventions de partenariats ;
- une animation scientifique ouverte sur l'écosystème à travers les séminaires, les colloques, les journées portes ouvertes ;
- un soin particulier à la communication sur ce qui est fait dans l'établissement avec une mise en valeur des acteurs de l'écosystème.

On étudie d'abord et on apprendra à travailler plus tard ! Il vaut mieux étudier et apprendre à travailler en même temps. Tels qu'ils sont formés, les diplômés des établissements d'ingénieurs sont de plus en plus confrontés aux problèmes d'employabilité et de professionnalisation, même si c'est avec moins d'acuité que les diplômés des facultés des universités : la durée moyenne pour trouver un emploi après l'obtention du diplôme d'ingénieur dépasse six mois. Les stages académiques sont de courtes durées et les étudiants peinent à en trouver, qu'ils soient rémunérés ou pas. La mobilisation autour des établissements pourrait faciliter l'obtention, puis le déroulement des stages, tout en renforçant la communication entre les encadreurs en entreprise et les enseignants.

En général, les étudiants sont peu sensibilisés sur les rôles qu'ils auront à jouer dans la transformation de leurs pays. Au-delà de la technologie qu'ils doivent maitriser, il s'agit de leur ouvrir les yeux sur les problèmes des sociétés qui les entourent et de les aider à remplir leurs rôles futurs.

La stratégie du numérique dans les établissements d'ingénieurs n'est pas clairement définie. De ce fait il leur est difficile de préciser leurs besoins en financement du numérique, par exemple, pour se doter des outils numériques nécessaires à l'administration, à la formation des étudiants ou à la recherche scientifique et technique. Les étudiants ont les bases mathématiques nécessaires pour apporter des réponses aux problèmes complexes, mais, il faut qu'ils soient équipés pour travailler à l'établissement et à domicile.

Chaque étudiant ou enseignant doit payer sa propre connexion internet, souvent, y compris lorsqu'il travaille au sein de l'établissement. Dès lors, comment parier sur l'avenir aujourd'hui ? Les chances de saisir des opportunités sont réduites et le coût de la connexion individuelle est prohibitif pour les étudiants issus de familles peu aisées.

De même, le numérique n'est pas utilisé à bon niveau dans la formation des ingénieurs. Il s'agit là d'un réel handicap, lorsque l'on considère les besoins de calculs scientifiques, la nécessité de gérer des nombreuses données, ou la nécessité d'intégrer la robotisation dans différentes secteurs économiques et sociaux.

L'État, les autorités chargées de la régulation et les entreprises fournisseurs d'Internet devraient agir en faveur de l'éducation à tous les niveaux primaire – secondaire et supérieur en vue de favoriser l'accès à Internet.

Aucun des établissements ne dispose de la masse critique d'enseignants compétents pour encadrer les élèves dans les domaines des sciences de l'ingénieur. Au départ, Il fallait des enseignants chevronnés pour piloter les établissements nouvellement créés. L'École nationale supérieure polytechnique de Yaoundé avait alors perdu sa masse critique d'enseignants maitrisant les sciences de l'ingénieur car, ils ont pris différentes destinations (Douala, Dschang/Bandjoun, Buea, Ngaoundéré, etc.), sans compter ceux qui ont été nommés dans des fonctions les ayant éloignés de l'encadrement académique. L'ENSP ne s'en est pas encore relevée.

Le recours à des enseignants n'ayant pas de connaissance en sciences de l'ingénieur, même s'ils ont des diplômes universitaires terminaux dans les sciences fondamentales, contribue à diminuer la qualité de la formation.

Dans le fonds, la difficulté est de pouvoir doter les établissements de personnels enseignants et d'infrastructures adéquats. Pour faire face à ce problème, il est nécessaire de :

- renforcer le partenariat entre les établissements afin de :
    - mutualiser les encadrements entre les formations ayant les mêmes objectifs, ce qui pourrait être facilité par le numérique et les accords inter- établissements ;
    - favoriser les mobilités académiques et scientifiques, d'un établissement à un autre ; pourquoi ne serait-il pas possible de commencer ses études en génie civil à Douala, les poursuivre à Yaoundé, ou alors passer un semestre de

formation dans un établissement autre que de celui dans lequel on a été admis sur concours ?

- renforcer le partenariat entres les établissements et les entreprises, ce qui permettrait entre autres d'associer à l'encadrement, des enseignants vacataires, expérimentés, provenant des entreprises afin de garantir la pertinence des formations en l'employabilité des diplômés. Aujourd'hui, les potentiels vacataires ne sont guère motivés, ni par le niveau de la rémunération, ni par la réputation des établissements qui les sollicitent.
- revoir les méthodes d'enseignement et de formation.

Cela dit, il est difficile pour un ingénieur chevronné de trouver sa place dans le corps de l'enseignement supérieur tel qu'il est aujourd'hui, car pour arriver au grade de professeur titulaire, il lui sera imposé, le même parcours qu'aux assistants sans expérience, commençant une carrière dans une université. Presque rien ne lui est proposé pour valoriser son expérience professionnelle. Comme le prévoit la réforme universitaire de 1993, il serait opportun de mettre davantage en application, pour les ingénieurs chevronnés, les statuts d'associés aux différents grades de professeur, maitre de conférences et de chargé de cours.

L'idéal serait de disposer dans les laboratoires de formation d'équipements similaires à ceux utilisés par les entreprises ou qui relèvent de technologies plus avancées que celles utilisées par ces dernières.

Le manque de rigueur dans l'encadrement technique et technologique laisse la porte ouverte à des effectifs pléthoriques, ce qui est moins gênant, si l'on se contente de cours magistraux, de travaux dirigés sur papier et de quelques travaux pratiques sans grande portée professionnelle. Les étudiants qui poursuivent leurs études à l'extérieur du Cameroun n'ont guère de problème sur le plan théorique, mais ils éprouvent d'énormes difficultés lorsqu'il s'agit de passer à la pratique, de conduire des projets en toute autonomie. Ils doivent souvent actualiser leurs formations, voire reprendre des cycles complets ou carrément changer d'orientation. C'est en particulier le cas pour ceux des étudiants qui poursuivent leurs études en Amérique ou en Allemagne par exemple. Il s'agit d'un point essentiel qu'il conviendrait de revoir à la lumière d'autoévaluations, conduites par les établissements avec l'appui des acteurs de l'écosystème et par des évaluations externes, rigoureusement conduites par des spécialistes en la matière. Ces évaluations peuvent être confiées à des pairs dans le cadre de conventions de partenariats. Ces types d'évaluations sont distincts de celles conduites par les inspecteurs du ministère de l'enseignement supérieur, mais elles sont complémentaires.

De même, il est nécessaire de relever le niveau des personnels d'appui technique, en charge de l'installation et de la maintenance des appareils scientifiques et techniques, de la réparation et du montage des travaux pratiques. Ceci devrait être organisé, planifié et financé par l'administration de l'établissement.

Les besoins d'actualiser les connaissances des ingénieurs ne trouvent pas assez de réponses dans les établissements. Il s'agit de permettre à l'ingénieur :

- de s'adapter en permanence aux mutations de son métier, pouvant relever des domaines scientifique, technologique, culturel, politique ou culturel ;
- d'actualiser ses connaissances et ses pratiques afin de bien gérer la complexité d'où qu'elle vienne.

La capacité des établissements à offrir une formation continue de qualité, résulte aussi des recherches effectuées par les enseignants-chercheurs, sachant que la formation continue constitue aussi une source de revenus financiers pour les établissements.

*

Malgré les efforts fournis par l'État du Cameroun à travers le ministère de l'enseignement supérieur, si la formation des ingénieurs ne se transforme pas, l'insertion professionnelle des diplômés sera de plus en plus difficile, et les milieux socioprofessionnels et économiques se détourneront des établissements du pays et se tourneront vers des ingénieurs mieux formés ailleurs. Il s'agit d'une question de survie à court terme, car ces établissements peuvent facilement se transformer en fabrique de chômeurs pour la plupart de ses diplômés.

Paul-Gérard Pougoué

L'université est une chance pour tout pays. Elle est un chantier stratégique, à réussir. Elle n'est pas seulement un lieu d'acquisition des connaissances et de renouvellement des savoir-faire. Elle doit aussi, aux côtés des acteurs de la vie politique et économique, nourrir la réflexion sur le développement et la démocratie. L'université permet d'explorer le passé, d'interroger le présent, de projeter l'avenir, de réfléchir sur l'homme et l'humanité. C'est pourquoi chaque université doit être un pôle d'excellence.

Un grand pays, c'est celui qui a de grands hommes politiques, de grands artistes, de grands sportifs, de grands entrepreneurs, mais surtout de très grands scientifiques. Alors, la faillite du système éducatif est l'échec de l'État et de la construction nationale.

*

Juste une bouteille lancée à l'immense mer du système éducatif. Peut-être un marin l'attrapera-t-il ! Peut-être y trouvera-t-il une minuscule étincelle !

7. Enseignement du droit

Paul-Gérard Pougoué

L'enseignement du droit est au cœur de la refondation souhaitée de l'université camerounaise. Il faut le revisiter tout en approfondissant la réflexion sur le mode de promotion des enseignants en droit, singulièrement le concours d'agrégation.

*

L'enseignement de droit est essentiel, parce que le droit est essentiel à la société. Or, un survol de l'histoire de l'enseignement du droit au Cameroun est édifiant sur le délitement de la formation dans les facultés de droit. Plusieurs facteurs sont en jeu.

Tout d'abord, le droit a été progressivement détaché de son socle scientifique, constitué des « sciences de l'homme, sciences de la société et sciences de l'organisation ». Les principaux domaines de cet ensemble, sans lesquels l'enseignement de droit flotterait en superficie, sont : la philosophie, la philosophie du droit, l'histoire générale du Cameroun, l'histoire de droit au Cameroun, l'histoire des institutions politiques et administratives, l'histoire des faits sociaux et économiques, les cultures et civilisations du Cameroun, l'anthropologie générale et l'anthropologie juridique, la sociologie générale et la sociologie juridique, l'économie, la gestion, la science politique. Peu de ces matières ont été enseignées dans le cadre du droit, notamment, l'histoire générale du Cameroun, l'histoire du droit camerounais, la philosophie du droit, les cultures et civilisations camerounaises et africaines, l'anthropologie générale et l'anthropologie juridique et droit traditionnel originel. L'impasse sur l'histoire est grave car l'histoire permet de comprendre le passé, d'enrichir le présent et de projeter l'avenir.

Dans les années 1960-1970, l'ère de l'université fédérale du Cameroun, avec la licence en droit et sciences économiques de quatre ans, l'enseignement en faculté de droit est relativement global, incluant fortement la sociologie, l'économie, le droit, la science politique.

Ensuite, l'enseignement du droit, dans les années 1980-1990 l'ère de la faculté de droit et des sciences économiques de l'université de Yaoundé avec la licence de trois ans, connait un premier allègement des programmes, par la force des choses.

Puis, depuis l'avènement de plusieurs universités en 1993, le droit est nettement tranché des sciences économiques ; apparaissent alors les facultés des sciences juridiques et politiques. L'émiettement des programmes est accentué avec, dans les années 2000, des velléités de spécialiser dès la première année, en sciences juridiques et sciences politiques, en droit privé et en droit public, en droit de tradition civiliste et en droit de tradition common law. Les conséquences sont désastreuses : on allège considérablement l'étude des sciences auxiliaires fondamentales – sciences de l'homme, des sciences sociales, des sciences économiques, gestion – et du large tronc juridique commun, ensemble qui fonde la science de droit et marque l'unité profonde du droit, quels que soient les systèmes juridiques. Qui plus est, dans le contexte juridique camerounais pluraliste, comprenant les héritages des droits traditionnels, des droits de tradition civiliste et des droits de tradition common law, l'enseignement de droit, progressivement, ne porte plus sur la compréhension et la maîtrise du pluralisme, mais s'oriente vers des juxtapositions regrettables de droit civil et du common law.

De même, ce survol est marqué par la massification des facultés de droit ; alors, les cours magistraux et les travaux dirigés sont assez rapides ; même les méthodologies qui font acquérir l'ingénierie juridique sont clairsemées. Or, le droit est à la fois une science et un art.

Tout cela, dans un contexte de graves fractures numériques qui ne permettent pas de développer l'enseignement à distance, et le faible pouvoir d'achat d'une importante franche des étudiants qui ne permet pas le développement personnel. Alors, l'étudiant ne tire pas le meilleur parti du temps laissé dans les programmes pour le travail personnel de l'étudiant (TPE).

Enfin, ce survol de l'histoire de l'enseignement de droit indique l'abandon progressif des méthodes quantitatives : mathématiques (fonctions et séries), statistique descriptive, probabilité. Le juriste doit pouvoir quantifier un tout petit peu, sinon il se contente de compilations sans vérification fiable.

Ce survol interpelle fortement. On se rend compte que la beauté du « juste » n'est plus au centre de l'enseignement de droit. Or, si la beauté du « juste » n'est pas au centre de l'enseignement du droit, elle ne sera pas non plus hélas au centre des métiers de droit, singulièrement la magistrature, et l'état de droit ne sera qu'un leurre. C'est pourquoi il faut reformuler au plus vite l'enseignement de droit. Dans la foulée, et de façon inévitable, il faut aussi mener une réflexion sur l'enseignant et, singulièrement dans notre contexte sur le concours d'agrégation des facultés de droit.

Bernard-Raymond Guimdo Dongmo

L'enseignement du droit : quel contenu et quelles méthodes pour la formation des penseurs et non des mécaniciens du droit ?

La question de l'enseignement du droit est sensible, parfois controversée, mais toujours d'actualité (V. Jacques CHEVALLIER, « L'enseignement du droit en question » in Administration et politique : une pensée critique et sans frontières, *Presses Universitaires de Grenoble*, 2009, pp. 111-120). Que faut-il enseigner au futur juriste et selon quelles démarches ou méthodes ? Ce questionnement interpelle à plus d'un titre sur le contenu (1) et les méthodes (I2) de l'enseignement du droit si tant est que l'on a besoin des penseurs du droit et non des mécaniciens du droit.

*

Normalement, l'élève ou l'étudiant en droit doit à la fin de formation, être capable de penser le droit et non en faire une application mécanique. Pour qu'il en soit ainsi, les programmes d'enseignement et/ou de formation devraient être adaptés aux exigences professionnelles et scientifiques partagées et à l'évolution continue des sociétés. Deux conditions doivent être accomplies pur qu'il en soit ainsi : la professionnalisation et la consolidation des fondamentaux.

La professionnalisation des enseignements de droit. Ceux-ci devraient avoir un contenu, pas seulement utile, mais aussi et surtout opératoire et utilisable. L'enseignant devra donc être un « agent de socialisation anticipatrice des étudiants » (Emilie BILAND, Liora ISRAEL, « À l'école du droit : les apports de la méthode ethnographique à l'analyse de la formation juridique », *Les cahiers de droit*, vol 52, n° 3-4, Sept-Déc 2011, pp. 619-658), et les cours magistraux devraient être suffisamment explicites et assortis d'exemples pratiques pour permettre au jeune apprenant de mettre les enseignements en relation avec les réalités quotidiennes. Il s'agit donc de permettre à l'étudiant de s'approprier les règles juridiques qu'elles soient du droit public ou du droit privé par un enseignement clinique du droit (V. J. CHEVALLIER, *op.cit,* pp. 111-120), qui permet de mettre les instruments qu'il a acquis à l'épreuve de la réalité, très souvent complexe.

Le renforcement des fondamentaux du droit. Il consiste à l'enseignement des matières constitutives de fondement dès la première année. Il s'agit, notamment du raisonnement juridique, de l'introduction au droit et à la théorie du droit, de l'initiation à la philosophie et la sociologie du droit. De tels enseignements, confiés à des enseignants aguerris, permettront de forger chez l'étudiant une réelle capacité d'appréhension de ce qu'est le droit, ses origines, ses manifestations, ses fins et ses limites. La maitrises de ces enseignement lui permettront alors de mieux comprendre les autres enseignements de droit public (Droit administratif, droit constitutionnel, finances publiques) et de droit privé (Droit des personnes, droit commercial, droit des obligations...etc.). L'étudiant pourrait ainsi capable de distinguer l'essentiel de l'accessoire en droit.

*

Il est nécessaire de mettre en avant ou de valoriser les méthodes d'enseignement qui favorise une formation qui pourrait faire éclore de véritables penseurs du droit. Il s'agit, entre autres :

- de l'interdisciplinarité, qui permet l'enseignement des matières transversales pour plus d'ouverture au monde ;

- de l'évaluation des enseignants par les étudiants car, elle permettra de vérifier si les points abordés lors du cours sont acquis et si la méthode est comprise et adaptée à la discipline enseignée ;
- de l'usage des outils numériques dans l'enseignement à travers les visioconférences et les plateformes numériques d'échanges, pour que les étudiants puissent interagir autrement avec les enseignants et à tout moment ;
- du recours aux partenariats avec le monde professionnel, en faisant assortir chaque niveau de formation d'un stage pratique qui permettra à l'étudiant de confronter les cours reçus à la réalité du terrain ;
- de l'emphase sur la maitrise des méthodes de raisonnement et d'interprétation en droit et non sur des connaissances encyclopédiques car le but doit être de donner à l'étudiant les moyens de son autonomie et de son émancipation intellectuelle. Ceci lui permettra de mieux lire et comprendre les textes juridiques mais aussi de mieux apprécier les décisions de justice lorsqu'il sera appelé à les commenter ou analyser. Cela lui permettra également de développer l'esprit critique, d'être capable d'identifier un problème, de contextualiser sa réflexion, de faire des recherches ciblées, les hiérarchiser et les synthétiser pour une présentation pertinente et convaincante de son point de vue ;
- de l'intégration de l'approche des sciences sociales : l'enseignement du droit doit accorder une place aux considérations extra-juridiques. Il s'agit d'intégrer les questions techniques dans des problématiques plus générales en prenant en compte les considérations sociologiques, économiques ou politiques des sujets.

En somme, le future juriste devrait penser le droit au lieu de le penser, parce qu'il possède *« (...) une pensée critique, (de)la créativité(...) une intelligence émotionnelle, des capacités de jugement et décisionnelle (...) et la flexibilité cognitive* » (Rapport Hami Haeri sur « *l'avenir des jeunes avocats »* déposé à Matignon en janvier 2017).

Joseph Djogbenou

Quoique générale, la présente réflexion sur l'enseignement du droit s'inscrit dans l'espace africain francophone, et singulièrement dans les États membres du Centre africain et malgache de l'enseignement supérieur.

L'enseignement du droit n'a pas, en Afrique francophone, que des suffrages enthousiastes. Loin s'en faut. À défaut d'être vif, le silencieux remous désapprobateur se fait parfois retentissant. L'enseignement du droit en Afrique francophone ne laisse finalement indifférent ni les acteurs du système, ni les acteurs politiques, encore moins les bénéficiaires.

À la question plus générale et récurrente de l'adéquation de l'offre de formation aux besoins de la société, se greffe substantiellement, celle de la qualité de l'enseignement du droit dans les facultés et écoles des universités de l'espace. Or, paradoxalement, la demande du droit s'amplifie et s'intensifie, dans une société en construction et dans laquelle toute question devient, par essence, question de droit. C'est que la qualité de la réponse juridique est tributaire de celle de la formation, celle-ci dépendant de la qualité de l'enseignement. C'est finalement l'allégorie de l'aiguille et du fil à coudre connue en *pays fon (Les fons constituent un groupe ethnique principal de la République du Bénin)* qui caractérise le lien entre la réponse juridique, la formation et l'enseignement du droit : *quand l'aiguille tire le fil, celui-ci tire également celui-là, en destins enchevêtrés*. À la vérité, la réponse sur la qualité de l'enseignement pourrait être recherchée dans les éléments nécessaires à surmonter le quadruple défi que la modernité lui impose : celui du modèle, celui du contenu, celui de la méthode et celui du contrôle.

Un modèle d'enseignement est le moule référentiel duquel ressortissent les ressources humaines dont la qualité est recherchée. Cimentant l'enseignement, le modèle éclaire l'enseignant. Celui de l'enseignement du droit en Afrique francophone, à caractère dual (cours magistraux et travaux dirigés) est déficient et semble en panne de cohérence. Le cours magistral qui pose le « maître » à assurer, du haut d'une « chaire » un magistère dans un domaine de la pensée juridique, la transmission d'un savoir fondé sur l'opinion qu'il se fait du droit, dans sa positivité comme dans ses virtualités structure une relation doctrinale de l'enseignant à l'enseigné – doctrine procédant étymologiquement de « *docere* », qui signifie « enseigner ». Ce cours magistral, dont on a dit qu'il demeure « l'acte pédagogique essentiel » *(J-M CARBASSE, « Professeurs à la faculté de droit », in D. ALLAND et S. RIALS (dir.), Dictionnaire de la culture juridique, Paris, Lamy, PUF, 2003, p. 1246)*, a pour vocation de façonner l'enseignant à proposer des conceptions originales et asseoir une interprétation personnelle du droit dont il assure la diffusion à ses étudiants par lui-même ou par ses disciples. Toutefois, la liberté du maître (de conférence) ne devrait pas essorer la rectitude épistémologique qui caractérise le cours, laquelle tire sa source dans la fonction classique de l'interprète d'être la « bouche » de la loi. Sans doute que cette tendance dogmatique à orientation monologale, incline l'enseignement du droit dans une fonction de conservation, de reproduction et de répétition. Ce déclin – ou plutôt cette dérive - qui sonne la cloche de la messe de requiem des pionniers du professorat fondateur de l'enseignement et offensif de la recherche africains, reflet de l'épiphanie juridique et démocratique des sociétés africaines à partir des années 90, met en relief la dette de la rupture de la qualité et de la quantité dans la formation des universitaires. Cette rupture de la qualité est accentuée par la rupture d'avec l'authenticité. Par une conception atavique du droit, l'enseignant se confine en effet à implanter dans l'esprit des apprenants l'écosystème juridique d'un ordre étranger dont il revendique plus que de raison, la tradition et la vision.

Les travaux dirigés, l'autre composante du modèle dual, s'en trouve également affectés. Prévus pour être le prolongement des matières fondamentales, et destinés à faire approfondir par les disciples « assistants ou maîtres-assistants » la pensée du « maître », ces « travaux » devraient être « dirigés » à un double niveau. D'abord dans le rapport entre le « maître », directeur de la discipline fondamentale, et ses disciples scientifiques (assistants ou maître assistants), en vue d'asseoir une articulation pertinente entre le cours et ces travaux et un contrôle *a priori* de l'approfondissement à offrir par ces derniers aux apprenants. Ensuite, justement, dans le rapport entre assistants et apprenants, les premiers dirigeant, et, à proprement considérer, conduisant les seconds dans cet exercice d'approfondissement. Or, d'une part, ces travaux sont finalement peu « dirigés » en ce que, en raison de l'insuffisance d'enseignants de rang magistral, il n'y a plus ou il y a peu de « maîtres », ou s'il y en a, ceux-ci ne s'occupent plus de diriger les assistants, de sorte que ces derniers deviennent les maîtres à penser d'une opinion qu'ils répètent sans profondeur, faute de les avoir justement « pensée », c'est-à-dire méthodiquement conçue. D'autre part, mêmes ces assistants et maîtres assistants se désintéressent des travaux dirigés, considérés comme une mission méprisante, chacun ayant accédé ou y prétendant, au gré des avancements automatiques que confèrent encore certaines législations nationales, à la dignité de professeur de rang. Résultats, des milliers d'apprenants, destinés aux professions judiciaires ou juridiques, sont condamnés à être finalement formés sur le tas, faute de l'avoir été sans tares.

La déficience du modèle est affectée de celle du contenu. Les curricula de formation sont-ils en adéquation avec les besoins, les exigences et les espérances des sociétés dont l'enseignement forge le devenir ? Pour répondre au contenu du droit à enseigner, on emprunterait volontiers à Solon, la causticité de la réponse qu'il fit lorsqu'on s'avisa de lui demander qu'elle est la meilleure constitution : « pour quel peuple et à quelle époque ? ». Les curricula font encore écho à une forme de centralité dogmatique léguée par la tradition française dans un contexte où tous les États francophones sont dans un continuum stratégique, historique, politique, économique, civilisationnel avec les États anglophones et arabophones et ou, le monde, juridiquement multipolarisés, appelle à plus d'ouverture scientifique. Alors qu'idéalement, la majorité des juristes formés dans les universités africaines ont vocation à conquérir des marchés étrangers à leur États, le contenu de l'enseignement tarde à ouvrir la porte sur les voisins à défaut de le faire sur soi, et voient s'échapper par la fenêtre les chances d'un enseignement utile du droit.

C'est peut-être que la posture épistémologique, essentiellement rationaliste, mérite d'être renouvelée pour faire suffisamment place à cette forme d'empirisme rationnel qui offre à *toucher du doigt et de l'espace* pour mieux *toucher de la tête*.

Quoi qu'il en soit, une place doit être accordée à l'utilité et à la cohérence du contenu ainsi qu'à la revue de la méthode en vue de mieux assurer le contrôle de l'enseignement. La doxa mise en place par le Conseil africain et malgache de l'enseignement supérieur (Cames) n'est utile que si tous les enseignants des États membres y souscrivent. Or, alors que tous les enseignants des États membres sont appelés à transmettre le savoir juridique à tous les apprenants, le caractère facultatif de la soumission au contrôle pédagogique et andragogique conféré à l'institution régionale péjore encore sérieusement la qualité de l'enseignement du droit. Alors qu'il s'agit d'enseigner, c'est-à-dire, au sens exact de transmettre le savoir et d'ouvrir à la connaissance, on finit par « encadrer », c'est-à-dire, à « mettre dans un cadre » ce qui, fatalement et strictement, « mettre en cage » ce qui, pour le moins, apparaît comme un empêchement au savoir.

Paul-Gérard Pougoué

Ces différentes réflexions me confortent dans ma propre réflexion. La réforme est urgente.

Trois réalités ne doivent pas être perdues de vue.

D'abord, il y a beaucoup de ressemblance dans la formation en médecine ainsi qu'en sciences de l'ingénieur, et la formation en droit.

Comme la médecine et les sciences de l'ingénieur, le droit est autant une science qu'un art.

Comme la médecine et les sciences de l'ingénieur, en droit, une solide formation générale est le gage d'une pointue formation spécialisée. En somme, en droit, comme en médecine et en sciences de l'ingénieur, on ne peut être un talentueux spécialiste, si l'on n'a pas au préalable reçu une excellente formation de généraliste. C'est pourquoi on a coutume d'insister sur l'ingénierie juridique.

Ensuite, le droit est au confluent des sciences de l'homme, des sciences de la société et des sciences de l'organisation. On ne peut être un bon juriste, si l'on n'a pas été bien imprégné dans ces différents domaines scientifiques. On risquerait d'être trop superficiel. Comme s'est écrié Jean Carbonnier, « le droit est plus grand que la règle de droit ».

Enfin, plus spécifiquement, le droit est dialectique, avec un mode particulier de raisonner et d'argumenter. C'est d'ailleurs pourquoi la formation en droit est incompatible avec la massification.

L'enseignement du droit doit tenir le plus grand compte de cette triple réalité.

Premièrement, il faut insister sur une excellente formation générale, combinant les fondamentaux en droit et les notions essentielles des autres disciplines des sciences de l'homme, des sciences de la société et des sciences de l'organisation ; et, en même temps, initiant à l'ingénierie juridique.

C'est seulement, après une telle formation générale que l'on peut, aisément et très utilement, aborder les spécialisations en droit. Avant celles-ci, les éléments de droit peuvent être combinés à d'autres disciplines pour une formation professionnalisante ; mais, il ne s'agit pas d'une spécialisation en droit.

La tentative de spécialisation en droit, avant une lourde formation générale, formate une espèce de mécanicien de maintenance de la règle de droit et non un penseur qui doit interpréter la loi et féconder le droit. La société et l'économie ont énormément besoin de tels juristes, libres penseurs qui ne se complaisent ni du mimétisme ni du positivisme.

*

Cette compréhension de la formation du juriste permet d'esquisser les orientations d'une réforme.

L'orientation de la réforme est une formation de généraliste en cycle de licence, avec juste une légère amorce de pré-orientation au semestre 5 avec quelques cours optionnels. En effet, évoquer de spécialité au niveau du cycle de licence, non seulement c'est trop tôt, mais c'est surtout incongru.

D'ailleurs, pour tenir compte de l'ouverture indispensable aux autres disciplines connexes ou complémentaires, une année préparatoire serait même la bienvenue. La véritable spécialisation viendra au cycle de master.

Pour atteindre les résultats escomptés, la formation doit être lourde de type grande école, avec par semestre, un volume horaire de cours, de travaux dirigés et de travaux pratiques autour de 350 heures, le travail personnel de l'étudiant (TPE) d'environ 400 heures, étant entendu que le volume global doit être de 750 heures. Les grandes écoles des sciences de l'ingénieur ne pratiquent-elles pas des classes préparatoires souvent de deux ans et n'ont-elles pas un volume horaire de formation fort impressionnant !

Cette vision aboutit à une meilleure rationalisation de la formation de juristes dans les universités, tout en étant très attentif à la fois à la qualité de la formation et au besoin du marché de l'emploi. Dès lors, les facultés des sciences juridiques devraient être conçues comme des grandes écoles. Les besoins actuels du marché au sens large commanderaient un effectif de 50 à 100 élèves au maximum par école publique ou privée. Les besoins sont les suivants : école de magistrature et autres grandes écoles professionnelles de l'État, le barreau et autres métiers judiciaires (huissiers, notaires, etc.), les masters recherche et professionnels, le secteur privé et la société civile. Par la suite, le nombre de place pourrait être revu en fonction de besoins évalués de la société et de l'économie.

Jusqu'à la fin du semestre 6 (licence en droit), la formation est en réalité un double parcours – recherche/professionnelle –. Le produit est un juriste généraliste opérationnel, tout en étant bien outillé pour poursuivre les études de master (recherche ou professionnel) et de doctorat. La formation, en plus, comporte des passerelles appréciables qui facilitent les mobilités, les reconversions professionnelles et l'apprentissage d'un métier du droit (magistrature, barreau, notariat, huissier de justice, greffier, juriste d'entreprise, etc.).

*

Cette compréhension de l'enseignement de droit débouche logiquement sur une structuration conséquente de la formation comme suit :

- une année préparatoire qui a pour finalité de poser le socle de la formation en droit. Vu l'originalité d'une telle année préparatoire, je me suis permets d'en esquisser le programme :

Année préparatoire

1er semestre

- Sciences de l'homme et sciences de la société
    1. Introduction générale à l'anthropologie
    2. Introduction générale à la sociologie
    3. Théorie des droits fondamentaux
    4. Histoire contemporaine du Cameroun et du monde
    5. Cultures et civilisations africaines et camerounaises
- Sciences de l'organisation
    1. Introduction générale au droit et principales familles de droit
    2. Droit traditionnel camerounais
    3. Introduction générale à l'économie politique et notions essentielles de l'analyse économique (macro et micro- économie)
    4. Histoire du droit camerounais (de la Conférence de Berlin à la Réunification)
    5. Système juridique bijurial camerounais
- Outils transversaux
    1. Anglais ou français juridiques
    2. Statistiques descriptives
    3. Probabilités
    4. Informatique
    5. Méthode du travail universitaire
- Cours facultatifs
    1. Une langue vivante, autre que l'anglais et le français
    2. Une langue nationale

2e semestre

- Sciences de l'homme et sciences de la société

    1. Anthropologie juridique
    2. Sociologie juridique
    3. Démocratie
- Sciences de l'organisation
    1. Notions essentielles de l'analyse monétaire
    2. Introduction générale au management
- Outils transversaux
    1. Informatique juridique
    2. Grands problèmes contemporains
    3. Leadership et développement personnel, travail en équipe, conduite des réunions
- Cours facultatifs
    1. Une langue vivante, autre que l'anglais et le français
    2. Une langue nationale

- Stage de découverte
    1. Un mois de découverte dans une structure professionnelle quelconque publique ou privée commerciale ou non, nationale, régionale ou internationale
    2. Rapport de stage

- niveaux 1 et 2 (semestres 1 à 4) du cycle de licence. La formation à ce stade permet de compléter les connaissances essentielles fondamentales en droit, mais aussi en sciences de l'homme, en sciences de société et en sciences de l'organisation. La formation est très générale sans distinction entre droit privé et droit public. Toutes les matières du droit de tradition civiliste et du droit de tradition common law, retenues dans les programmes à ces niveaux sont toutes enseignées sans distinction. La formation met par ailleurs un accent tout particulier sur le raisonnement et l'argumentation en droit, sur les méthodologies, sur le bilinguisme à travers une répartition des enseignements pour moitié en anglais et pour moitié en français, sur les métiers du droit et sur le droit comme aide à la décision dans les organisations et entreprises ;
- semestre 5. Ce semestre est réservé à une pré-spécialisation avec des matières optionnelles aussi bien dans le bloc majeur que dans le bloc mineur et le bloc des matières facultatives ;
- semestre 6. Ce semestre est consacré à une immersion dans la vie professionnelle et à une évaluation de synthèse. L'immersion, d'une durée de quatre mois minimum peut être soit un stage dans une entreprise, une organisation ou une administration, soit l'apprentissage d'une activité technique ou artistique quelconque,

soit l'exercice d'une activité quelconque comme entreprenant ou apprenti. Un rapport est dressé.

Le programme peut paraître lourd et l'on peut se demander s'il ne fallait pas l'alléger et développer une méthodologie conséquente laissant le soin aux apprenants de développer leurs capacités de recherche, d'analyse et de synthèse. Certes. Mais il faut absolument au départ dispenser des connaissances ; de plus, il faut tenir le plus grand compte de contexte marqué par les difficultés d'énergie électrique, une grande fracture numérique et le faible pouvoir d'achat de la plupart des apprenants. Alors, une voie médiane est proposée.

La méthodologie fera un appel raisonnable aux technologies modernes de communication et à la recherche documentaire par les apprenants. À cet égard, le travail personnel de l'étudiant (TPE) a un important volume horaire. Certains cours se limiteront à des conférences ou à des séminaires. Les travaux dirigés seront faits en présentiel ou à distance en petits groupes ; certains pourront prendre la forme des jeux de rôle ou des simulations. Les cours magistraux des matières juridiques doivent être très illustrés par la jurisprudence et les cas pratiques, pour bien marquer, à tout instant, la praticabilité du droit et développer l'ingénierie juridique.

De l'année préparatoire au 5e semestre du cycle de licence, l'évaluation se fait par les contrôles continus – un à trois suivant le volume horaire du cours –, et les travaux dirigés, étant entendu que ces derniers sont prévus pour toutes les matières juridiques d'au moins 20 heures. Pour les matières juridiques, les évaluations consistent en des épreuves de 3 heures pouvant épouser l'une des formes suivantes : dissertation juridique, commentaire d'arrêt, commentaire de texte de loi, commentaire de doctrine, commentaire de document juridique quelconque, cas pratique. Pour les autres matières, les épreuves d'une durée de 1 à 2 heures, peuvent prendre une forme quelconque arrêtée par l'examinateur. À la fin du niveau 6, une évaluation de synthèse est prévue. Elle comporte les épreuves suivantes :

- rapport de l'immersion au monde du travail devant un jury de deux experts, avec une présentation de 10mn et une discussion de 15mn (coef. 5) ;
- une dissertation juridique de 3 heures portant sur une matière de semestre 5, la matière étant choisie par l'établissement (coef. 2) ;
- un commentaire d'arrêt d'une durée de 3 heures, portant sur une matière du semestre 5 choisie par l'établissement (coef. 2) ;
- un commentaire de texte de loi ou de document juridique d'une durée de 3 heures et pouvant porter sur un aspect quelconque du programme des semestres 1 à 5, choisi par l'établissement, (coef. 2) ;

- un cas pratique portant sur au moins deux matières du semestre 5 avec, le cas échéant, des ramifications avec des matières des semestres 1 à 4 (coef. 4).

Pour toutes les épreuves l'accès aux codes et ouvrages est autorisé. L'évaluation de synthèse y compris les délibérations est étalée sur un mois maximum.

Avec une telle formation, la licence en droit se présente comme un diplôme de juriste généraliste immédiatement opérationnel.

À côté de cette formation pure en droit, on peut bien associer le droit à d'autres disciplines pour certaines formations professionnalisantes de niveau licence en six semestres.

Les formations spécialisées en cycle master doivent tout autant être très attentives à la fois à l'analyse de haut niveau en droit et à la professionnalisation. La méthodologie, à ce niveau, est basée essentiellement sur les directions d'études et de recherche, les exposés-discussions, les commentaires, les cas pratiques, les enquêtes, les études de terrain, les stages, les consultations juridiques, la rédaction des actes juridiques, la rédaction des textes de loi, l'expertise juridique, le jeu des rôles, les simulations.

Là encore, il faut éviter un émiettement qui ne tient pas compte de l'environnement économique et social, et un cloisonnement étanche entre droit privé et droit public.

Les sous-spécialisations plus pointues se feront au cycle de doctorat / PhD. Ce cycle doit strictement être organisé et évalué semestriellement, conformément aux canons du système LMD, avec des activités scientifiques spécifiques et des évaluations à la fin de chaque semestre : semestre 1, séminaire de méthodologie, bibliographie, argumentaire de thèse ; semestre 2, séminaires d'actualité scientifique ; semestre 3, appréciation de l'état d'avancement des travaux ; semestre 4, appréciation de l'état d'avancement des travaux ; semestre 5, jury de pré-soutenance ; semestre 6, soutenance. En cas de besoin, un délai supplémentaire pourrait être accordé au candidat ; mais ce délai ne pourrait excéder six semestres.

À côté de ces orientations de recherche, des approches « métiers de droit » et de formation professionnelle, en lien avec d'autres disciplines le cas échéant, peuvent être envisagées, tout en tenant compte de l'utilité sociale immédiate.

L'accès au cycle de master et au cycle de doctorat doit être strictement limité pour produire les effets de haut niveau scientifique ou professionnel attendus.

Bien sûr, toute cette construction peut être reprise et aménagée compte tenu des spécialités des formations d'inspiration common law. Mais l'approche d'ensemble ne varie pas.

*

Considérons maintenant la seconde interpellation : faut-il supprimer l'agrégation des facultés de droit ?

Sans enseignant de qualité, pas d'enseignement supérieur de qualité. De ce point de vue, un référentiel régional de promotion des enseignants/chercheurs est stimulant et exaltant.

Le recrutement et la promotion des enseignants visent à répondre à cette exigence. Plusieurs modes de promotion sont expérimentés : des promotions par l'administration sur la base de l'ancienneté ; des promotions sur l'évaluation des travaux ; le concours d'agrégation, au moins pour la promotion au grade de maître de conférences dans les discipline juridiques dans l'espace du Conseil Africain pour l'Enseignement Supérieur (CAMES).

Il faut le dire, nettement. La promotion par la seule administration, sur la seule base de l'ancienneté, est rare et inadaptée à l'université qui vise l'excellence dans la formation, dans la recherche scientifique et dans l'innovation, dans le service à la société (appui au développement), encore plus avec le concept d'entreprise-université.

La promotion sur la seule base des travaux a un grand sens. Mais, bien souvent, elle est insuffisante pour relever toutes les aptitudes attendues d'un enseignant du supérieur, dans sa triple dimension d'enseignement, de recherche et d'ingénierie juridique. On peut être un très bon chercheur, mais un mauvais pédagogue et encadreur qui fait des disciples, ou un praticien très limité du droit. D'ailleurs, de plus en plus, les divers systèmes de promotion par les travaux font une certaine place à l'écoute des candidats par ses futurs collègues ou même à des simulations de transmission de connaissance à des apprenants.

Il faut le faire observer. Le concours d'agrégation tente de combiner ces différents modes de promotion des enseignants en droit de haut niveau. Il y a plusieurs épreuves progressives avec des éliminations. L'idée de compétition est forte. Toutes les épreuves sont orales et strictement encadrées dans le temps, avec des leçons après préparation en loge. L'accent est mis sur l'esprit de synthèse et l'art de transmettre. La première épreuve est une discussion des travaux. La recherche et les publications sont ainsi rigoureusement expertisées au départ ; même la thèse de doctorat est à nouveau expertisée. Par la suite il y a de leçons, après préparation en loge, portant sur des matières diverses et combinant la dissertation, les commentaires et les cas pratiques. Bien plus, le concours d'agrégation en faisant concourir à la fois des candidats provenant de plusieurs pays africains, crée entre eux une certaine convivialité et renforce leur combat commun pour le règne du droit et leur conscience africaine collective.

Le concours d'agrégation est une redoutable course hippique : un quota est fixé pour garantir le label ; tout se passe devant un jury comportant sept experts de notoriété reconnue et provenant, tous, des pays différents, pour minimiser les risques de conflits d'intérêt et sauvegarder le haut niveau de la compétition.

Tous les modes de promotion d'enseignants ont des limites. Mais, à coup sûr, le concours d'agrégation est le moindre mal.

Dans l'espace CAMES qui regroupe principalement les pays de l'Afrique noire francophone, un concours d'agrégation est organisé dans les disciplines juridiques. Ces derniers temps, quelques critiques s'élèvent par ci par là.

Le CAMES lui-même est mis en cause. Mais, il présente le grand avantage de construire un espace universitaire solide de solidarité, de mobilité, d'échange, de coopération et de développement. L'agrégation CAMES couvre cet espace. Le souhait, dans la logique, serait que l'on dote le CAMES des moyens pour gérer un corps enseignant du supérieur, pour le développement de l'enseignement supérieur équilibré dans l'espace CAMES. Ainsi, le nombre de places mises au concours d'agrégation sera unique et non établi par chaque État. Un quota d'admission maximum de 25% du nombre de candidats est très indiqué pour conserver au concours tout son défi de sélectionner des maîtres de conférences talentueux au regard des trois missions d'enseignement, de recherche et de service à la société (appui au développement).

Le jury est parfois mis en cause, à cause de la rotation lente de ses membres d'un concours à un autre. C'est un souci réel. Le souhait est double : d'une part, que tous les membres du jury soient des professeurs titulaires, avec une ancienneté d'au moins 6 ans dans le grade et ayant une notoriété certaine par la qualité de leurs œuvres, et, d'autre part, que, d'un concours à un autre, soient absolument changés le Président et au moins la moitié des autres membres du jury. Il faut limiter le plus possible les suspicions.

La composition du jury est aussi mise en cause. On lui reproche souvent d'être réservée aux pairs sans que l'accent ne soit suffisamment mis sur l'expertise avérée des différents membres et sur la maîtrise du droit africain par tous les membres du jury. Ce souci d'expertise avérée devrait amener à ouvrir la composition du jury aussi aux professeurs par voie des travaux, aux magistrats des hautes juridictions dont l'expertise peut être comparable à celle d'un professeur de renom. On ne le dira jamais assez, le droit est à la fois une science et un art. Le concours n'est pas l'occasion pour les pairs de coopter les disciples ; le concours a pour seule finalité de sélectionner les plus talentueux au regard de la quadruple exigence d'enseignement, de recherche, d'encadrement et de service à la société.

On s'est demandé si le concours n'est pas le mimétisme d'un modèle étranger, singulièrement de l'agrégation française. J'ai passé l'agrégation française et présidé plusieurs jurys de l'agrégation CAMES. On s'inspire, on ne mime pas ; en tout cas de cause le mimétisme doit être écarté en tout domaine ; il faut créer pour exister.

Le droit africain prend de plus en plus ses distances par rapport au droit français et ses principales sources d'inspiration sont le droit comparé et les réalités africaines. Il présente ainsi des particularités remarquables. De plus, il n'est pas uniforme ; il est plus concret de parler des droits africains. Alors, le concours CAMES, plus que le concours français, suppose une maîtrise de plusieurs droits et de la méthodologie du droit comparé. On comprend les enjeux et les difficultés de ce concours. Au jury de veiller scrupuleusement à ces particularités et au haut niveau du concours d'agrégation CAMES des facultés de droit !

On s'est indigné un moment de ce que l'agrégation serait une voie raccourcie, parce qu'un assistant, à certaines conditions, pouvait sauter le grade de chargé cours ou maître-assistant et se présenter au concours. Cette critique, très sensée, est aujourd'hui sans objet. Désormais, pour se présenter au concours d'agrégation, il faut être chargé de cours ou maître-assistant et remplir en plus quelques conditions particulières en terme d'ancienneté et de productions scientifiques. Ce dernier point est très important pour la notoriété du concours. Le chargé de cours ou maître-assistant devrait présenter, en plus de la thèse éventuellement remaniée ou publiée, au moins trois publications de très bonne facture, non tirées de la thèse et n'ayant pas été proposées pour la promotion au grade de chargé de cours ou maître-assistant. L'évaluation de ses travaux devrait être assurée par trois membres du jury, deux avis favorables étant nécessaires, en plus des autres critères d'appréciation, pour être déclaré sous admissible.

On s'est aussi indigné de la confusion créée entre le grade de maître de conférences et celui de professeur, en parlant de professeur, même s'agissant de Maître de Conférences. Le maître de conférences n'est pas, strictement parlant, Professeur. Il n'y a pas non plus un grade d'enseignant de rang magistral ; cette notion est, pour le moins vague et incongrue. Une fois maître de conférences, il faut un certain temps pour solliciter le passage au grade de Professeur, après évaluation des productions scientifiques et des encadrements de niveau de mémoire de master et de thèse de doctorat. Le CAMES est désormais dans cette honnête logique. Le grade de professeur est une appellation contrôlée.

On se demande s'il ne faut pas renforcer les épreuves au concours pour répondre à une double exigence de culture juridique et de compétitivité. Par ma propre expérience, je comprends et soutiens une réforme en ce sens. Certains concours d'agrégation des facultés de droit similaires dans d'autres systèmes universitaires ont, en plus de l'épreuve des travaux et de deux autres épreuves de spécialité, une épreuve transversale de culture juridique. Il serait très opportun d'introduire, au concours d'agrégation CAMES des facultés de droit, une épreuve supplémentaire de préparation en loge de culture juridique transversale aux sections de droit privé et de droit public et portant sur la philosophie du droit, la théorie générale du droit, la théorie des nullités, la théorie de la preuve, la théorie des droits fondamentaux, le droit des personnes, la théorie du droit international, le constitutionnalisme.

S'agissant de l'exigence de compétitivité, il faut que le concours d'agrégation permette très vite de desceller chez les candidats les aptitudes certaines et sérieuses à l'enseignement, à la recherche, à l'encadrement et au service à la société, c'est-à-dire l'ingénierie juridique (pratique du droit). C'est pourquoi, il faut accorder une attention particulière à la première épreuve. À l'heure actuelle, cette dernière consiste essentiellement en une analyse des publications et des discussions autour de celles-ci. Mais, elle devrait aussi pouvoir, avec des grilles d'évaluation précises, permettre de déceler les aptitudes de l'enseignant à la pratique du droit, même si par la suite les leçons de spécialité permettront d'affiner le jugement. C'est pourquoi l'on pourrait débaptiser cette épreuve pour l'appeler épreuve de discussion des travaux et d'appréciation de la personnalité scientifique.

Comment donc imaginer la disparition de cette belle chevauchée ! C'est, qu'à la vérité, le concours d'agrégation est une épopée fantastique. Il faut faire preuve de raison et de dialectique, de culture livresque et d'esprit de synthèse ; maîtriser l'« imperatoria virtus », c'est-à-dire, selon Sainte Beuve (Causeries du lundi, éd. Garnier, t. 9 p. 275), « cette qualité souveraine du général qui fait tout marcher en ordre et à son rang, que rien ne s'ébranle sans le mot du chef » ; démontrer que l'on est apte à transmettre l'*imperatoria virtus* à des générations.

Diouf Diaw

Lorsque je me suis présenté au concours d'agrégation, il y a maintenant une trentaine d'années, le jury comptait parmi ses membres le Professeur Paul-Gérard Pougoué qui, par la suite, m'a fait l'honneur, lorsqu'il a eu à en assurer la présidence, de m'appeler à ses côtés, avant de me laisser sa succession. En raison de ce long compagnonnage et de cette proximité, une forte convergence de nos points de vue dans le débat sur la pertinence du concours d'agrégation, ce mode d'évaluation mis en place par le Conseil Africain et Malgache pour l'Enseignement Supérieur et la Recherche (CAMES) pour la promotion des enseignants-chercheurs du supérieur, ne devrait guère surprendre.

C'est le lieu de rappeler que depuis plusieurs années, des voix se sont élevées pour critiquer, parfois de manière très sévère, ce concours qui ouvre une voie courte de promotion aux enseignants exerçant leurs activités dans les facultés de médecine ainsi que dans les facultés de droit et d'économie.

Pour apprécier ces critiques, il convient de rappeler les objectifs visés par les instances du CAMES en instaurant ce système d'évaluation et les moyens mis en place pour atteindre de tels objectifs.

Afin de doter les universités des États membres d'enseignants de haut niveau, les instances compétentes du CAMES ont mis en place deux programmes :

- l'un, dénommé « Conseils Consultatifs Interafricains », a pour objet l'examen, par les comités techniques spécialisés, des demandes d'inscription sur les listes d'aptitude aux fonctions de Maitre-assistant, de Maitre de conférences ou de Professeur titulaire ;

- l'autre, le « Concours d'agrégation », ouvert aux seuls enseignants des facultés de médecine et à ceux des facultés de droit et d'économie, offre à ceux-ci la possibilité d'accéder au grade de maitre de conférences dans un délai relativement court; les épreuves de ce concours sont organisées toutes les deux années alternativement, celles de médecine ayant lieu les années paires et celles de droit et d'économie, les années impaires.

Ce dernier programme comporte un système d'évaluation permettant de tester à la fois les qualités d'enseignant et celles de chercheur des différents candidats et de sélectionner ceux d'entre eux qui, au regard du rang occupé compte tenu du nombre de postes ouverts par chaque État, seront reconnus dignes d'avoir le grade de maitre de conférences.

En ce qui concerne les facultés de droit, trois épreuves sont prévues :

– une première qui consiste, pour le jury, en une appréciation des titres et travaux fondée sur l'examen de la note de synthèse fournie par les candidats, sur le rapport écrit des deux instructeurs désignés par le Président et sur une discussion sur les travaux et débouchant sur l'établissement de la liste des sous-admissibles autorisés à poursuivre le concours ;

– une deuxième ayant pour objet le commentaire d'un texte qui peut être soit un ou des articles d'une loi, soit un extrait de travaux d'un auteur, soit une décision de justice et portant sur une matière fondamentale choisie par le candidat au moment de son inscription ;

– une dernière dénommée leçon de spécialité et prenant la forme d'une dissertation portant, comme la deuxième, sur une matière choisie à l'avance par le candidat.

Dès les premières années du concours, des participants à ce programme, souvent des candidats malheureux, ont soutenu que les résultats du concours ne reflètent pas les aptitudes réelles des candidats dès lors que très souvent les membres des jurys ont tendance à juger avec beaucoup d'indulgence certains d'entre eux pour avoir dirigé leur thèse, pour avoir publié leurs travaux dans des revues ou des collections dont ils sont responsables ou simplement pour avoir une certaine proximité avec eux, les autres étant purement et simplement sacrifiés. Cette critique ne parait pas justifiée, puisque, même si cette collaboration ou cette proximité existait, elle n'aurait pas pour effet de conduire les membres du jury, soigneusement choisis en raison de leur probité et de leurs compétences, à méconnaitre les principes d'impartialité et de neutralité.

C'est après plusieurs éditions du concours du concours qu'une autre forme de critique a vu le jour. Elle est l'œuvre des membres des jurys, des autorités académiques et même des candidats qui ne comprennent pas que le nombre d'admis au concours soit en baisse constante, alors même que, depuis plusieurs années maintenant, les États font des efforts conséquents en ouvrant, pour chaque session, autant de postes que de candidats. La critique est certes pertinente, mais elle ne peut justifier la suppression du concours que certains appellent de leurs vœux. Les modalités de contrôle des aptitudes et des connaissances des candidats telles qu'elles sont conçues nous semblent tout à fait appropriées pour atteindre les objectifs visés à savoir la sélection d'enseignants qui sont à la fois des chercheurs de qualité et des pédagogues aptes à se faire comprendre des étudiants.

La première épreuve, dans sa forme actuelle, permet de s'assurer que ceux qui aspirent à devenir maitres de conférences sont tout à la fois aptes à faire des publications de qualité et dotés d'une culture juridique permettant d'enseigner toutes les matières de leur discipline ; cette dernière qualité est révélée par l'aptitude du candidat à répondre, après la présentation orale des travaux, aux questions des membres du jury qui portent principalement et non exclusivement sur les travaux. Les autres épreuves, qui s'apparentent à un cours magistral dispensé dans un amphithéâtre, permettent de vérifier l'aptitude du candidat à faire passer son message devant un public d'étudiants quel qu'en soit le niveau.

Il y a certes des réformes à apporter, mais elles devraient porter, non pas sur le déroulement des épreuves, mais sur l'organisation administrative. Celles-ci devraient aller dans trois directions. Il s'agit :

– d'abord, d'instituer un système de sélection des candidats ; l'expérience ayant montré que beaucoup d'entre eux sont, en raison de la faiblesse de leurs travaux ou de l'insuffisance de leur préparation, condamnés, dès le départ, à un échec certain ;

– ensuite, d'organiser une rencontre, même à distance, entre les membres des jurys et les candidats qui, très souvent, malgré les sessions de préparation, ignorent totalement ce qui est attendu d'eux ;

– enfin, d'adapter la durée du concours ; l'on sait que malgré l'accroissement exponentiel du nombre de candidats, cette durée est invariable ; cette donnée constitue une véritable contrainte pour les membres des jurys et a nécessairement un impact sur les décisions de ceux-ci, dès lors qu'ils sont tenus de proclamer les résultats dans les délais fixés depuis bien longtemps sans tenir compte de l'évolution du nombre de candidats.

Paul-Gérard Pougoué

En tout état de cause, l'on se rend bien compte que le concours d'agrégation est une course d'obstacles qui, bien pensée, peut être très utile pour la découverte de talentueux maîtres de conférences. Juste pourrait-on, moyennant quelques aménagements, rendre la chevauchée plus compétitive et, partant, plus majestueuse :

1ère épreuve : discussion des travaux et d'appréciation de la personnalité scientifique, 1 heure dont 15 mm de présentation, par le candidat, de ses travaux, de ses projets, de ses expériences d'enseignement et de pratique du droit ; épreuve éliminatoire ; sous-admissibilité. Coéf. 5.

2e épreuve : épreuve de culture juridique : dissertation ; une préparation en loge de 8 heures, présentation devant le jury de 30 minutes, suivie d'une discussion de 15 minutes. Éliminatoire. Admissibilité. Coef. 3.

3e épreuve : l'épreuve de spécialité 1, commentaire d'arrêt ; une préparation en loge de 8 heures ; présentation devant le jury de 30 minutes. Épreuve non éliminatoire. Coef. 2.

4e épreuve : l'épreuve de spécialité 2 ; commentaire de texte de loi, de doctrine ou de document juridique quelconque ; préparation en loge de 8 heures ; présentation devant le jury de 30 minutes. Admission. Coef. 2.

Il faut laisser le temps nécessaire à chaque course de se dérouler parfaitement sans précipitation. Ce temps devrait être modulé d'un concours à un autre en fonction du nombre des candidats. Ainsi, le jury pourra mieux apprécier les chevauchés et les prouesses. C'est d'ailleurs ce qui se passait dans les premières années du concours CAMES.

*

La race des devins ! J'espère que je ne vous ai pas irrités. Je sais bien que, dans le monde d'aujourd'hui dominé par l'utilitarisme immédiat, mes réflexions ne peuvent pas prospérer. Je vous supplie cependant de bien vouloir goûter la potion. Peut-être, contient-elle un ingrédient d'agréable odeur…

8. Emploi et formation professionnelle

Paul-Gérard Pougoué

Mes réflexions sur ce thème sont organisées autour de deux axes : l'emploi et la formation professionnelle.

L'emploi, appréhendé aussi bien sous l'angle collectif que sous l'angle individuel, est au cœur de la dignité humaine, de la croissance économique et de la compétitivité des entreprises.

En toile de fond, apparaît une grande paupérisation. Le constat est terrifiant : au niveau collectif, l'absence d'emplois, le chômage massif et le sous-emploi massif ; au niveau individuel, la discontinuité d'activités et l'atteinte à la dignité humaine.

Cette paupérisation ne concerne pas seulement les ouvriers et salariés, les indépendants et les entreprenants, mais aussi tous ceux, bien plus nombreux, qui se trouvent dans une situation d'inactivité forcée, d'insuffisance de niveau et d'emploi fragile, précaire ou informel. Il s'ensuit un fort sentiment d'insécurité, car le présent est très difficile et le lendemain incertain.

Gérard Tchouassi

La question de l'emploi sous toutes ses formes a été depuis longtemps très préoccupante tant pour les décideurs, pour les organisations, que pour les chercheurs. C'est ainsi que depuis la mise en place du programme d'ajustement structurel, au début des années 1980, a sonné définitivement le glas de l'équilibre précaire prévalant sur le segment de l'emploi des diplômés. Ce qui a mis fin à une relation formation-emploi « parfaite » basée sur le lien organique qu'entretenaient l'enseignement public et l'emploi public. Le rôle des pouvoirs publics a largement évolué en conséquence. L'intervention publique en matière d'emploi et de travail ne se limite plus uniquement à la sphère du travail non qualifié (non diplômé). L'action en faveur des travailleurs qualifiés (diplômés), quasiment inexistante par le passé, est érigée en priorité politique à partir des années 1990. Le premier volet de l'intervention publique, initié depuis l'indépendance, concerne les mesures ciblées sur les travailleurs non-diplômés. Ces mesures relèvent plutôt de la politique sociale de lutte contre l'exclusion et la pauvreté que de la politique de l'emploi proprement dite.

La poussée démographique que connaissent les centres urbains industrialisés ne cesse d'être une contrainte sur le marché du travail. En effet, l'Afrique enregistre régulièrement des taux de croissance démographique élevés, proches de 3 pour cent (2,7 pour cent par an en moyenne). Cette croissance soutenue a conduit la région à un effectif total de 40 millions d'habitants en 1930 à 85 millions en 1960 et de plus de 215 millions aujourd'hui. Ce dédoublement de la population a été marqué par une poussée de la population active et une prolifération du chômage des jeunes et des femmes, d'où l'actualité autour de l'emploi des jeunes, de l'emploi durable et de l'emploi décent.

La précarité de l'emploi a de nombreuses répercussions négatives, tant pour les personnes directement concernées que pour la société, car elle nuit gravement à leur bien-être et à leur santé physique et psychologique. Elle a aussi des effets nuisibles en milieu de travail, notamment une faible motivation, de mauvaises relations professionnelles, l'absentéisme et l'insatisfaction au travail. La précarité de l'emploi exerce une pression financière supplémentaire sur les systèmes de sécurité sociale, car les travailleurs occupant un emploi à temps partiel ou temporaire contraint sont fréquemment tributaires des subventions salariales ou des prestations d'aide sociale dans la mesure où elles sont disponibles.

Si le taux de chômage des jeunes reste élevé dans les pays occidentaux autour de 24 %, il l'est encore d'avantage en Afrique où il varie entre 30% à 40 % selon les pays. La situation actuelle suit cette tendance générale puisque les jeunes éprouvent des difficultés à accéder à un emploi décent. Au sens du BIT, le sous-emploi global atteint environ les 89 %. Les jeunes ruraux sont les plus concernés ; environ 94 % sont sous-employés contre 85 % des jeunes urbains. En outre, les jeunes éprouvent des difficultés d'insertion dans la vie active et depuis l'avènement de la crise économique qu'ont traversé les pays africains, le nombre de jeunes hautement qualifiés mais sans perspectives d'emploi durables, s'est accru et constitue une cible préoccupante majeure. Suivant le sexe, les femmes sont plus touchées que les hommes.

La politique de l'emploi est au cœur des processus de développement. Si la croissance reste évidemment centrale, assurer son caractère inclusif et durable est un objectif que tout pays doit chercher à garantir à sa population. Favoriser la création d'emplois de qualité, en nombre suffisant, est donc une tâche essentielle à laquelle doivent s'atteler en priorité les décideurs politiques.

En Afrique, les politiques d'emploi depuis les années 1960 ont connu une dynamique particulière. Celle-ci a eu pour point de départ la transition politique héritée à la suite de la décolonisation qui s'est caractérisée par une politique d'emploi de substitution des colons par des jeunes leaders politiques Africains. À cette période, le secteur public était le principal pourvoyeur d'emploi compte tenu du prestige économique que connaissaient les pays d'Afrique. Suite à la crise, on va observer une forte mutation des stratégies liées aux politiques d'emploi qui très vite vont se caractériser par la cession et la transformation des entreprises publiques et des entreprises parapubliques en entreprises privées. Les baisses de salaires dans le secteur public et les licenciements qui ont suivi vont plonger les pays africains dans le cercle vicieux de l'informalité et du développement des emplois privés. Ainsi, les gouvernements vont développer de nouvelles politiques d'emploi. C'est d'ailleurs dans cette mesure que va naitre de nombreux organismes publics d'insertion des jeunes. Est-il possible de procéder à un changement de paradigme ?

La pandémie de Covid-19 a montré la fragilité de la situation de l'emploi pour la majorité des populations d'Afrique. Au cours des dernières années, quelques progrès ou innovations techniques et technologiques ont pu être enregistrés en faveur de la réduction du niveau d'emplois vulnérables. Les nouveaux métiers créés au cours de cette période peuvent-ils renverser la tendance ? Y a-t-il des perspectives ?

Les institutions africaines estiment que la mise en œuvre de la Zone de libre-échange continentale africain (ZLECA) pourrait développer les opportunités d'emploi et augmenter les salaires. Selon les projections, le produit intérieur brut (PIB) moyen et la demande d'emplois seraient appelés à augmenter jusqu'à un pour cent par an.

Paul-Gérard Pougoué

L'emploi est essentiel à la société. Il faut agir au plus vite.

De prime abord, on pense à la question des politiques publiques d'emploi. L'objectif primordial de telles politiques est, aux termes de la convention n° 112 de l'OIT, de stimuler la croissance et le développement économique, d'élever les niveaux de vie, de répondre aux besoins de la main d'œuvre et de résoudre le problème de chômage et de sous-emploi. La définition de telles politiques relève du dialogue national. Les principaux acteurs devraient être, bien-sûr, l'État, mais aussi les organisations patronales, les syndicats, et, à cette ère de la décentralisation, les régions, les communes et plus globalement les collectivités territoriales décentralisées. On entend parfois le groupement interprofessionnel du Cameroun (GICAM). On entend très peu les syndicats. Peut-on concevoir un dialogue social fécond au niveau national, sans des syndicats libres, indépendants, forts et bien implantés sur l'étendue du triangle national ?

Le document de « Stratégie Nationale de Développement 2020-2030 » (SND 30), élaboré par le gouvernement camerounais pour la transformation structurelle et le développement inclusif, tout en confirmant l'aggravation du sous-emploi, la progression de la pauvreté, l'accentuation des inégalités des revenus et l'augmentation du fossé entre les riches et les pauvres, consacre le chapitre 5 de la deuxième partie à la promotion de l'emploi et à l'insertion économique. En réalité, il reprend les conclusions majeures du document de Politique Nationale de l'Emploi (PNE) de 2017, relatives à l'élargissement et à la valorisation des opportunités de création d'emploi dans l'économie. Il faut seulement espérer une exécution parfaite et cohérente de ce document.

Cela étant, l'observation du monde du travail permet de réfléchir sur les actions concrètes pour créer des emplois.

L'on ne s'en rend pas suffisamment compte. Un important vivier d'emplois et d'innovation se trouve, au Cameroun, dans le numérique, l'intelligence artificielle et le secteur informel. Il y a une telle ingéniosité d'innovations créatives chez les jeunes et une capacité d'autoformation et de créations pratiques chez les acteurs du secteur informel ! Tout devra donc être mis en œuvre pour soutenir les initiatives dans ces secteurs : formation, financement, fiscalité, etc.

Parmi les acteurs du secteur informel, certains sont suffisamment organisés pour entrer dans la catégorie des entreprenants de l'Acte uniforme OHADA relatif au droit commercial général. Seulement, les mesures d'accompagnement, aussi bien sur le plan fiscal que sur le plan social, ne sont toujours pas malheureusement prises par l'État. Surtout, l'État devra investir massivement dans la recherche fondamentale et la recherche appliquée, avec cette précision que celles-ci ne se font pas seulement à un niveau très élevé de la science et des connaissances. C'est avant tout une question de savoir-faire et les intelligences se rencontrent à tous les niveaux.

En plus du vivier d'emplois ainsi évoqué, la véritable lutte contre la pauvreté est une politique volontariste rigoureuse d'investissement dans la transformation sur place de nos matières premières. C'est tout l'enjeu de l'indépendance économique. C'est en exportant les produits finis que l'on crée de la richesse ; ce qui engendre plusieurs milliers d'emplois et, alors, l'on pourra sortir de la misère.

Dans le secteur public, l'on constate, et on le salue, le lancement de plusieurs chantiers structurant et pourvoyeurs de plusieurs emplois, des recrutements par à coup des diplômés de l'enseignement supérieur. Mais, en même temps, il y a plusieurs niches d'emplois qui ne sont pas suffisamment explorées. Plusieurs corps de fonctionnaires ne sont pas renouvelés depuis des années, par exemple, les administrateurs et inspecteurs de travail, les conseillers d'administration scolaire et universitaire ; les instituteurs et institutrices ne sont plus intégrés et, par à coup, on les contractualise ; on envisagerait même de procéder aussi de la sorte dans un proche avenir pour les enseignants du secondaire. Le spectre des plans d'ajustement structurel plane toujours ! Beaucoup de charges d'officiers ministériels, notamment celles des huissiers et des notaires restent vacants. De même, les greffiers de justice sont peu nombreux et insuffisamment formés. Or, le niveau actuel du développement économique et le paysage judiciaire du pays justifient amplement qu'on crée des nouvelles charges.

Dans le secteur privé, des emplois peuvent être créés plus qu'on ne le pense. Il faudrait résolument accompagner la transition du secteur informel vers le secteur formel, par des formations ciblées de renforcement des capacités des acteurs, de regroupement en coopératives et par des mesures fiscales et de financement. Des initiatives de certains ministères que l'on observe sur le terrain avec bonheur méritent d'être mieux structurées, coordonnées pour une meilleure efficacité. Je pense aux soutiens multiformes aux petites entreprises et à l'artisanat, aux petits acteurs du secteur agricole, d'élevage et des pêches, aux artistes. Le potentiel du paysage physique et culturel considérable du pays pour les productions cinématographiques et pour le tourisme constitue un grand vivier d'emplois, à condition que les infrastructures de base en route et en aéroport soient densifiées et entretenues et que les trois « S » soient efficacement garantis : Santé, Sécurité, Salubrité.

Pour les moyennes et grandes entreprises, l'un des obstacles majeurs à la création d'emplois est la formation souvent trop générale et ne répondant pas aux attentes du marché du travail. C'est l'enjeu de la formation professionnelle et du droit à la formation continue en entreprise déjà analysée. Il faut insister. J'aimerais seulement sur ce point évoquer le contrat de formation que la législation du travail de 1992 a imaginé, à la charge des entreprises, pour offrir aux jeunes diplômés à la recherche de l'emploi une expérience professionnelle facilitant leur insertion dans l'entreprise en question, voire, sur le marché du travail. Un tel contrat de formation n'a pas eu le succès escompté, à cause de sa qualification juridique ambiguë et surtout de la faiblesse de la formation initiale de certains diplômés qui demanderait beaucoup de temps et un coût élevé à l'entreprise pour assurer leur formation professionnelle. Il faut le dire, l'entreprise peut et souvent donne une formation rapide adaptée à ce qu'on attend du diplômé. Encore faut-il que ce dernier montre réellement les aptitudes. Dans le cas contraire, parce que la formation initiale est trop générale, la formation professionnelle voulue par les concepteurs du contrat de formation revient à une formation professionnelle initiale. Il revient au diplômé, sans qualification professionnelle adéquate, de l'acquérir, avant de solliciter l'emploi, en obtenant, en supplément de sa formation de base, un diplôme professionnel ou des certifications.

Par ailleurs, la flexibilité à l'embauche peut avoir un grand impact sur la création d'emplois. Le législateur l'a bien compris, certainement, à la fois pour créer des emplois et mettre à la disposition des chefs d'entreprises des souplesses dans la gestion des ressources humaines : contrat de travail saisonnier, contrat de travail occasionnel, contrat de travail temporaire. Certains y ont vu des situations précaires, et effectivement, dans le vécu quotidien, faute de plus de garanties, cette diversité des formes d'emplois engendre une précarité pour les travailleurs.

Toutefois, il m'a toujours semblé que ce n'est pas la flexibilité d'embauche qui est en cause, mais, la compétitivité des entreprises. On pourrait même en ce sens, ne plus limiter le contrat de travail à durée déterminée, même si le contrat de travail à durée indéterminée est le droit commun. En effet, comme les contrats sus-évoqués, les contrats à durée déterminée sont de plus en plus choisis par les travailleurs, singulièrement les cadres expérimentés, pour des raisons diverses. Déjà, et on ne l'explique pas, en droit camerounais la limitation du contrat à durée déterminée n'est pas prévue pour les travailleurs de nationalité étrangère. Autant généraliser le renouvellement illimité des contrats à durée déterminée.

Dans la même veine, dans la recherche de solution aux problèmes d'emploi, on n'hésite pas aujourd'hui à éviter le contrat de travail dans toute sa plasticité, par le recours au vaste et riche panorama des techniques de droit civil et de droit commercial, plus particulièrement les contrats de prestations de services, les contrats de mandat. La relation juridique créée est en réalité indépendante et ne peut être disqualifiée par le juge en contrat de travail.

Cela étant, au cœur de de la question de la création d'emplois on trouve celle de la formation professionnelle. À quoi bon créer des emplois, s'il n'y a pas de ressources humaines capables de les remplir ! La formation professionnelle en question est aussi bien initiale que continue. Il s'agit de doter constamment la main d'œuvre des aptitudes et compétences nécessaires pour être compétitive. C'est pourquoi, on reconnait volontiers de nos jours un droit à la formation professionnelle continue pour l'homme au travail.

J'ai toujours pensé que la formation professionnelle initiative est une mission régalienne de l'État. Je ne suis pas loin de penser aussi que le renforcement régulier des capacités des acteurs du secteur informel et des entreprenants n'est pas aussi une mission régalienne de l'État. En revanche, le droit à la formation professionnelle des travailleurs du secteur formel est à la fois l'affaire de l'État qui doit reconnaitre ce droit, des acteurs sociaux qui doivent préciser les modalités de mise en œuvre de ce droit, suivant les cas, soit dans les statuts de la fonction publique, soit dans les conventions collectives ou d'établissements, les contrats individuels du travail et les pratiques dans les diverses organisations.

Dans notre contexte, l'effectivité de ce droit est loin d'être garantie. Le code du travail de 1992 (articles. 32, f et 91) prévoient seulement la suspension du contrat de travail pour l'éducation ouvrière ou la formation syndicale. Heureusement, la récente loi n° 2018/010 du 11 juillet 2018 régie désormais la formation professionnelle ; celle-ci est perçue comme une priorité nationale. Pour mieux structurer la mise en valeur des ressources humaines, il serait très indiqué que l'État camerounais ratifie la convention n° 142 du 23 juin 1975 de l'OIT, et pense véritablement les mécanismes pour mutualiser le financement de la formation professionnelle.

On ne peut que saluer l'existence des structures créées par l'État pour donner aux diplômés comme aux non-diplômés, aux apprenants, aux apprentis et aux entreprenants des savoirs, des habilités et des aptitudes nécessaires à l'exercice d'un métier ou permettant l'accès à un emploi : les Centres Publics de Formation Professionnelle Rapide (CFPR), les Sections Artisanales et Rurales (SAR) et le Fonds National de l'Emploi

(FNE). Cet arsenal vient d'être complété par le décret n° 2023/237 du 04 mai 2023 portant création et organisation du Centre National de Formation des Formateurs et de Développement des Programmes (CNFFDP) ; ce dernier a pour missions de former les formateurs et de promouvoir l'ingénierie dans le domaine de la formation professionnelle.

En ce qui concerne spécialement la formation permanente dans le secteur public, le décret n° 2000/697/PM du 13 septembre 2000 fixe le régime de la formation professionnelle des fonctionnaires, et le décret n° 2000/359/PM du 05 décembre 2000 traite de la question s'agissant des fonctionnaires du corps d'éducation nationale. Ces textes contiennent des programmes très généreux : le droit du fonctionnaire à une formation professionnelle tous les cinq ans à la charge de l'État, sous la forme soit d'un stage d'une durée supérieure à 90 jours, soit d'un séminaire d'une durée inférieure ou égale à 90 jours ; quant aux enseignants, il est prévu la possibilité d'un retour à l'école normale pour une formation qualifiante permettant l'accès à un statut supérieur. Toutefois, il serait judicieux que ces programmes soient soumis tous les cinq ans à une évaluation externe par des cabinets spécialisés pour apprécier leur application et prendre des mesures appropriées d'adaptation et d'amélioration.

Mais, il faut renforcer leur capacité d'intervention, couvrir l'ensemble du territoire, jusque dans les arrondissements, de leurs antennes, développer des certifications gratuites bien ciblées de 3 à 6 mois environ, pour soutenir les indépendants, les entreprenants au sens du droit uniforme africain des affaires, les petits métiers de l'économie informelle et les petites entreprises. Au soutien des politiques publiques, l'État peut agréer des structures privées. Peut-être faudrait-il, pour la régulation de celles-ci, passer de la procédure d'agrément à celle, plus moderne et plus sûre par l'atteinte des résultats, de partenariat public-privé.

Il faudrait aussi que l'État, en relation avec les entreprises, les organisations patronales et les syndicats conçoivent des mécanismes divers pour canaliser les reconversions professionnelles et, de façon générale la formation professionnelle continue de type formation en alternance, certification, accréditation, etc. Sur cette question, on trouve de par le monde des expériences stimulantes.

Lara Lucurieux-Lafferonnaye

La formation professionnelle continue (FPC) en France a connu plusieurs réformes en tenant compte du statut et des problèmes spécifiques que peuvent rencontrer les individus.

Aujourd'hui, la FPC se définit par plusieurs dispositifs de financement soit à l'initiative de l'employeur, soit à l'initiative du salarié.

Les plus utilisés sont l'apprentissage et le compte personnel de formation (CPF).

Suite à la dernière réforme de la FPC, le paysage de la formation a évolué et les fonds de la FPC sont répartis différemment :

- les entreprises réalisent une déclaration de contribution au titre de la FPC calculée selon un taux de cotisations défini en fonction de leur branche d'activité et de leur effectif.
- les cotisations sont versées à France compétences (ÉTAT) qui se charge de redistribuer les fonds aux différents acteurs de la FPC en fonction des dispositifs de formations qu'ils gèrent. Ainsi :
  1- les opérateurs de compétences (OPCO) gèrent les dispositifs à l'initiative de l'employeur (plan de développement des compétences, plan de formation de branche, alternance, proA) ;
  2- le pôle emploi qui gère les dispositifs de formation des demandeurs d'emploi ;
  3- les agences de transition professionnelle pour le dispositif de projet de transition pro (PTP) ;
  4- la caisse des dépôts et des consignations pour le CPF ;
  5- les organismes habilités au conseil en évolution professionnelle (CEP).

Avec cette nouvelle réforme, les entreprises de 50 salariés et plus ne disposent pas de fonds au titre du plan de compétences gérés par leur OPCO.

Les financements des formations de leurs salariés se réalisent via des fonds propres.

En parallèle, l'État met en place des aides aux employeurs concernant l'alternance. Actuellement on a :

- l'aide exceptionnelle à l'embauche qui existe depuis 2020 avec le COVID et qui prendra fin au 31/12/2023 ;
- l'aide à la fonction Maitre d'apprentissage ou tutorale ;
- l'aide avec l'agefiph pour les salariés RQTH (reconnaissance de travailleur handicapé) ;
- l'aide d'apprentissage, etc.

Pour ce qui est des dispositifs de financement de formation qui s'enclenchent par l'individu, le CPF, le CEP, et le PTP sont de plus en plus mobilisés.

L'individu actif (non retraité) peut activer ces dispositifs, afin de prendre en main son avenir professionnel, notamment pour des projets « évolution de carrière et reconversion professionnelle » (changement de métier).

En somme, en même temps qu'on se soucie de la création d'emplois, il faut prendre des mesures adéquates pour offrir des formations professionnelles diplômantes adaptées et, garantir, tout le long de la vie, le droit à la formation professionnelle qualifiante.

9. Travail et performance globale de l'entreprise

Paul-Gérard Pougoué

Le travail n'est pas une marchandise ; il est une valeur. Cette notion de travail-valeur renferme une certaine éthique qui condamne l'esclavage, la servitude, le travail forcé ou obligatoire. Le travail-valeur est ainsi étranger à toute forme de réification de l'homme.

Cette approche du travail comme valeur aboutit logiquement à reconnaitre le droit au travail comme un droit de l'homme. À ce propos, l'interpellation reste forte en Afrique noire francophone. La Charte Africaine des droits de l'homme et des Peuples ne reprend pas tout à fait le droit au travail, tel que proclamé par les instruments internationaux. De même, les constitutions nationales sont aussi, dans l'ensemble, en retrait des instruments internationaux. Ainsi, la Constitution du Cameroun, telle que révisée le 8 janvier 1996, se limite à dire dans son préambule que « Tout Homme a le droit de travailler ».

Si le travail n'est pas une marchandise, l'homme au travail n'est pas une machine. La dignité de ce dernier devient ainsi une préoccupation majeure. À cet égard, le concept du travail décent vise à restituer à l'homme au travail toute sa dignité. En évoquant la dignité, on débouche inévitablement sur la question de l'égalité des genres au travail. Il ne s'agit pas seulement d'interdire la discrimination dans certains domaines, mais aussi de prendre toutes les mesures politiques et juridiques pour réaliser l'égalité des genres au travail. Concrètement, les pouvoirs publics devraient constamment promouvoir les conditions pour assurer l'égalité de chances et de traitement entre les hommes et les femmes dans l'accès, le maintien et la progression dans l'emploi et la profession, la protection effective de la maternité, la possibilité pour les travailleurs ayant des responsabilités familiales d'exercer et de conserver un emploi, sans conflit entre le travail et leurs responsabilités familiales.

L'homme au travail peut être indépendant ou salarié. Dans cette dernière hypothèse, la considération de l'outil de production, à savoir l'entreprise, donne une autre dimension à l'analyse, peu important qu'il s'agisse du secteur privé ou du secteur public. C'est ce rapport entre le travail et la performance globale de l'entreprise qui alimente mes réflexions.

Qu'il s'agisse du secteur public ou du secteur privé, quatre axes me viennent à l'esprit : finalité du droit du travail et performance globale de l'entreprise ; inspection du travail et performance globale de l'entreprise ;

travail décent et performance globale de l'entreprise ; qualité de vie en entreprise et performance globale de l'entreprise.

Le droit du travail est résolument orienté vers la protection du travailleur. Mais, inévitablement, il ne peut réaliser que ce qui est économiquement possible. En réalité, le droit du travail ne protège pas et ne doit pas protéger. Dans le cadre d'une entreprise, le vrai enjeu du droit du travail est la recherche d'une conciliation entre des intérêts antagonistes. S'en tenir à la seule protection des salariés et à la sanctuarisation des droits acquis est excessif et, surtout, procède d'une approche exclusivement idéologique. Je me méfie des idéologies.

Le droit du travail exprime tout à la fois le souci du progrès social et celui d'une économie fondée sur des entreprises qui doivent être performantes. Le point d'équilibre me semble être l'intérêt de l'entreprise. L'invocation de l'intérêt de l'entreprise a le mérite de souligner que l'entreprise est essentiellement un outil de production ; ses composantes humaines ont inévitablement des intérêts antagonistes. Plus que toute construction idéaliste et dogmatique, il faut, quotidiennement, résoudre les conflits en préservant au mieux les intérêts des uns et des autres, sans mettre en péril l'outil de production.

L'intérêt de l'entreprise est ainsi au service du traitement des conflits. Concrètement, l'intérêt de l'entreprise est un principe ayant valeur générale permettant d'éviter, en vue de la conciliation des intérêts antagonistes, le déraisonnable et l'exorbitant. Le déraisonnable invite à apprécier les revendications par référence à la situation de l'entreprise en cause à un moment et à l'état actuel des données techniques et économiques. L'exorbitant renvoie aux attitudes et aux actions qui ne peuvent se prévaloir de l'exercice d'un droit ; par exemple, le refus d'effectuer des heures supplémentaires, le refus de négocier dans la phase préalable au licenciement pour motif économique, le refus de renégocier le contrat de travail eu égard à l'orientation économique et financière de l'entreprise, bref, les attitudes traduisant l'intention de nuire à l'entreprise.

Je passe à l'inspection du travail. Il ne faut pas voir dans l'inspection du travail seulement ce maillon de l'administration qui doit veiller à l'application des dispositions légales relatives aux conditions de travail et à la protection des travailleurs dans l'exercice de leur profession, aussi bien pour l'économie formelle que pour l'économie informelle. On oublie souvent que l'inspection de travail est un outil de gouvernance. C'est surtout cet axe qui me préoccupe. Cela suppose singulièrement au Cameroun et en Afrique en général, de dépasser la vision classique de l'inspection du travail axée sur la législation du travail pour apprécier les résonnances des actions de l'inspection du travail sur la performance globale de l'entreprise. À y regarder de près, ces résonnances sont multiples : elles sont financières ; elles concernent le développement de la fonction ressources humaines, voire la responsabilité sociale de l'entreprise.

Il importe donc, pour l'inspection du travail, un changement de paradigme. Ce dernier passe d'abord par le déploiement de l'entièreté de ses missions ; ainsi, les services d'inspection du travail devraient aller au-delà de l'approche réglementaire du contrôle de la conformité au droit du travail et anticiper sur les conséquences économiques, financières et environnementales de leur action. Le changement de paradigme passe aussi par l'intégration d'une mission de contrôle et de mesure de la performance des entreprises, cumulativement avec celle des employés, et des impacts de celle-ci sur la société et, partant, sur la responsabilité sociale de l'entreprise.

On peut postuler qu'une inspection du travail, axée à la fois sur le contrôle de la conformité légale et sur le contrôle de la performance globale de l'entreprise, est plus efficace. Mais alors, il faut agir sur plusieurs leviers : reconsidérer la formation des inspecteurs du travail pour les doter des compétences leur permettant de maîtriser non seulement le droit du travail, mais aussi les secteurs d'activité, les particularités des différents métiers et les contraintes économiques des entreprises dans lesquelles ils conduisent des missions ; renforcer les méthodes et les systèmes d'investigation, tout en tenant compte des spécificités en fonction des secteurs d'activité ou des orientations des investigations ; améliorer les ressources des inspections du travail, au plan humain, au plan matériel et au plan financier, pour réduire la distance géographique de l'inspection du travail et accroître la fréquence de son inspection ; repenser les textes sur les missions et les investigations de l'inspecteur du travail. L'enjeu est de faire de cette dernière un véritable instrument de progrès social, de performance globale de l'entreprise et de la croissance économique.

Je voudrais maintenant m'appesantir sur le travail décent et la performance globale de l'entreprise. Désormais le travail décent est un étendard de combat, aussi bien pour retrouver la splendeur du travail et œuvrer pour son effectivité, que pour restituer à l'homme au travail sa grandeur, en garantissant sa dignité et son épanouissement. Concrètement, plusieurs points interpellent fortement, singulièrement le niveau des rémunérations et plus particulièrement encore le salaire minimum dans le secteur public comme dans le secteur privé ; l'orientation et la formation professionnelle continues ; la liberté syndicale et la négociation collective ; la précarité de l'emploi et la sécurité des revenus ; le licenciement abusif et le sort des salariés dans les procédures de traitement des difficultés économiques des entreprises. À cet égard, tout en approuvant largement l'orientation générale de la refonte du Code du travail de 1996, j'estime que, sur bien de passages, notamment ceux qui viennent d'être évoqués, des ajustements majeurs devraient être opérés pour conserver toujours l'équilibre nécessaire entre la protection des salariés et la compétitivité des entreprises. Bien plus, dans le cadre des relations professionnelles en entreprise, la garantie de la dignité du travailleur est une condition sine qua non de l'implication organisationnelle de l'employé et, partant, un facteur majeur de la performance globale de l'entreprise.

En réalité, l'installation du concept de « travail décent » est à mettre en relation avec deux « déclarations » de l'OIT intervenues en dix ans à peine. Il émerge en effet dans la roue de la Déclaration de 1998. Il est au creux de la Déclaration de 2008.

L'opération « travail décent » a été menée à l'OIT en moins de dix ans (1999-2008) de façon impressionnante. Il est vrai que, dès l'abord, chacun avait été averti. Face aux défis posés par la mondialisation de l'économie à l'Organisation, son directeur général avait affirmé « Le moment est venu pour l'OIT de faire de nouveau la preuve de sa capacité historique de s'adapter, de se rénover, de changer. Il ne faut pas laisser passer l'occasion car elle ne durera pas éternellement » *(J. Somavia, Un travail décent, rapport du directeur général, BIT Genève 1999, p. 2-3).* Pour la direction générale, le bilan est indiscutablement positif *(Cf. not. Le soutien du G8 de 2007 à l'Agenda du travail décent de l'OIT, www.ilo.org/global/about-the-ilo/press-and-media-centre/news/WCMS_082903/lang-fr/index. htm et le soutien du G 20 de 2009, www.ilo.org/global/about-the-ilo/press-and-media-centre/news/ WCMS_114209/lang--fr/index.htm).* On souligne toutefois sagement les difficultés qui pourraient notamment faire que la Déclaration de 2008 « reste une coquille décorative mais vide » *(F. Maupain, op. cit., p. 36)* ; on songe à l'inertie - pas seulement de la bureaucratie mais aussi des mandants - et, surtout, au nécessaire mais très incertain « renforcement de la capacité technique et analytique du BIT » (*Idem*).

En toute hypothèse, par-delà le « relookage » du discours, le « ravalement de la façade » et la « réorganisation des programmes » *(Cf not. OIT, Programmes par pays de promotion du travail décent de l'OIT, Manuel, BIT 2008. Il faudrait certainement mener une enquête approfondie dans les entrailles de la vieille dame pour savoir la nature de l'impact du « travail décent » sur le fonctionnement même de l'Organisation ; la réorganisation des services et des programmes d'une institution n'échappant pas à la bureaucratie, à la défense des prés carrés et à la fossilisation des compétences, ne sont pas en soi une mauvaise chose, du moins tant que le changement n'est pas qu'agitation et déstabilisation de ce qui fonctionnait et s'accompagne de moyens),* c'est une véritable réorientation de l'action, singulièrement normative, de l'OIT qui a été réalisée au travers de la « stratégie du travail décent ». La priorité n'est plus les normes mais l'emploi. Les normes juridiques ne semblent rester importantes qu'au travers d'un ensemble élargi de principes et droits fondamentaux rattachables à la stratégie du travail décent. Ceci aboutira-t-il à faire de l'OIT une « agence pour la globalisation » ? *(Cf. G. Standing, The ILO: An Agency for Globalization?, Development and Change, 2008, p. 355).* L'important reste de savoir si cette nouvelle méthode d'intervention conduira à une politique normative « molle et à géométrie variable » marginalisant une grande part des normes internationales du travail *(Y compris dans leur fonction de « modèles » de législations nationales par-delà leur ratification ou non)*, ou bien si elle conduira à plus d'effectivité d'une partie de ces dernières et, par-delà le droit, à une amélioration réelle de la situation concrète des travailleurs de par le monde.

Ceci emporte, parmi d'autres, deux questions. La première se rapporte aux pays en voie de développement ou émergents, à notre sens principalement concernés par l'objectif du travail décent *(Cf. not. I. Sachs, Développement inclusif et travail décent pour tous, RIT 2004, vol. 143, n° 1-2, p. 177)*. La question posée est celle de sa mesure *(L'OIT a très rapidement témoigné de son intérêt pour cette question (Cf. not. G. Standing, Enquêtes sur la sécurité des personnes : vers un indicateur du travail décent, RIT 2002, vol. 141, n° 4, p. 487 ; le numéro spécial « La mesure du travail décent » de la RIT 2003/2 avec les contributions de : D. Ghai, Travail décent : concept et indicateurs, p. 121 ; R. Anker, I. Chernyshev, Ph. Egger, F. Mehran et J. A. Ritter, La mesure du travail décent : un système d'indicateurs statistiques de l'OIT, p. 159 ; D. Bescond, A. Châtaignier et F. Mehran, Sept indicateurs pour mesurer le travail décent : une comparaison internationale, p. 195 ; F. Bonnet, J. B. Figueiredo et G. Standing, Une famille d'indicateurs du travail décent, p. 231)*. On a pu alerter à juste titre sur les forces et les dangers de certaines « quantifications » aujourd'hui de mode *(A. Supiot, L'esprit de Philadelphie, la justice sociale face à la mondialisation, Ed. du Seuil Paris 2010, p. 125)*. D'une part, il est souhaitable qu'effectivement des juristes se mêlent du débat et ne laissent pas « seuls des économistes » effectuer « des recherches approfondies sur ce que pourraient être des indicateurs » *(M. Bonnechère, L'optique du travail décent, Dr. ouvrier 2007, spéc. p. 64)*. Il paraît néanmoins difficile que des juristes sérieux dégagent des critères de mesure d'un concept qui doit manifestement rester indéfini. D'autre part, on peut craindre que la différence (autorisée) des fabrications locales de « cocktail de travail décent » s'accompagne, logiquement, de la diversité des méthodes de mesure de sa réalisation et qu'ainsi aucune comparaison ni discussion ne soit possible. La seconde question est posée directement aux pays dits développés. Il s'agit de celle de la pertinence ou de l'opportunité du maniement et de la promotion, dans ces pays, du concept de « travail décent ». Certes, des travailleurs y connaissent des conditions d'emploi attentatoires à la dignité humaine. Le fait que ces situations soient minoritaires ne justifie pas, bien évidemment, de les passer sous silence. Mais, elles sont heureusement minoritaires. Rien n'interdit dans les pays développés de faire œuvre doctrinale et de réfléchir sur ce qu'est - ou devrait être - un « travail décent ». Mais, on ne doit pas oublier que l'expression est aujourd'hui totalement référée à l'OIT. Celle-ci en a fait un outil de positionnement voire de mobilisation caractérisé par l'idée du « minimum social acceptable » au titre de l'accompagnement social d'une globalisation de l'économie acceptée voire valorisée. Le minimum « doctrinal » est donc de ne pas faire comme si le concept de travail décent appliqué aux pays développés n'était pas, avant tout, le « porteur sain » du virus de l'abaissement des droits des travailleurs *(Cf. not. L'étonnant espoir mis dans le « travail décent » pour limiter la moderne flexibilisation du droit du travail dans un pays développé, cf. M. Bonnechère, Travail décent et « modernisation » du droit du travail, Travail et Emploi, 2008, n° 113, p. 91).*

In fine, la question n'est-elle pas de savoir comment une Organisation internationale « travaillée » par un tripartisme bancal *(Certains coups de chapeau aux représentants des travailleurs et des employeurs ne révèlent-ils pas, en réalité, l'implication très relative de certains « mandants » ? (Cf. F. Maupain, Nouvelle fondation ou nouvelle façade ? La Déclaration de l'OIT sur la justice sociale pour une mondialisation équitable, op. cit., p. 35, note 102)* pourrait bien remplir une double fonction de protection des travailleurs (quel que soit leur statut) et d'adversaire déclaré de la croissance du chômage ? *(En ce sens l'interrogation de J.-M. Servais, L'OIT et le travail décent. La difficile médiation entre croissance, création d'emploi et protection des travailleurs, Revue de Droit comparé du travail et de la sécurité sociale, 2011/1, p. 71).* En tous cas, en faisant la promotion du travail décent, l'OIT propose un véhicule d'accompagnement social de la globalisation, semblant revenir non pas aux ambitions de la Déclaration de Philadelphie *(Cf. not. A. Supiot, « L'esprit de Philadelphie », op. cit.),* mais au temps de sa création et de l'affirmation selon laquelle « le travail n'est pas « simplement » une marchandise *(On se souvient que l'adverbe « simplement », présent dans le texte constitutionnel de 1919 avait été « gommé » en 1944 par la Déclaration de Philadelphie).*

Paul-Gérard Pougoué

Enfin, à partir de l'importance accordée de nos jours à la qualité de vie au travail, on insiste particulièrement désormais sur d'autres pistes pour renforcer l'implication organisationnelle des travailleurs. Substantiellement, les questions de responsabilité sociétale de l'entreprise, de l'articulation entre vie professionnelle et vie personnelle, de l'adhésion des collaborateurs à la stratégie de l'entreprise, etc., deviennent un enjeu réel de la gestion des ressources humaines. L'homme au travail ne saurait être considéré seulement comme un capital. C'est un homme dans toute sa grandeur et sa sensibilité.

Emmanuel Tonuitti et

Pierre-Charles Pougoué

L'éthique responsable dans le management est perçue aujourd'hui comme une impérieuse nécessité.

Lorsqu'à la fin d'un diner, le Professeur POUGOUE nous proposa de rédiger quelques lignes sur le thème de l'entreprise, il ne fit aucun doute, pour nous, que nous opterions pour un angle qui est au cœur de l'accompagnement des dirigeants tel que nous l'exerçons au quotidien.

Emmanuel l'exprime très souvent, instaurer des valeurs morales au bureau demande de l'entraînement. « L'éthique, ce n'est pas naturel, il faut de l'humilité ! » Tous les dirigeants ont déjà été confrontés à une erreur de jugement. Si on y rajoute l'interculturalité et/ou la multiculturalité, qu'il s'agisse de la Chine pour Emmanuel ou de la Caraïbe pour Pierre-Charles, nous avons été des acteurs, des spectateurs, de moments délicats.

L'éthique nécessite la mise en pratique des vertus dans les comportements quotidiens. Il s'agit en fait ici d'une version aristotélicienne reposant sur quatre « forces » en particulier à développer : le courage, la justice, la tempérance et la prudence.

Avant Aristote, dans la pensée grecque, Héraclite (présocratique) définit l'éthique comme étant la connaissance de soi, celle-ci reposant sur l'acceptation de la coïncidence des contraires. À l'intérieur de nous-mêmes et du monde, un paradoxe est à l'œuvre : le bien et le mal, le bon et le mauvais ne peuvent se dissocier. Ils sont inséparables.

Platon, reprenant la maxime attribuée à Socrate « connais-toi toi-même », elle-même issue de la période présocratique dont nous ne savons pas s'il faut l'attribuer à Héraclite ou Pythagore, explique que l'éthique, en tant que connaissance de soi, passe par la compréhension des mythes fondateurs de la culture.

Dans tous les cas, l'*ethos* est la bonne manière de savoir se comporter en société et pour cela il faut non seulement connaître les règles, les rites et les valeurs issus des mythes fondateurs, mais également se connaître soi-même.

L'intérêt d'intégrer des valeurs comme la tempérance, le courage ou l'amour dans le fonctionnement d'une entreprise apparait, sans aucun doute, comme un véritable avantage compétitif dès lors que le dirigeant en prend conscience. Collaborateurs, actionnaires, clients, fournisseurs et, en fin de compte, la marche des affaires a tout à y gagner : il s'agit de la création de valeur partenariale.

En premier lieu, le dirigeant devra se connaitre, et connaitre ses forces pour conduire ses peurs.

Notre expérience issue de l'accompagnement des dirigeants dans ce domaine confirme que le point le plus important dans le management des ressources humaines est la *connaissance de soi*. Accompagner les leaders et les dirigeants à se connaitre soi-même pour conduire leurs peurs et ne pas introduire dans les processus de décisions des biais cognitifs qui porteraient à des choix aux conséquences irresponsables. Il s'agit d'un pas considérable à faire dans l'accompagnement et l'entraînement des décideurs. Car tout ce qui ne s'apprend pas dans les Écoles et les Universités, c'est précisément la connaissance de soi.

Le dirigeant doit entrer en résonance avec son environnement, c'est-à-dire réguler son propre système de survie et d'équilibre dans un contexte qu'il ne maitrise pas. Le dirigeant évolue alors dans son environnement plutôt qu'en dépit de son environnement. Sa force de développement s'en voit multipliée et sa capacité d'évolution, garantie. À l'inverse, nous aurons une dissonance. Celle-ci se décrit comme une forme de « dysharmonie » avec l'environnement. Le dirigeant ne trouve pas ses marques et trébuche à chaque pas dans un environnement qu'il ne maitrise pas et qui ne le reconnait pas. La dissonance n'est pas nécessairement un problème car elle peut permettre par effet d'écho de retrouver l'harmonie, donc la résonance. La dissonance sera, selon la situation, un moyen de retrouver ou accéder à la résonance, ou un problème lorsque la solution pour survivre est devenue la dissonance, alors la survie se fera dans le stress, la pression et les conflits.

L'état de résonance n'est pas acquis. Il s'entretient sans cesse ; puisque sujet aux aléas de l'environnement. Le dirigeant doit développer des capacités de résistance pour combattre les attaques venant de l'environnement. Ces compétences devront être entretenues tout au long de la vie. Ainsi dirons-nous que l'état de résonance dépend de la capacité de résistance du dirigeant. À la manière du roseau de la fable, qui plie mais ne rompt pas sous l'effet de la tempête, lorsque le chêne, apparemment plus solide, finit par céder et se voir déraciner, nous retiendrons que la capacité de résistance ne se calcule pas en termes de force mais bien de flexibilité. Lorsque le dirigeant cherchant à résister aux attaques ne régule pas ses forces, il peut alors céder au burnout et défaillir provisoirement ou définitivement.

La résilience est un processus de retour à la résonance après une défaillance. Le dirigeant ayant une fois survécu à une défaillance a fait preuve de résilience. Ce processus est facilité par un schéma mental décrit par Boris Cyrulnik. Ses recherches affirment que les étapes du processus de résilience consistent, pour un individu qui souffre, à le reconnaitre, le dire, demander de l'aide, vouloir avancer et croire en ses forces, donner du sens à l'expérience vécue et en ressortir avec une valeur ajoutée ainsi qu'une direction claire. La dépendance, à l'inverse, est une croyance selon laquelle une personne ne se perçoit plus en capacité de se gérer elle-même. Sa position face à l'environnement est celle du rôle de la victime soumise aux aléas de phénomènes qui la dépassent. Ainsi la personne dans la dépendance minimise ou nie l'existence d'un problème réel, ne régule pas, ne demande pas de soutien, finit par lâcher l'idée de s'en sortir seule, et s'abandonne au hasard ou au pouvoir, sans plus chercher à comprendre et en se complaisant dans son échec sans aucune clé nouvelle pour l'avenir.

En second lieu, en plus de la connaissance de soi, le dirigeant devra connaitre son entreprise.

Au sein de l'entreprise, il est à mettre en exergue trois fondamentaux : c'est une vision, une vocation et des valeurs. Il s'agit pour l'entreprise de les définir en fonction de son histoire. Cela lui permet de se demander quelles sont ses valeurs porteuses de sens pour aujourd'hui et pour le futur. Le projet et la vocation sont généralement définis par le conseil d'administration. Le projet comporte trois composantes : la vision, le sens, le plan. La vision est souvent confondue avec les objectifs chiffrés qui relèvent du plan (gagner 5 points de parts de marché ou augmenter les ventes de 20 000 unités relève du plan). Une vision est une perception du futur dont est porteur le leader, une carte postale. Elle est « visuelle », descriptive et non explicative. Le défaut, ou l'absence de vision laisse un vide qui représente un risque de dysfonctionnement. Le défaut, ou l'absence de plan, éléments indispensables au suivi des orientations stratégiques et au rapprochement vers la vision, est une des causes possibles de passivité au sein de l'entreprise. Le sens désigne les orientations stratégiques, la direction prise, et aussi la signification de cette direction en cohérence avec la vision. Le défaut, ou l'absence de sens est une des causes de stress au sein de l'entreprise.

Quant aux valeurs, elles devraient être précisées par les collaborateurs, ou s'il s'agit d'une grande société, par un grand nombre d'employés. Du fait qu'elles émanent de l'intérieur, sans être imposées par le haut, elles ne peuvent pas être contestées par le personnel. Il y a donc généralement une bonne adhérence.

La mise en pratique est évidemment le plus difficile à accomplir. Il faut y travailler quand la situation est stable, parce que lorsqu'une crise fait rage, c'est trop tard. L'entreprise doit s'entrainer sur des cas pratiques. Les dirigeants doivent développer leur culture générale notamment en continuant de lire pour s'imprégner des thèses d'un auteur. Sans l'utilisation pratique des valeurs comme filtre d'aide à la prise de décision, la démarche n'a aucune chance d'aboutir concrètement.

Mettre en œuvre un modèle d'éthique responsable, c'est une stratégie à moyen et long terme. Il n'y a pas de retour sur investissements avant quelques années. Mais toutes les études démontrent que la rentabilité est supérieure dans les sociétés qui mettent en place une vision à long terme. L'enjeu, c'est comment concilier stratégie et culture d'entreprise. Ne nous voilons pas la face, la démarche est PDG-dépendante. Une société peut évidemment agir avec cynisme et faire l'éloge de l'éthique sans y croire, avec le risque d'un retour de manivelle, à l'instar de Volkswagen et ses tests d'homologation truqués. Ou alors le directeur-général y croit sincèrement et met en place une culture d'entreprise éthique et responsable. Dans le marché globalisé d'aujourd'hui, les problématiques sont les mêmes pour toutes les firmes, de Los Angeles à Sydney, de Talence à Yaoundé, de Saint-Denis à Koba. On fait du volume, on rogne les marges... Mais si une entreprise crée une plus-value avec des valeurs morales, elle peut se distinguer parmi ses concurrentes. L'éthique lui permet de se positionner différemment sur le marché.

L'éthique appliquée au champ du leadership et du management des ressources humaines se résume ainsi en ces termes : accompagner les personnes à s'aimer telle qu'elles sont et non pas telle qu'elles voudraient être ; les accompagner à aimer les autres tels qu'ils sont et non pas tels que nous voudrions qu'ils soient. Il s'agit d'un apprentissage humaniste qui respecte la liberté et la dignité de chaque personne.

Et avec l'avènement des robots et l'intelligence artificielle, quelles seront les incidences morales, pourriez-vous rétorquer ? Le débat est déjà là. L'arrivée des véhicules autonomes pose la question des responsabilités en cas d'accident. L'arrivée de ChatGPT, le Chatbot développé par OpenAI, a bouleversé le monde des entreprises. En effet, cet outil impacte plusieurs secteurs et stimule, aussi, de nombreuses entreprises. Pour autant, selon diverses enquêtes, un quart du travail pourrait être automatisé avec l'IA. Mais si les machines devaient se substituer à l'être humain, ce serait la fin de l'humanité devrait-on craindre. Il nous reste un atout dans ce monde et cette économie de la connaissance; notre connaissance de nous-même, notre éthique personnelle, cette éthique responsable qui doit nous guider.

Paul-Gérard Pougoué

S'agissant plus particulièrement de la fonction publique, j'entrevoie deux facteurs susceptibles d'affaiblir le lien entre travail et performance globale de l'entreprise.

Le premier est la diversité des statuts dans la fonction publique, avec, bien souvent, des nuances difficilement compréhensibles. Cette pratique peut avoir de graves conséquences sur le travail comme valeur et sur la grandeur de l'homme au travail. Il faudrait réduire ces statuts et surtout mettre plus de clarté et de cohérence dans leur élaboration. En effet, si l'on n'y prend garde, la multiplicité des statuts spéciaux ou particuliers ainsi que les dérogations discriminatoires aux âges d'admission à faire valoir les droits à la retraite peuvent constituer des sources de discrimination graves dans la fonction publique. Ce qui aura une répercussion sur l'implication organisationnelle, le rendement du personnel et, partant, sur la performance globale de l'appareil administratif. Il faut toujours avoir à l'esprit, lorsqu'on élabore les statuts de la fonction publique, la règle suivante : « à travail de valeur égale, traitement égal ».

L'autre facteur est la difficile introduction de l'approche managériale « gestion des ressources humaines » dans la fonction publique. Pourtant, c'est une excellente méthodologie, non seulement pour renforcer la rationalisation du management du personnel de l'État, en termes d'admission, de gestion de carrière et de mise à la retraite, mais aussi pour implémenter la culture d'évaluation, de responsabilité et de sanction.

Une approche « gestion des ressources humaines », dans le sens de management de l'expression, suppose que, dans la fonction publique, l'on admette nettement que l'administration ne se confond pas avec un quelconque parti politique. Le politique passe, l'administration reste. Mais, dans un contexte où un parti politique, soit parce qu'il est unique, soit parce qu'il est trop dominant et contrôle toutes les institutions du pouvoir et les rouages de l'appareil de l'État, il y a un très grand risque de l'inféodation de l'administration au parti gouvernant. L'impact négatif est considérable sur l'implication organisationnelle, sur le rendement du personnel et, partant, sur la performance globale de l'État.

L'approche « gestion des ressources humaines » à la fonction publique suppose dès lors des progrès substantiels dans l'appropriation de la culture des droits de l'homme et de la démocratie.

Jean-Marie Tchakoua

Le prix que le peuple camerounais attache au travail, en tant que valeur, s'observe dans la devise du Cameroun : « Paix-Travail-Patrie ». Dans ce triptyque, le travail est la valeur qui se prête le plus à la traduction normative. La Constitution en donne le ton, en consacrant directement ou indirectement par incorporation de normes internationales relatives aux droits de l'homme, divers droits et libertés liés au travail : liberté syndicale, droit de grève, droit au travail, etc. On sait aussi que les autres droits et libertés de la personne contenus dans le bloc constitutionnel, mais qui ne visent pas spécialement le monde du travail, s'appliquent à la relation de travail, car l'exécutant ne laisse pas sa personne hors de son activité.

La générosité ainsi montrée à l'égard du travail s'estompe cependant dans les textes infra constitutionnels. Les incompréhensions commencent avec la portée donnée à l'article 26 de la Constitution, qui dispose qu'est du domaine de la loi le droit du travail. Comprenant de façon trop restrictive cette disposition, le pouvoir législatif va se limiter à un Code du travail, qui exclut de son champ d'application le statut général de la fonction publique, le statut de la magistrature, le statut spécial de la sûreté nationale, le statut spécial de l'administration pénitentiaire, les dispositions particulières applicables aux auxiliaires d'administration et le statut général des militaires. Tous ces statuts cités, auxquels on peut ajouter plusieurs autres *(par exemple le statut spécial des personnels de l'enseignement supérieur (décret n° 93/035 du 19 janvier 1993), le statut particulier des fonctionnaires des corps de l'éducation nationale (décret n°2000/359 du 05 décembre 2000), le statut spécial des fonctionnaires des greffes (décret n° 2011/020 du 04 février 2000, modifié par le décret n° 2021/442 du 20 août 2021),* sont fixés par décret, à l'exception du statut général des militaires, probablement parce que l'article 26 de la Constitution met dans le domaine de la loi les règles générales d'organisation de la défense nationale. Dans tous ces cas où les statuts sont fixés par décret, et non par la loi, on a probablement mis en avant l'activité d'organisation des services publics de l'État, ce que l'article 8 de la Constitution cite dans les pouvoirs du président de la République. À partir du moment où ce qui est perçu c'est l'organisation des services publics, non les hommes et femmes qui y travaillent, certains glissements deviennent inévitables. Le premier a consisté à passer du domaine de la loi à celui du règlement ; le second, plus insidieux, est de faire passer pour de la mansuétude certaines garanties élémentaires reconnues aux fonctionnaires. Il est commode d'expliquer ce second glissement par les prérogatives de puissance publique dont dispose l'État. Mais cette explication est discutable : une partie du personnel de l'État et le personnel des établissements publics et collectivités territoriales sont soumis au Code du travail, sans que pour cela les prérogatives de puissance publique soient perdues.

Le régime du travail se trouve ainsi pris dans un trouble normatif aggravé par la façon dont l'exécutif a traité de différents corps de la fonction publique. Le sentiment d'égal traitement des salariés de l'administration publique, qui pouvait se déduire du principe constitutionnel de l'égalité des hommes en droits et devoirs, s'évanouit devant l'ampleur des différences qui sont instituées d'un corps à l'autre, ou d'un salarié à l'autre exécutant la même tâche dans les mêmes conditions. Dans le même temps, des pans entiers de la vie professionnelle des fonctionnaires sont très mal saisis par le droit. Une insidieuse mutation a ainsi substitué la problématique de l'organisation des services publics à celle du traitement du travail humain. Cet effacement de l'homme au travail pourrait s'expliquer par l'absence d'une réflexion générale sur le travail et l'ensemble des questions qu'il pose : la sécurité, la liberté, l'égalité, l'équité, la dignité, etc. Dans cette brève note, nous nous limiterons à exposer deux conséquences de l'effacement de la valeur travail : l'institutionnalisation de l'injustice au détour de la multiplication des statuts professionnels et l'approximation dans la réglementation du travail dans les emplois publics.

Considérons tout d'abord l'institutionnalisation de l'injustice au détour de la multiplication des statuts professionnels.

Il est devenu impossible aujourd'hui de justifier la grande scission qu'il y a entre les personnels de l'État : d'un côté les fonctionnaires et de l'autre les agents de l'État relevant du Code du travail. Tous servent leur employeur dans les mêmes conditions matérielles, mais chaque groupe est régi par son corps de règles : le statut général de la fonction publique ou un autre statut fixé par décret pour les fonctionnaires, et le Code du travail pour les agents de l'État relevant du Code du travail. Si le décret n° 78/484 du 9 novembre 1978 fixant les conditions communes applicables aux agents de l'État relevant du Code du travail *(Il a été modifié par le décret n° 82/100 du 3 mars 1982)* a été pris pour ces derniers, c'est en application de l'article 55 du Code du travail qui prévoit le recours à un décret pour pallier l'impossibilité persistante de conclure une convention collective. La même solution a été appliquée aux maitres et professeurs de l'enseignement privé ainsi qu'aux domestiques et employés de maison. Il ne faudrait donc pas penser que par principe le statut professionnel des agents de l'État relevant du Code du travail est fixé par décret *(Le décret qui leur est applicable pallie l'absence de convention collective et ne remet pas en cause l'idée qu'on est dans le domaine de la loi).*

On pourrait être tenté d'expliquer la différence de traitement existant entre les deux groupes des personnels de l'État par les conditions d'accès à l'emploi : les fonctionnaires sont recrutés sur concours, alors que les agents de l'état relevant du Code du travail le sont sur titre. Mais l'explication a des limites, car tous les fonctionnaires ne sont pas recrutés sur concours ; les fonctionnaires du corps de l'enseignement supérieur ne sont pas recrutés sur concours, et certains agents de l'État relevant du Code du travail deviennent fonctionnaires sans présenter de concours.

Aucune explication convaincante ne semble donc pouvoir être avancée pour justifier que deux agents publics effectuant les mêmes tâches, dans des conditions identiques et au profit du même employeur, soient différemment traités aussi bien en période d'activité qu'à la retraite.

Aucune explication sérieuse ne peut non plus justifier que les fonctionnaires soient différemment traités, selon qu'ils appartiennent à tel corps ou à tel autre. Plus encore, bien des avantages offerts au personnel résultent de textes internes à des administrations, et sont distribués sans considération d'appartenance à un corps, mais sur la base de la masse financière qui circule dans ces administrations. Se murmure aussi l'idée qu'un travail plus important doit être plus rémunéré. On en vient ainsi à considérer, par exemple, que les agents de l'administration financière font un travail plus important que celui des personnels soignants, enseignants, d'agriculture, d'élevage, etc. Mais personne n'a jamais dressé un tableau des activités humaines comparées sur la base de leur importance respective.

En tout état de cause, la diversité observable d'un corps à l'autre, d'une administration à l'autre est telle qu'il n'y a aucune lisibilité dans le traitement des agents publics. La donnée facilement visible est la segmentation en divers statuts, particuliers ou spéciaux. Ces statuts foisonnent dans le monde de l'emploi public, sans qu'on puisse toujours comprendre la logique qui les inspire, ni simplement celle qui permet de doter un corps d'un statut particulier ou d'un statut spécial. À cette date, la fonction publique compte vingt-cinq statuts particuliers fixés par décret, cinq statuts spéciaux fixés également par décret. À ce nombre, il faudrait ajouter le statut général des militaires, fixé par la loi, et le statut des fonctionnaires de l'Assemblée nationale, fixé par un arrêté du Bureau de l'Assemblée nationale *(cet arrêté a été pris au moment où le sénat n'existait pas encore. Il faut donc penser que les choses doivent évoluer pour tenir compte des fonctionnaires du sénat).*

On concèdera que le statut particulier est une déclinaison, dans un corps, du statut général. Il n'aurait donc pas vocation à entrainer des bouleversements. Le statut spécial pourrait aller plus loin et s'éloigner véritablement du statut général. Mais tout cela mérite d'être confronté à la réalité, plutôt confuse, où des statuts, tantôt spéciaux, tantôt particuliers, apparaissent çà et là sans aucune prévisibilité. Entre deux textes, les fonctionnaires des greffes sont passés d'un statut particulier à un statut spécial *(Décret n° 75/771 du 18 décembre 1975 portant statut particulier du corps des fonctionnaires des greffes. Puis, décret n° 2011/020 du 04 février 2011 portant statut spécial des fonctionnaires des greffes modifié par le décret n° 2021/442 du 20 août 2021)*. Il semble bien que tout est fonction de l'attention que veut bien accorder aux cris émis l'autorité signataire des statuts *(Il s'agit du président de la République).* Et comme des cris sortent de partout, on assiste à une forte inflation de statuts, qui éloigne le sentiment d'appartenance à un même État, exacerbe les luttes corporatistes et conduit à des injustices institutionnalisées. Pour s'en convaincre, il suffit de mettre en parallèle un instituteur et un gendarme, du début et à la fin de leur carrière en supposant que chacun d'eux a servi l'État qui l'emploie avec professionnalisme et dévouement. Les différences à l'arrivée montrent que le travail humain est mis entre parenthèses au profit de considérations contestables mais auxquelles, malheureusement, nous commençons à nous habituer. Mais pouvons-nous nous habituer de l'approximation dans la réglementation du travail ?

Considérons maintenant l'approximation dans la réglementation du travail dans les emplois publics.

La présence au sein de l'administration publique de deux grandes catégories de personnels, les fonctionnaires et les agents de l'État relevant du Code du travail, est l'un des révélateurs de l'approximation dans la règlementation du travail dans les emplois publics. Les fonctionnaires sont régis par le statut général de la fonction publique et/ou un statut particulier ou spécial ; les agents de l'État relevant du Code du travail sont régis par ledit code et ses textes d'application.

Pour diverses raisons, dont l'appui/pression qu'exerce l'Organisation internationale du Travail *(L'Organisation Internationale du Travail (OIT) est l'agence spécialisée de l'Organisation des Nations Unies chargée d'élaborer et de veiller à l'application des normes internationales du travail. D'après le décret n° 2011/408 du 09 décembre 2011 portant organisation du gouvernement, c'est le Ministère du travail et de la sécurité sociale qui assure la liaison entre le Gouvernement, l'OIT et les organismes internationaux relevant de son secteur de compétence en liaison avec le Ministère des Relations Extérieures. Il se trouve que ce décret portant organisation du gouvernement répartit la matière travail entre le ministère du travail et de la sécurité sociale et le ministère de la fonction publique. À partir de là, l'OIT voit lui échapper, de fait, le contrôle des relations de travail qui sont dans la sphère de compétence du ministère de la fonction publique),* des règles lisibles sont inscrites dans le Code du travail et ses textes d'application, en ce qui concerne le règlement des différends collectifs du travail, l'hygiène et la sécurité au travail. On ne retrouve pas leur pendant chez les fonctionnaires, alors que la Convention fondamentale de l'OIT, (n° 155) sur la sécurité et la santé des travailleurs rappelle qu'elle s'applique dans la fonction publique et aux agents publics *(Voir article 3 de la Convention).*

Tout d'abord, le Code du travail définit le différend collectif du travail et décrit son mode de règlement : tentative de conciliation devant l'inspecteur du travail ; en cas d'échec de la conciliation, « arbitrage » devant le conseil d'arbitrage ; droit de recourir à la grève ou au lock-out en cas d'échec de l'arbitrage. On peut avoir à redire sur l'efficacité de ce mode de règlement ; on doit cependant reconnaître qu'il est clairement décliné.

Aucun statut dans la fonction publique ne contenant des dispositions sur le règlement des différends collectifs de travail, on est bien en peine de dire quelle règle appliquer. Il y a, en jeu, le droit de grève consacré par la Constitution. Personne ne peut raisonnablement soutenir que les fonctionnaires sont privés du droit de grève ; au demeurant, en retirant ce droit aux membres de quelques corps *(voir décret n°2001/065 du 12 mars 2001 Portant statut spécial du corps des fonctionnaires de la Sûreté Nationale (article 31), décret n° 92/054 du 27 mars 1992 portant statut spécial du corps des fonctionnaires de l'Administration Pénitentiaire (article 54),* le pouvoir réglementaire admet implicitement qu'en principe les fonctionnaires peuvent recourir à la grève. Mais personne ne dit dans quelles conditions ils peuvent recourir à la grève. Faut-il leur appliquer les règles du Code du travail ? Rien ne le justifierait.

Faut-il imaginer un régime de règlement de différends collectifs qui tienne compte des principes, comme la continuité du service public ? Sans doute. Seulement, aucun texte ne l'ayant fait, même le juge aurait des difficultés à construire un régime complet et cohérent.

Et si ce régime était construit, on ne comprendrait jamais pourquoi un même différend collectif opposant l'État à son personnel devrait être soumis à des régimes différents selon qu'ils soient fonctionnaires ou agents de l'État relevant du Code du travail.

Ensuite, le Code du travail contient des dispositions sur l'hygiène et la sécurité au travail. L'arrêté 039/MTPS/IMT du 26 novembre 1984 fixant les mesures générales d'hygiène et de sécurité sur les lieux de travail a ainsi été pris par le ministre du travail, en application du Code du travail. Un fonctionnaire ne se voit pas *a priori* concerné par cet arrêté. Malheureusement, aucun autre texte n'a été pris pour sa sécurité au travail. Le décret n° 2000/692/PM du 13 septembre 2000 fixant les modalités d'exercice du droit à la santé des fonctionnaires a essayé de résoudre le problème, en prévoyant, en son article 11, que « Dans tous les cas et sauf contingences locales, les règles et les mesures générales d'hygiène et de sécurité dans le lieu du service sont celles édictées en la matière par la législation et la réglementation du travail ».

Même si elle contient des réserves qui méritent attention, la solution est *a priori* compréhensible si l'on ne veut pas appliquer des conditions d'hygiène et de sécurité différentes à deux agents publics qui servent dans le même bureau, parce que l'un est fonctionnaire et l'autre agent de l'État relevant du Code du travail.

Au juste, on ne peut pas aussi facilement transposer à un milieu professionnel un texte conçu pour un milieu différent. Les mesures générales d'hygiène et de sécurité au travail sont assorties d'un dispositif pénal et d'importantes prérogatives reconnues aux inspecteurs du travail. Sauf à y être expressément autorisés, ces derniers ne peuvent exercer ces prérogatives face à l'administration publique. Par ailleurs, il n'y a aucun sens à dresser un procès-verbal de constatation d'infraction contre la personne morale de droit public (employeur), qui est pénalement irresponsable.

Pour terminer cette brève note, il peut être utile d'évoquer le traitement que le statut général de la fonction publique et divers autres statuts font de l'initiative de l'agent qui entend démissionner : le fonctionnaire doit offrir de démissionner et attendre l'acceptation de l'administration *(voir l'article 117 du statut général de la fonction publique).* Une démission acceptée n'est plus une démission, mais une rupture d'un commun accord. C'est pourquoi, dans le principe, la solution est mauvaise, même si le mal est atténué par l'acceptation implicite qui résulte du silence gardé trois mois après l'offre de démission. La loi n° 80/12 du 14 juillet 1980 portant statut général des militaires va plus loin, car elle n'envisage l'acceptation de l'offre de démission des officiers recrutés sur concours que dans des cas énumérés.

En somme, l'homme au travail est à la fois une compétence à valoriser et un cœur à réjouir. Cette approche éthique me semble très porteuse pour développer une vision et une culture d'entreprise spécifiques, gage de la performance globale de l'entreprise.

10. Discontinuités d'activité et justice sociale

Paul- Gérard Pougoué

Dans le contexte camerounais, les discontinuités d'activité sont préoccupantes, d'autant plus que la dimension sociale du phénomène est à peine effleurée.

En effet, se développent de nos jours des phénomènes de précarité de l'emploi, de discontinuités d'activité et d'insécurité de revenu. Comme l'absence d'emplois, ces phénomènes contribuent considérablement à la paupérisation. Cela interpelle fortement. Le vrai enjeu est de trouver des mécanismes pour améliorer le sort des travailleurs, même en situation de précarité ou de discontinuité, qu'elle soit choisie ou subie. Viennent alors à l'esprit pêle-mêle plusieurs pistes pour réduire, voire combattre l'insécurité.

Sous l'angle collectif, il y a bien la négociation collective, la question des acteurs, singulièrement des syndicats, et le souci des négociations plus vastes et plus nuancées pour les adapter au mieux aux réalités des secteurs d'activité en question.

Sous l'angle des droits fondamentaux de l'homme au travail, le souci majeur est de ne pas considérer les salariés dans des formes particulières d'emploi comme des salariés à part, par rapport au statut juridique de droit commun. Le principe de non-discrimination trouve ici un terrain fertile. Il faut combattre toute velléité de discrimination des « travailleurs précaires » (contrat de travail saisonnier, contrat de travail occasionnel, contrat de travail temporaire) par rapport aux travailleurs employés à temps plein et à durée indéterminée ou déterminée. Quoi qu'il en soit, l'on ne saurait de nos jours envisager de sacrifier la compétitivité des entreprises et l'innovation technique à l'autel de la protection de l'emploi. D'ailleurs, au besoin, l'entreprise pourra recourir au licenciement pour rendement insuffisant ou pour cause économique.

L'objectif est de sécuriser, autant qu'on le peut sur le plan social, des lendemains incertains. Alors, pointe la question de la protection sociale.

Monique Aimée Mouthieu épouse Njandeu

Le droit de la sécurité sociale complète utilement le droit du travail. On peut le définir comme une discipline juridique qui réglemente la perception des ressources au moyen des cotisations et qui redistribue sous forme de prestations aux individus afin de les protéger contre divers risques sociaux résultant de la disparition ou de la réduction sensible de leurs revenus. Plus simplement, il s'agit d'une discipline du droit social ayant pour objet la protection des travailleurs contre certains risques sociaux. On entend par risque social, tout évènement heureux ou malheureux qui diminue ou fait perdre des revenus au travailleur. On peut citer, à titre d'exemple, des évènements tels que la maternité, les accidents de travail, les maladies professionnelles, le chômage, l'invalidité, la vieillesse et le décès.

Le système camerounais de sécurité sociale est construit autour de deux régimes principaux :

- le régime des fonctionnaires et agents de l'État relevant du Code du travail, gérés par le Ministère des Finances ;
- le régime des travailleurs du secteur privé et l'assurance volontaire gérés par la Caisse Nationale de Prévoyance Sociale (CNPS) *(À côté de ces régimes se déploient des régimes de sécurité sociale dits spéciaux, logés au sein de l'Assemblée Nationale et du Sénat. Il existe en outre, en sus de ces régimes, des mécanismes de sécurité sociale complémentaires mis en œuvre par les mutuelles (mutuelle à base communautaire, mutuelle d'administration publique et mutuelle d'entreprise) et par les compagnies d'assurance privées).*

Divers textes organisent au plan national, le régime de la sécurité sociale applicable aux travailleurs du secteur privé. On citera entres autres :

- la loi n° 67/LF/8 du 12 juin 1967 portant création de la CNPS ;
- la loi n° 67/LF/7 du 12 juin 1967 instituant un code des prestations familiales ;
- la loi n° 69/LF/18 du 10 juin 1969 instituant un régime de pension de vieillesse, d'invalidité et de décès modifiée par la loi n° 84-007 du 04 juillet 1984 ;
- l'ordonnance n° 73/17 du 22 mai 1973 portant organisation de la prévoyance sociale au Cameroun ;
- la loi n° 2001/017 du 18 décembre 2001 portant réaménagement des procédures de recouvrement des cotisations sociales ;
- la loi n° 77-11 du 13 juillet 1977 portant réparation et prévention des accidents de travail et des maladies professionnelles, suivie par le décret n° 78-546 du 28 décembre 1978 fixant les modalités de déclaration et la procédure d'enquête en matière de travail ;
- le décret n° 2016/034 du 21 janvier 2016 portant revalorisation du montant des allocations familiales servies aux travailleurs ;
- le décret n° 2016/072 du 15 février 2016 fixant les taux des cotisations sociales et les plafonds des rémunérations applicables dans les branches des prestations familiales, d'assurances-pensions de vieillesse, d'invalidité et de décès, des accidents de travail et des maladies professionnelles gérés par la caisse nationale de prévoyance sociale abrogeant le décret n° 90/198 du 03 août 1990 fixant le taux et l'assiette des cotisations dues à la CNPS pour les

branches des prestations familiales et l'assurance pension de vieillesse, d'invalidité et de décès.

À la lecture de ces différents textes, l'on constate que les uns réglementent le champ ou domaine d'application de la sécurité sociale alors que les autres organisent le contentieux y relatif.

Cependant, la part de la population couverte par tous ces mécanismes et spécifiquement par la CNPS, reste extrêmement faible. L'une des causes majeures de cette faiblesse tient au fait que, pendant longtemps, l'affiliation au régime de sécurité sociale du secteur privé était conçue exclusivement sur une base professionnelle *(BIT, Rapport sur l'étude de faisabilité d'un paquet de prestations adaptées aux besoins des acteurs de l'économie informelle et rurale, mars 2021, p. 12)*. Seuls les travailleurs du secteur structuré de l'économie pouvaient en effet avoir accès à une couverture contre les risques sociaux à la CNPS. Pour remédier à cette restriction et améliorer la couverture nationale du système de sécurité sociale, *le décret n° 2014/2377/PM du 13 août 2014 fixant les conditions de prise en charge des assurés volontaires dans la branche des pensions de vieillesse, d'invalidité et de décès* a été adopté. Par son domaine d'intervention, ce décret consacre l'extension du champ d'application personnel de la sécurité sociale aux personnes autrefois exclues à savoir les travailleurs indépendants des secteurs formel, informel et agricole.

Ma première réflexion porte sur les problèmes généraux de la sécurité sociale au Cameroun :

- l'absence de ratification jusqu'à date, de la convention 101 de l'OIT sur les normes minimales en matière de sécurité sociale ;
- la fixation du taux mensuel des allocations familiales de 2800 f par enfant/mois à travers un décret du Premier ministre et son relèvement à 4500 f par communiqué de la même autorité ;
- la lourdeur et l'obsolescence du contentieux des prestations sociales, lequel reste encore soumis à la vieille ordonnance de 1973 sur la prévoyance sociale ;
- l'inadéquation des prestations offertes par l'assurance volontaire avec les besoins réels de la cible : Il faut regretter en effet que le législateur n'ait pas prévu l'extension de l'assurance volontaire aux autres branches de prestations sociales servies par la CNPS à savoir les prestations familiales et les risques professionnels. En effet, face à la structuration actuelle du secteur informel qui se concentre sur les activités qui nécessitent une quantité importante de main-d'œuvre par unité de production, ainsi qu'un personnel financièrement diminué, il serait judicieux, tout au long de leur carrière, que la sécurité sociale joue son rôle d'adjuvant aux moyens d'existence. Cette nécessité est d'autant plus vive que les revenus des intéressés se

caractérisent souvent par une instabilité et sont à la merci des aléas de la vie courante. Ainsi, une grossesse, la naissance d'un enfant, ou alors la survenance d'un accident à l'occasion de l'exercice de son activité peuvent entraîner une diminution voire une perte de revenu. Il est donc indispensable que l'accès aux autres branches de prestations soit ouvert aux assurés volontaires. Il y va de la survie et de la pérennité de cette forme d'assurance ;

- la problématique du financement de l'assurance volontaire : les dysfonctionnements liés au régime d'assurance volontaire se rapportent d'une part à l'exclusivité de la charge de la cotisation sociale par l'assuré volontaire (car il supporte seul la part patronale et la part salariale) et d'autre part, par la contrainte et les majorations de retard y afférentes ;
- l'illégalité du décret du 16 juillet 2015 fixant les modalités d'application de la loi de 2001 sur le recouvrement des cotisations sociales : par jugement numéro 14/ADD/2022 du 16 mars 2022, affaire FOE Jean-Marie (pharmacie Mokolo) contre CNPS, le juge administratif déclare illégal le décret sus-cité au motif que la loi de 2001 donne compétence aux ministres des finances et de la prévoyance sociale par arrêté conjoint, de fixer ses modalités d'application. Il conclut que le premier ministre en prenant ce décret, a commis une erreur de droit.

Ma seconde réflexion est relative aux perspectives d'évolution de la sécurité sociale au Cameroun :

- la ratification par le Cameroun de la convention 101 sur les normes minimales en matière de sécurité sociale et l'extension du champ matériel de sa sécurité sociale ;
- le relèvement du taux mensuel des allocations familiales à 4500f/enfant/mois par décret du Premier Ministre ;
- l'urgence d'un arrêté conjoint des ministres des finances et de la prévoyance sociale portant modalités d'application de la loi de 2001 sur le recouvrement des cotisations sociales ;
- la faisabilité de nouvelles prestations adaptées à l'assurance volontaire : les nouvelles prestations adaptées à l'assurance volontaire concernent les prestations familiales et les prestations au titre des risques professionnels ;
- la proposition d'un financement adapté à l'assurance volontaire : le développement et le financement durable et efficace du régime d'assurance volontaire passent par la mise en place d'une mesure d'accompagnement de l'assuré volontaire appelée « Caution d'affiliation et de paiement des cotisations sociales » (CAPCS) dont le but est de réduire la contribution de l'assuré volontaire à 4.2%. La caution d'affiliation et de paiement des cotisations sociales est un

appui, une mesure d'accompagnement de l'assuré volontaire dans le but d'alléger la charge de cotisation qu'il supporte *(BIT, Étude de réalisation d'un plan de développement et de financement efficace et durable de l'assurance volontaire au Cameroun, op. cit., pp. 35 à 36).* Ce financement étatique pourrait être constitué des contributions des grandes entreprises installées au Cameroun à hauteur de 0.01% de leur chiffre d'affaire, à reverser directement à l'organisme gestionnaire chaque année pour supporter une partie du taux exigible (4.2%). Il pourrait également être constitué par un prélèvement sur un produit des services financiers de l'inclusion financière à savoir le transfert d'argent par voie de téléphonie mobile et/ou par les canaux traditionnels classiques des micro-finances et banques *(À la faveur de l'inclusion financière cumulée aux statistiques disponibles de l'agence ECOFIN (agence d'information économique africaine, créée en décembre 2010, basée à Yaoundé et à Genève), des experts en financement de la sécurité sociale ont conçu un moyen de financement des contributions aux branches de Prestation familiales (PF), Risques Professionnelles (RP) et Pensions vieillesse et invalidité décès (PVID) de l'assurance volontaire dont le fait générateur sera : (1) L'achat de DATA ; (2) Toute opération de transfert d'argent adossé sur les canaux traditionnels de microfinance et Banques et/ou par voie électronique quel que soit l'opérateur).*

Paul-Gérard Pougoué

Au-delà de la question de la sécurité sociale en lien avec le droit du travail, la quête de la justice sociale est un combat permanent à mener, avec acharnement. Elle ne saurait être contrecarrée par les forces économiques, politiques ou idéologiques.

Au niveau mondial, on a aujourd'hui nettement pris conscience de l'importance de la question de la dimension sociale de la mondialisation. De même, depuis le XIXe siècle, la question du travail est un enjeu majeur, non plus seulement comme un facteur essentiel de la vie de la plupart des êtres humains, mais aussi comme un facteur de préoccupation qui interpelle énormément. Seule une approche équilibrée de la question permet de surmonter les grands conflits sociaux et économiques. C'est bien le combat de l'Organisation Internationale du Travail.

La justice sociale implique également la réflexion sur la question de la sécurité sociale ou protection sociale. Celle-ci est au cœur de l'éthique des droits de l'homme (article 2 de la Déclaration des droits de l'homme et article 9 du Pacte international relatif aux Droits économiques, sociaux et culturel) et des objectifs du millénaire pour le développement durable. Il faut améliorer la protection sociale universelle partout dans le monde entier.

La Convention n° 102 relative à la sécurité sociale adoptée par l'OIT en 1952 appelait déjà les États membres à fixer les normes d'avantages minima dans les principaux domaines de la sécurité sociale. Les orientations souples et pertinentes en vue d'établir des socles de protection sociale et des stratégies nationales d'extension de la sécurité sociale font l'objet de la Recommandation n° 202 de l'OIT, adoptée en 2012. Elles interpellent tous les États, peut-être plus encore les États peu développés. Sans la sécurité sociale, la fracture économique est énorme et le risque d'implosion sociale très forte.

Au Cameroun, la situation est particulièrement préoccupante. La protection sociale est une manifestation forte de la solidarité nationale et, partant, un puissant ferment du ressenti national ; elle joue un rôle central dans la réduction et la prévention de la pauvreté, de l'inégalité, de l'exclusion sociale et de l'insécurité sociale. Aussi, la sécurité sociale améliore la productivité et, partant contribue au développement économique et social. En réalité, la sécurité sociale est un investissement et non un fardeau. L'enjeu, très largement partagé aujourd'hui, est de la considérer comme une priorité planétaire, une question primordiale pour la dignité de l'homme et le devenir de l'humanité. Il faut passer des slogans aux mesures volontaristes et effectives.

Le premier axe d'action est de garantir la santé et la dignité tout au long de la vie ; cela suppose une couverture des soins de santé essentiels adéquats et de qualité et un passage rapide à la couverture universelle. Le Document de Stratégie pour la Croissance et l'Emploi (DSCE) l'avait prévue ; mais la période de la mise en œuvre a expiré en 2020 sans que cette couverture ait été mise en place. Elle est reprise dans le récent Document de Stratégie Nationale de Développement 2020-2030 (SND 30) ; vivement qu'elle soit enfin mise en place et le plus tôt possible !

Le deuxième axe est la définition d'un socle de sécurité élémentaire de revenu, aussi bien pour les enfants que pour les personnes âgées. Le paysage est particulièrement médiocre en ce qui concerne les garanties en cas de perte d'emploi et en ce qui concerne les mesures de réinsertion sociale. À cet égard, une politique cohérente devrait contenir trois types de mesures de nature financière pour compléter le droit du travail : des mesures visant à conférer aux créances salariales une protection juridique renforcée, l'indemnisation du chômage, les mesures de réinsertion professionnelle.

En ce qui concerne les moyens de protection des créances salariales, le droit positif est assez pauvre. Ce dernier connaît un système de privilège. Dans ce système, il est même conféré aux salariés un « super-privilège » qui s'exerce sur tous les biens meubles ou immeubles et permet que la fraction insaisissable du salaire prime sur tous les autres privilèges généraux ou spéciaux. Mais le super-privilège ne protège pas la totalité des créances. Les sommes dépassant la fraction insaisissable du salaire bénéficient d'un privilège simple à concurrence d'un plafond ; elles sont chirographaires au-delà. De plus le privilège risque de rester vain si l'entreprise ne laisse qu'un maigre actif réalisable, voire aucun.

Ainsi, malgré son importance, ce dispositif est largement insuffisant. Il faut dès lors, à l'instar de la plupart de législations modernes, instituer un fonds de garantie de salaire. Il s'agit d'une véritable assurance garantissant les obligations de l'employeur à l'égard de son personnel par l'intermédiaire d'une tierce institution. Le fonds, nettement séparé du patrimoine de l'employeur, peut être greffé à une structure existante, notamment la Caisse Nationale de Prévoyance Sociale (CNPS) ou le Fonds National de l'Emploi (FNE), ou avoir une autonomie complète. Son financement pourra être assuré à la fois par les employeurs, les salariés et l'État.

En ce qui concerne l'indemnisation du chômage, il faut dès le départ insister sur son caractère de droit fondamental. Dès 1934, le BIT a adopté la convention n° 44 affirmant un droit à l'indemnisation pour les salariés involontairement privés d'emploi. Sur ce point, le droit positif camerounais est nettement en retard. L'arrêté, aujourd'hui rapporté, du 26 septembre 1983 avait organisé une indemnité. Aux termes de l'alinéa 8 de son article 3, le travailleur, en cas de chômage technique et sauf clauses conventionnelles plus favorables, devait bénéficier pendant trois mois d'une indemnité forfaitaire calculée sur la base du salaire catégoriel échelonné à l'exclusion de la prime d'ancienneté. Le nouveau Code du travail de 1992, en ses articles 32 et 33, consacre le chômage technique et, relativement à l'indemnisation, renvoie, à défaut de convention collective, à un arrêté à prendre. En ce sens, la convention collective des industries de transformation contient une clause à ce sujet. D'après son article 24, il est versé aux travailleurs mis en chômage total ou partiel, une indemnité de chômage égale à un pourcentage du salaire effectif perçu sur la base de la durée légale de travail, et déterminé comme suit : 60% pour la première semaine ; 40% pour la deuxième semaine ; 30% pour la troisième semaine ; 20% pour la quatrième semaine. Aucune indemnité n'est versée après ce délai.

L'évolution devrait aller vers la consécration de l'indemnisation en cas de chômage total ou partiel. Les maîtres-mots devraient être assurance et solidarité, ce qui suppose l'articulation d'un régime contributif (employeurs/salariés) et d'un régime financé par l'État. Par ailleurs, les partenaires sociaux devraient jouer un rôle appréciable dans le suivi ou la gestion du système d'indemnisation quel que soit l'organisme appelé à gérer le système. Enfin l'indemnisation ne devrait pas constituer une fin en soi, mais un passage vers la réinsertion. C'est pourquoi, elle devrait être complétée par la mise en œuvre de programmes spéciaux de réinsertion.

Le régime de chômage devrait en effet mettre un accent particulier sur la réinsertion. La réforme restera inachevée tant que celle-ci ne sera pas inclue dans le droit du travail. C'est bien ce que certaines entreprises ont compris, même en l'absence d'initiatives du législateur. En pratique, le Fonds national de l'emploi prend quelques initiatives.

Mais une politique cohérente est plus exigeante. L'enseignement du droit comparé est révélateur ; et ce n'est pas un simple jeu de l'esprit, si, dans certains droits étrangers, on a remplacé « congé de conversion » par « convention de conversion », imposé ce que l'on appelle le plan social et considéré le contrat de retour à l'emploi comme l'instrument privilégié de la réinsertion professionnelle des chômeurs. L'élaboration d'une telle politique suppose au préalable la maîtrise des structures et des concepts. En premier lieu, il faut bien déterminer des compétences afin d'éviter les incohérences des services. Or, de ce point de vue, il n'existe pas au Cameroun un organisme qui regroupe l'ensemble des statistiques sur le chômage. Qui fait quoi entre les services de main-d'œuvre et le Fonds national de l'emploi ? Et qui indemnise ? En second lieu, il convient, tout en définissant avec clarté les situations de chômage, de préciser les conditions à remplir pour avoir droit à telle ou telle prestation. De façon générale, le droit comparé indique une variété de régimes au sein d'un système donné d'indemnisation. Le passage d'un régime à l'autre marque une différence fondamentale de la situation du bénéficiaire. Le régime d'assurance soumet, notamment, la perception des prestations à des conditions de ressources dont l'appréciation englobe de nouveaux éléments individuels et familiaux.

L'absence d'un minimum de couverture sociale universelle inclusive et acceptée est un grave facteur de la déliquescence de la société globale.

Dans cette réflexion, je pense même à un troisième axe, à savoir l'opportunité d'adopter, au niveau de l'Union Africaine, une Charte africaine de Sécurité Sociale et un mécanisme de suivi, pour susciter, encadrer et suivre les initiatives nationales effectives, tant la question de la protection sociale est primordiale et salutaire. N'a-t-on pas une Charte Africaine des droits de l'homme et des Peuples, une Charte Africaine des Droits et du Bien-être de l'Enfant… !

11. Codification du droit des personnes et de la famille

Paul-Gérard Pougoué

Réussir la codification du droit des personnes de la famille est un puissant facteur de la cohésion nationale, de l'unité nationale et du ressenti national, ainsi qu'un considérable vecteur de développement.

Depuis des années déjà, on parle de la codification du droit des personnes et de la famille. À ma connaissance, la dernière mouture d'un avant-projet remonte au mois de novembre 2011. Mais, que de déception à la lecture de cet avant-projet : un enchevêtrement de dispositions compilées sans aucune rigueur de systématisation, une énonciation des termes et concepts souvent mal repris du code civil, une tentative bien maladroite de conciliation des extrêmes. L'ensemble débouche sur des constructions et affirmations incohérentes et paradoxales : les rapports personnels et patrimoniaux entre les époux, les charges du ménage, la polygamie, la filiation, l'indivision et l'héritier de la succession et héritier principal, etc.

On attend. La machine semble grippée. Il faut absolument tout reprendre.

À mon sens, le domaine à codifier doit être largement conçu et couvrir les personnes, la famille, la filiation, les régimes matrimoniaux, les successions et les libéralités, y compris les conflits de lois dans ces matières. Dans cet univers de statut personnel, cet ensemble se tient, et il serait incongru de codifier un pan en laissant d'autres. C'est malheureusement la voie suivie jusqu'ici. Le législateur est intervenu sur des pans de matières, par petits pas, sans qu'on puisse comprendre la motivation des choix. Cette approche parcellaire, sans fil d'Ariane, incohérente et aux résultats peu reluisants, crée une grave insécurité juridique et judiciaire. Le justiciable est désespéré.

Il faut codifier véritablement, en ayant à l'esprit l'urgence d'un droit des personnes et de la famille utile, porteur d'un progrès social et endogène, parce que adapté à la société camerounaise. Il faut éviter le mimétisme, qui, de toute manière, sera une pâle copie. Il faut écouter les profondeurs de la société pour innover. Sinon, la codification engendrera un séisme dévastateur.

Le champ thématique à codifier est fortement marqué, partout, par les conceptions et les valeurs culturelles de la société en question. Certes, le droit ne peut et ne doit pas nécessairement suivre les mœurs. Le droit peut aussi servir à faire évoluer les mœurs. Mais, en tout état de cause, on ne peut légiférer sans être attentif aux mœurs et aux croyances millénaires dans la société. J'ai maintes fois eu l'occasion de le dire : la codification ne doit pas être ineffective sur le plan sociologique et culturel, sinon elle devient traumatisante sur le plan psychologique et déséquilibrant sur le plan de la cohésion sociale et sur le plan économique ; pour éviter cela, il faudrait, dans le processus conduisant à la codification, prendre d'indispensables précautions.

La première précaution est de bien revisiter l'histoire du droit des personnes et de la famille pour en tirer des leçons. La question était faussée par un parti pris idéologique en faveur de la civilisation occidentale et de son droit en la matière. On invoquait la supériorité de la civilisation occidentale par rapport à la civilisation négro-africaine. Mais, le but recherché était très loin d'être atteint. Il y a eu des résistançes fortes qu'on a qualifiées, avec une certaine ironie, de « résistances ancestrales ». Véritablement, aucune culture ne peut prétendre à l'universalité. Finalement, il s'en est suivi un pseudo-pluralisme, faussé par une tactique indirecte pour écarter le droit traditionnel basée sur le recours à l'ordre public et à la raison écrite (ratio scripta).

Il faut aussi bien questionner le présent. Les réformes parcellaires portent les stigmates de ce passé. Les juridictions traditionnelles, supposées appliquer les coutumes, sont reconnues à côté des juridictions modernes appelées à appliquer le code civil et les quelques législations parcellaires nationales prises en la matière. Mais, les juridictions dites modernes ont une certaine ascendance sur les juridictions traditionnelles ; la coutume, lorsqu'elle est reconnue applicable dans une espèce, doit être prouvée et peut être écartée en cas de contrariété réelle ou supposée à l'ordre public ou en faveur des dispositions du code civil (encore la raison écrite). La bataille civilisationiste persiste, avec la précision, que l'on parle désormais des conservateurs pour désigner les résistants d'hier et des progressistes pour définir les tenants d'une réforme nettement d'inspiration occidentale. En somme, les institutions traditionnelles sont évincées, déformées ou strictement encadrées : dot, mariage coutumier, adoption coutumière ; ou alors, on crée des situations monstrueuses : communauté des biens au sens du code civil en cas de polygamie, succession au sens du code civil en cas d'héritage coutumier, etc.

Il faut également apprécier les réalités à codifier à l'aune des droits de l'homme et des textes internationaux. À cet égard, j'aimerais bien insister sur les grands défis contemporains en matière du droit de la famille : la liberté, l'égalité, la non-discrimination, la famille monoparentale, la famille éclatée, la famille recomposée, etc.

Il faut également tenir le plus grand compte du système juridique camerounais complexe, comportant le code civil et la common law, vestige de la période sous-mandat, ainsi que les coutumes.

Thérèse Atangana-Malongue

« *À chacun sa famille, à chacun son droit* » *(J. Carbonnier, Essais sur les lois, Paris, Defrénois, 1978, p. 169).* Ce célèbre aphorisme du doyen Carbonnier demeure pour les législateurs africains postindépendances une préoccupation constante en raison notamment de la tension persistante entre tradition et modernité ou plus exactement entre cultures endogènes (originairement africaines) et exogènes (imposées par la colonisation). Au Cameroun par exemple, la juxtaposition de trois systèmes normatifs autonomes et concurrents (droit civil, *Common Law* et droit coutumier), certes nécessaire à titre transitoire (*art. 68, Const. 1996*), comporte de nos jours des inconvénients majeurs très tôt mis en exergue par la doctrine locale : hégémonie du droit civil, dilution de la coutume, assimilation de la *Common Law*, faible capacité de l'État à imposer son propre système de régulation.

La révolution d'endogénéisation des droits exogènes et de réhabilitation du droit coutumier amorcée par les textes nationaux postindépendances *(cf : loi n° 1968-LF-3 du 11 juin 1968 (nationalité), loi n° 69-LF-3 du 14 juin 1969 (noms), lois n° 66/2 COR du 7 juillet 1966 (mariage) et n° 68/LF/2 du 11 juin 1968 (état civil) abrogée par l'ordonnance n° 81/002 du 29 juin 1981 elle-même amendée par la loi du 6 mai 2011)* et confirmée dans l'avant-projet de code des personnes et de la famille n'a toujours pas eu lieu ! Révolution détournée ou révolution impossible ? Dans un pays attaché à ses pratiques et institutions culturelles et ayant reçu des droits venus d'ailleurs, comment bâtir un véritable système juridique cohérent sans contradictions entre les normes, sans discriminations entre les citoyens et imprégné des valeurs socioculturelles ? À la suite des grands maîtres de la pensée juridique africaine dont le doyen Paul-Gérard Pougoué *(P-G Pougoué, La famille et la terre : essai de contribution à la systématisation du droit privé au Cameroun, Thèse Bordeaux, 1977),* la réponse pertinente réside dans la construction d'un nouveau paradigme induisant au fond une double révolution, normative et méthodologique.

La révolution normative

En raison du multijuridisme camerounais, la révolution des normes impose, nous semble-t-il, d'explorer une voie singulière : un code unique inclusif portant sur les points de convergence entre les trois cultures juridiques en vigueur, avec un droit d'option normative portant sur les divergences profondes.

*

La révolution par harmonisation des deux blocs de biculturalité (entre normes étatiques et non-étatiques d'une part ; entre normes étatiques - droit civil et *Common Law* - d'autre part) serait entreprise essentiellement en droit des personnes et dans le droit extrapatrimonial de la famille sous le prisme des valeurs constitutionnalisées comme la dignité, la liberté, le respect de l'identité culturelle, la solidarité, l'égalité et la justice sociale. Pour rappel, c'est en respect des principes matriciels de dignité et de liberté que certaines institutions coutumières telles que le lévirat (*art. 77.2, ord 81*), la répudiation (*art. 77.1, ord 81*) ont été supprimées et que d'autres comme le mariage forcée (*art. 356, CP*), les mutilations génitales (*art. 277, CP*) sont pénalement sanctionnées. L'absence ou l'inefficacité du consentement, critère principal de la liberté individuelle, explique en partie ces choix de politique législative. Simplement, tout en reconnaissant une place importante aux accords entre les membres de la famille et afin d'éviter un possible retournement de la liberté (attention au mythe du tout consentement !) *(Sur ce point lire M. Fabre-Magnan, La liberté, PUF, 2022, pp. 133-201),* c'est à chaque société, en sa qualité de gardienne de la dignité humaine, que revient *in fine* la charge d'apprécier objectivement les actes et les pratiques admissibles. Et de ce point de vue, les questions en débat sont fort nombreuses : culte des ancêtres, héritier principal, homoparentalité, polygamie, concubinage, acharnement thérapeutique, euthanasie, GPA, mutilations génitales féminines, violences éducatives, etc. *(Pour une lecture approfondie : Th. Atangana-Malongue, Droits africains des personnes. Bénin, Burkina-Faso, Cameroun, Centrafrique, Congo, Côte d'Ivoire, Gabon, Mali, Sénégal et Togo, Bruxelles Bruylant, 2022).* Par ailleurs, le respect de l'identité culturelle justifie que des institutions coutumières à l'instar de la dot, du mariage coutumier, de l'inceste coutumier, du mariage polygamique aient été confortées. Il reste qu'en droit camerounais leur règlementation demeure lacunaire. À cet égard, le législateur gagneraient d'une part, à plafonner le montant de la dot afin de mettre fin aux dérives contemporaines de réification et de marchandisation de la femme tout en conservant son caractère symbolique ; d'autre part à prévoir les conditions spécifiques de fond et de forme du mariage coutumier ainsi que l'acte le constatant et les modalités de son enregistrement à l'état civil ; enfin à règlementer de manière holistique le mariage polygamique : – les titulaires de l'option (l'homme et la femme) – le moment de l'option (lors du dépôt du dossier auprès de l'officier de l'état civil) – la constitution et la gestion des ménages (le mari avec chacune de ses femmes) – la participation aux charges du ménage (à défaut de convention, suivant les capacités de chacun, celle du mari serait appréciée indépendamment de l'existence des autres mariages) - l'absence de solidarité juridique entre les coépouses, etc. Mais, c'est surtout par le renforcement de la solidarité familiale en complément de la solidarité publique que nos spécificités socioculturelles, religieuses et économiques seraient véritablement prises en considération notamment à travers la systématisation d'une conception plus large de la notion de famille (« grande famille » ou « proche parenté »), l'intégration d'obligations traditionnelles issues de la solidarité familiale telles que l'extension des devoirs d'assistance et de secours à la proche parenté, la réception de l'adoption coutumière, le respect du droit des enfants aux relations avec les membres de ladite famille.

Talon d'Achille du droit positif camerounais, les rapports familiaux sont pour l'essentiel discriminatoires. En conséquence, le toilettage projeté conduirait à passer tous les systèmes normatifs étatiques et non-étatiques au crible des droits humains, individuels et collectifs au sens des Chartes africaines ratifiées (CADHP, CADBE, PA-CADHP), spécifiquement le principe d'égalité. Aussi son respect impose-t-il *grosso modo* de mettre fin à l'hégémonie maritale et paternelle, d'attribuer conjointement aux époux (couple bicéphale) la direction morale et matérielle du ménage et aux parents, indépendamment de leur statut, la cogestion de la famille dans « *l'intérêt supérieur de l'enfant* » et son « *autonomisation* ». Il s'en suit que les institutions de l'autorité parentale, de l'administration légale, de la tutelle, tout comme les questions relatives à l'exercice d'une profession, à la garde des enfants et à la filiation gagneraient à s'innerver, dans la mesure du possible, du principe d'égalité.

*

Lorsque les contrariétés sont profondes, l'option apparaît comme une méthode révolutionnaire et pertinente de codification en raison de sa souplesse. Face à une réalité multiculturelle, il importe que chacun puisse trouver dans la législation le modèle adéquat. Deux domaines relevant du droit patrimonial de la famille sont particulièrement concernés : les régimes matrimoniaux et les successions.

En matière matrimoniale, les divergences existent dans les contenus de la *Common Law,* du droit coutumier et du droit civil. Le code civil reconnaît en effet la coexistence des régimes séparatistes et communautaires (art. 1387, C. civ) tandis qu'en *Common Law* et en droit coutumier, le seul régime concevable est celui de la séparation des biens (*Married Women's Property Act* 1882) du moins avant la construction prétorienne du régime coutumier de communauté sous condition de participation de la femme (non de l'homme !). Or, en cas d'absence de choix des conjoints clairement exprimé dans l'acte de mariage, exigence de l'article 49 de l'ordonnance du 29 juin 1981 amendée par la loi du 6 mai 2011 (textes d'application nationale), le droit civil retient le régime supplétif de la communauté des biens meubles et acquêts (*art.1400, C. civ*) contrairement à la *Common Law* qui envisage en toute hypothèse le régime de la séparation des biens (*section 2, MWPA 1882*) *(lire E. Ngwafor, « Cameroon: The Law across the bridge : Twenty years (1972-1992) of confusion. » RGD 26, n° 1 (1995) : 73).* La réforme attendue offrirait ainsi aux conjoints une option entre les systèmes de *Common Law* et de droit civil auquel est apparentée la coutume évoluée suscitée. Et à défaut d'acte notarié, la loi du lieu de célébration du mariage serait un critère de rattachement pertinent. Cette profonde contradiction se retrouve également en *matière successorale*, le code civil instituant, à propos des libéralités, une réserve héréditaire et du côté de la *Common Law*, le *Wills Act 1837* (section 3) permet au disposant de céder tous ses biens. De même, en *Common Law*, le conjoint survivant vient en premier dans l'ordre de succession (*Nforba case*) alors que le Code civil ne lui reconnait que la quatrième place (*art. 731*). Et en présence d'enfants et descendants, il a droit à la pleine propriété dans l'un et à l'usufruit dans l'autre (*art. 767*). Ainsi, trois régimes successoraux seraient applicables (de droit coutumier, de droit civil et de *Common Law*) autorisant les citoyens à formuler expressément ou tacitement l'option en adéquation avec leurs convictions personnelles. En l'absence de choix, compétence serait reconnue au droit moderne (droit civil ou *Common Law*) du lieu du décès.

La révolution méthodologique

La révolution des méthodes touche à la fois aux sources du droit des personnes et de la famille et au contentieux y découlant.

*

Si à l'analyse les sources du droit familial se fondamentalisent de plus en plus, il est tout aussi impératif de réhabiliter les coutumes dites « positives » et d'affranchir la *Common Law*.

La dynamique de fondamentalisation du droit privé a révolutionné les sources du droit des personnes et de la famille *(A. Gogos-Gintrand, « Les évolutions contemporaines du droit de la famille ou le temps de l'acceptation », in 2010-2020 Une décennie de mutations du droit de la famille, Dalloz, 2021, pp. 3-16)*. En effet, depuis *l'arrêt Michel Zouhair Fadoul* du 15 juillet 2010 (plus récemment C.S, 7 mars 2019, *arrêt Abdoulaye Djibrilla*), les juges judiciaires sont compétents pour exercer un contrôle de conventionnalité des lois. Cette révolution est, cependant, limitée par une pratique judiciaire fluctuante, variable dans l'espace et dans le temps *(Th. Atangana-Malongue, « Le juge camerounais et le droit international », in Le Cameroun et le droit international, (dir) J.-L. Atangana Amougou, Pedone, 2014, pp. 309-330).* Quoi qu'il en soit, dans son office, le juge ordinaire a pour référence effective la convention internationale et non la Constitution de sorte qu'une loi ou coutume jugée anti conventionnelle n'est pas annulée mais simplement écartée des débats au profit de la norme internationale. Cette autorité relative de chose jugée des décisions rendues en matière de conventionalité tranche assez radicalement des effets du contrôle de constitutionalité, et de ce point de vue, ce dernier offre un avantage réel puisqu'il aboutit, en cas de réponse positive, à l'abrogation de la loi en cause. Mais là encore, l'on déplorera la compétence restrictive du Conseil constitutionnel camerounais en ce que sa saisine demeure fermée au citoyen. La révolution méthodologique consiste donc à permettre au citoyen d'accéder directement ou par voie d'exception au juge constitutionnel dans une perspective d'éviction de notre droit familial une part appréciable de ses inconstitutionnalités.

Il faut dire que la coordination normative entreprise jusque-là en droit des personnes et de la famille par les pouvoirs publics camerounais semble dissimuler une réalité infiniment pernicieuse, la dilution des droits coutumiers dans les droits d'inspiration occidentale (droit civil et *Common law*) alors même que les coutumes, ont la préférence d'une grande partie des populations qui les jugent fiables, accessibles, équitables, sécurisantes et mieux adaptées aux problèmes locaux. La révolution consiste à réhabiliter le droit coutumier ! Au demeurant, en protégeant dès l'article 1er de la Constitution « *les valeurs traditionnelles [...]* », l'État du Cameroun énonce, certes timidement, sa volonté de réceptionner dans son ordre juridique le système de droit coutumier en lui conférant une force juridique non négligeable. Dans le même sens, les Chartes africaines ratifiées prescrivent la préservation et le renforcement « *des valeurs [morales, traditionnelles et] culturelles africaines positives* » (art. 29.6, CADHP ; art. 11.1, CADBE). Cette valorisation légitime des coutumes trouve, toutefois, sa mesure constitutionnelle dans l'exigence de conformité « *[...] aux principes démocratiques, aux droits de l'homme et à la loi* » (art. 1er.2.3°). On s'interrogera notamment sur la pertinence d'une sujétion des coutumes à « la loi ».

Se profile également en droit camerounais une autre menace tout aussi néfaste, exacerbée de nos jours par la crise dite « anglophone », celle de l'assimilation de la *Common Law* par le droit civil, et ce nonobstant la constitutionnalité d'une coexistence voulue pacifique des deux traditions juridiques héritées. Cette crise a contraint le gouvernement à accorder, à défaut du fédéralisme réclamé, un « *statut spécial* » *(loi n° 2019/024 du 24 décembre 2019 portant code général des collectivités territoriales décentralisées (Titre V - art. 327 à 371)* aux deux régions anglophones (nord-ouest et sud-ouest), consolidant du même coup pour longtemps encore le bloc de biculturalité : droit écrit et *Common Law*.

*

Le contentieux familial, placé en grande partie sous le contrôle d'un juge sanctionnateur (cas de violation par les époux, les parents et même les tiers des obligations matrimoniales, parentales ou familiales), gagnerait à s'inspirer de la démarche conciliatrice du droit coutumier consistant davantage à traiter la source du conflit qu'à trancher un différend *(S. Meloné, « Du bon usage du pluralisme judiciaire en Afrique : l'exemple du Cameroun » RIDC 2, 1986, p. 340).* Ici la révolution réside à la fois dans la recherche systématique des accords entre des intéressés (conjoints, parents) et dans l'institutionnalisation de la « médiation famille » comme étape *sine qua non* dans la gestion du contentieux intrafamilial. Il s'agit au fond de renouveler la figure du juge en lui attribuant de nouvelles fonctions *(H. Fulchiron, « Le contrôle de proportionnalité et les évolutions contemporaines du droit de la famille », in 2010-2020, op. cit., p. 47).* De protecteur des valeurs de la famille, cellule de base de la société, devrait succéder un juge garant de la dignité des personnes et de l'ordre public familial, mais aussi régulateur des relations familiales, qui protégerait les membres les plus vulnérables (femme, enfant, personne dite incapable en raison de la maladie, du handicap ou de la vieillesse). Cette révolution de la fonction de juger en matière familiale pourrait intervenir soit par voie législative, soit par émancipation du juge au travers de son pouvoir d'interprétation.

*

En guise de conclusion, les réformes paradigmatiques de notre droit familial devra être entreprise dans le cadre d'une réforme globale, cohérente, dégageant une pluralité de modèles familiaux, une égalisation des rapports interfamiliaux et des filiations, une privatisation (ou contractualisation) nécessaire desdits rapports sous la direction d'un ordre public familial et un contentieux sous le contrôle d'un juge régulateur.

Paul-Gérard Pougoué

La codification, du latin « codicem facere : faire un code », désigne aussi bien l'action de codifier que le résultat de cette action. Mais, il ne s'agit pas seulement de rassembler les règles juridiques relatives à une matière déterminée ; il s'agit surtout de façonner un modèle dont on pourrait déduire des solutions. La méthode est déductive, en ce sens que les articles du code sont autant de théorèmes dont il s'agit de démontrer la liaison et d'en tirer les conséquences. Cet art de la codification a amené à dire que « le juriste pur est un géomètre » (Liart).

Il faut dépasser l'antagonisme idéologique « droit traditionnel » ou « droit moderne » pour la recherche d'un droit à l'écoute de la société et pour la société. Pour y parvenir, il faut avancer en tremblant.

En raison de la complexité de l'entreprise et de la disponibilité nécessaire pour mener l'œuvre, la codification devrait être confiée à un comité de suivi comprenant, sous la coordination d'un professeur titulaire ou un haut magistrat ayant une expertise avérée et reconnue en droit des personnes et de la famille, deux magistrats expérimentés, un sociologue, un anthropologue, un enseignant de rang magistral de droit des personnes et de la famille, un enseignant de rang magistral des régimes matrimoniaux, un enseignant de rang magistral des successions et des libéralités, un enseignant de rang magistral du droit international privé des personnes et de la famille, un expert reconnu des droits de l'homme. Ces spécialistes doivent avoir une parfaite maîtrise des concepts juridiques, du droit des personnes et de la famille et de la légistique, autrement dit, de l'art de rédiger les textes de lois. On comprend dès lors la rigueur et l'honnêteté intellectuelle dans leur choix.

Codifier le droit de la famille en faisant fi, de l'histoire, de la sociologie, de l'anthropologie et du droit comparé, reviendrait à faire une œuvre désincarnée, ce qui pourrait paralyser son effectivité.

La démarche doit être méthodique et strictement encadrée dans un délai raisonnable.

La première étape doit être consacrée à la connaissance et à l'évaluation du terrain par une série d'études / consultations sur appel d'offre :

– un commentaire/annotation de la jurisprudence en matière du droit de la personne et de la famille depuis l'an 2000 en 5 parties : personnes, famille, filiation, régimes matrimoniaux, successions et libéralités, y compris chaque fois les aspects de droit international privé ;

– une étude critique des textes et projets de code depuis l'indépendance ;

– une étude de l'évolution sociologique et anthropologique de la société ;

– une étude sur le thème « Droit des personnes et de la famille et droits de l'homme » ;

– une étude comparée des réformes en la matière en Afrique noire francophone ;

– une étude comparée des réformes en la matière en Afrique noire anglophone ;

– une étude comparée des réformes en la matière dans les États du Maghreb.

Cette étape fondamentale, conduite selon les canons de la consultation de haut niveau, pourrait durer au maximum 1 an.

Il faut particulièrement prendre la mesure de la complexité de la codification du droit international privé de la famille, à cause à la fois des positions doctrinales tranchées et du pluralisme juridique camerounais.

Brigitte Djuidje Chatué

Mener une réflexion sur la nécessité, la méthode et les enjeux d'une démarche codificatrice en droit international privé camerounais de la famille ne saurait simplement sacrifier à un effet de mode. L'idée n'est pas nouvelle, le Professeur Paul-Gérard Pougoué en ayant balisé le chemin dans sa thèse remarquable sur « La famille et la terre. Essai de contribution à la systématisation du droit privé au Cameroun » *(Bordeaux, 1977).*

Le code, entendu comme ensemble de règles juridiques relatives à une matière, traduit une volonté d'unification, de cohérence, mais aussi d'articulation. En ce sens, il a pour contrepartie la dé-flexibilisation du droit. Et en effet, le droit international privé, originellement et principiellement prétorien, risque alors de se soustraire à la capacité innovatrice et adaptatrice du juge, gage de protection de l'ordre public international *subjectif*, par opposition à sa conception « objective » qui, de proche en proche, tente son émergence.

L'option pour la codification nous confronte à deux difficultés majeures, l'une apparente, l'autre réelle. La difficulté apparente réside dans le fait de croire que la codification aboutie et efficace serait strictement technique, au sens d'une neutralité absolue ; ce qui aurait pour effet immédiat de récuser les prétentions de l'hétéronomie de la norme juridique. Or il a été démontré, à suffisance, que l'idée traditionnelle de la neutralité de la norme juridique en général, et de la règle de conflit de lois en particulier, est une « fausse croyance », l'influence des droits de l'homme *(Bernard AUDIT, « Le droit international privé en quête d'universalité », Rec. Cours La Haye, 2003, t. 305, p. 58)*, des facteurs politiques ou économiques *(Horatia MUIR WATT, « Réflexions sur l'impact de la globalisation économique sur les fondements des conflits de lois et de juridictions », Rec. Cours La Haye, 2004, t. 307, pp. 23-383)*, métaphysiques ou idéologiques *(Abd-El-Kader BOYE, « Le statut personnel dans le droit international privé des pays africains au Sud du Sahara. Conceptions et solutions des conflits de lois. Le poids de la tradition négro-africaine personnaliste », Rec. Cours La Haye, 1993, t. 238, I, pp. 247-419 ; Pierre GANNAGÉ, « La coexistence des droits confessionnels et des droits laïcisés dans les relations privées internationales », Rec. Cours La Haye, 1979, III, pp. 339-423)*, culturels ou philosophiques *(Bernard AUDIT, précité ; Henri BATIFFOL, Aspects philosophiques du droit international privé, Paris, Dalloz, 1956)*, ou même structurels *(Brigitte DJUIDJE, Pluralisme législatif camerounais et droit international privé, Paris, l'Harmattan, 1999 ; Pierre GANNAGÉ, « L'influence du pluralisme des statuts personnels dans les droits internes de pays du Proche-Orient sur les règles de droit international privé », Clunet, 1965, p. 291)*, sur l'évolution des méthodes et des solutions du droit international privé étant solidement établie.

Ce serait donc manquer de réalisme, et vouer le système envisagé à l'ineffectivité, que de concevoir une codification du droit international privé camerounais en faisant totalement abstraction des particularismes nationaux.

La difficulté réelle réveille le vieux débat, mais toujours aussi vif, qui oppose particularistes et universalistes. Les particularistes considèrent que les rapports de droit privé comportant un élément d'extranéité doivent recevoir une réponse nationale. Pour eux, le droit international privé n'est qu'une simple projection, sur le plan international, des règles et solutions du droit interne. Les universalistes estiment, quant à eux, que de tels rapports requièrent des solutions spécifiquement « internationales » à caractère universel. De leur point de vue, il est non seulement souhaitable, mais aussi possible, de parvenir à une unification du droit international privé par des règles communes à tous les États.

Cette opposition est lourde de conséquences, dans la mesure où les premiers vont s'attacher strictement aux sources internes du droit international privé (fussent-elles hétérogènes), au risque de sombrer dans un isolationnisme inacceptable pour le monde contemporain, qualifié de village planétaire ; tandis que les seconds seront naturellement portés à privilégier les sources internationales issues des conventions internationales, au risque de succomber à la tentation d'un universalisme hâtif, manifestement biaisé par un contexte unipolaire, qui se décline en occidentalisme et, bien plus, en Nord-américanisme, lourd d'enjeux axiologiques finalement chaotiques.

On le voit, présentée de la sorte, la question de la codification du droit international privé reste clivante et même binaire. Elle enjoint à un choix qui se veut radical entre universalisme et particularisme *(Clémentine BECHEREL, La codification en droit international privé : une perspective universaliste en matière de conflit de lois ?, Thèse, Normandie Université, 2022 ; Sylvette GUILLEMARD et Alain PRUJINER, « La codification internationale du droit international privé : un échec ? », Les Cahiers de droit, 46(1-2), 2005, pp. 175-192 ; Carine BRIERE, « La pensée de Foelix : entre universalisme et particularisme. Contribution à l'histoire du droit international privé », Revue critique de droit international privé, 2019/1, pp. 65-86).* Mais peut-être doit-on, entre les deux, frayer une troisième voie qui serait celle du comparatisme « faible », prônant la reconnaissance des différences axiologiques, sur fond d'ouverture à des valeurs communes universelles.

Paul-Gérard Pougoué

Dans une deuxième étape, le comité de suivi procède à la synthèse des études / consultations et élabore un avant-projet qui sera vulgarisé le plus possible. Cette étape pourrait durer au maximum deux ans.

Dans une troisième étape, un colloque international et interdisciplinaire (historiens, philosophes, sociologues, anthropologues, magistrats, professeurs de droit, économistes) est organisé avec des contributions sur appel à contribution. Une synthèse de ce colloque est produite par le comité de suivi. Cette étape de maturation pourrait durer au maximum 2 ans.

Vient ensuite l'étape de la rédaction du projet de code. Cette étape pourrait durer au maximum 2 ans.

Enfin le projet est présenté à l'Assemblée. L'analyse et l'adoption pourrait durer au maximum 1 an ; la promulgation doit suivre immédiatement.

Après la promulgation, un colloque scientifique doit être organisé sur le nouveau code. L'objectif est de faciliter la compréhension et l'application du document. Les magistrats, les avocats, les enseignants du droit et les acteurs de la société civile seront conviés spécialement.

Tout cela suppose un financement conséquent à réunir avant de lancer l'entreprise de codification.

La méthodologie peut paraître rigoureuse. En cette matière, il faut légiférer avec l'histoire, la sociologie, l'anthropologie et les droits de l'homme. Il faut éviter deux extrémités illusoires et dangereuses : vouloir substituer un droit nouveau à l'ensemble du droit existant, ou vouloir adopter impérativement les modèles occidentaux. Il faut écouter les réalités socio-culturelles, tout en restant très attentif aux droits de l'homme et aux enseignements du droit comparé.

C'est en procédant de la sorte que l'on peut espérer obtenir un résultat « utile », partagé et accepté. Or, ne l'oublions pas, un droit des personnes, de la famille, de la filiation, des régimes matrimoniaux, des successions et des libéralités, y compris les aspects de conflits de lois, adapté et accepté, est un puissant facteur du ressenti national et un considérable vecteur du développement.

Vous le voyez, la codification est un énorme effort de systématisation et une délicate œuvre architecturale. Pour apprécier une telle prouesse, deux locutions me viennent à l'esprit : l'éthique de la codification et l'esthétique de la codification.

12. Questions telluriques et développement rural

Paul-Gérard Pougoué

Latifundia !

Les questions telluriques ont fait périr tant d'empires. La politique domaniale et foncière interpelle aussi bien que la sécurisation du droit de propriété. La gestion du domaine national est à la croisée des chemins. Plusieurs notions devraient être revisitées : le pouvoir des chefs traditionnels dont on se demande s'ils sont des co-gestionnaires du domaine national, la mise en valeur et la procédure directe d'obtention du titre foncier, le conflit d'intérêts dans le fonctionnement des commissions consultatives, la politique et la réforme des concessions domaniales et la responsabilité de l'administration.

On devrait accorder la plus grande attention aux droits des occupants du domaine national. Le souci est de permettre à ces derniers, qui constituent une très grande fraction de la population du pays, de participer pleinement au commerce juridique et économique.

J'ai toujours pensé que les droits de ces occupants ne sont pas des droits personnels. On peut aisément assimiler, singulièrement au droit de superficie, les permis d'occuper, l'obligation de mise en valeur, les éventuels divers titres tels que la mise à disposition, le permis d'habiter ou le permis d'exploiter, la concession provisoire du domaine national, et estimer qu'ils peuvent faire l'objet de constitution de droit réel. De façon générale, il me semble que l'on n'est pas du tout loin de la propriété ; on peut parler de quasi-propriété.

Isidore Léopold Miendjiem

Je veux prolonger la réflexion sur l'idée de la quasi-propriété, car celle-ci est riche en potentialités.

La dernière réforme de 1974 a intégré les terres coutumières occupées dans le domaine national pour en faire une dépendance de première catégorie. Mais, elle n'a pas matériellement évincé les anciens titulaires des droits fonciers coutumiers, il leur a été reconnu un droit d'occuper ou d'exploiter leurs terres qui n'est pas un droit de propriété. Par l'effet de la réforme, ils sont devenus des occupants ou exploitants du domaine national. On réalise instantanément la nécessité, mais aussi la difficulté de qualifier le droit ainsi généré par la création du domaine national de première catégorie. Ce n'est assurément pas le droit d'occupation ni d'usage au sens civiliste ou classique des termes. Cette imprécision oblige à démêler l'écheveau de la nature juridique du droit des occupants du domaine national.

Comme la terre est un bien, naturellement c'est le droit des biens qui est convoqué. L'utilisation par le législateur des termes neutres « d'occupation » ou « d'exploitation » ne permet pas de déterminer d'emblée la nature patrimoniale du droit des occupants du domaine national. Or c'est de cette nature patrimoniale que découlera la nature juridique spécifique du droit des occupants du domaine national. L'occupation ou l'exploitation renvoie à l'exercice soit d'un droit personnel, soit d'un droit réel.

La détermination de la nature patrimoniale du droit des occupants du domaine national oblige à convoquer pour les scruter toutes les doctrines classiques sur la distinction droit réel/droit personnel afin d'extraire les traits caractéristiques de chaque type, confrontés aux traits distinctifs du droit des occupants du domaine national, permettront de classer ce dernier soit comme un droit personnel, soit comme un droit réel. De cet exercice, il est apparu que la réalité du droit des occupants du domaine national prend le pas sur la personnalité de ce droit. C'est un droit réel.

La question de la nature patrimoniale étant réglée, l'on est qu'à mi-chemin. Encore faut-il préciser de quel droit réel il s'agit. Les diverses figures de droit connues du droit (réel-droit d'usage et d'habitation), usufruit- ont été appelées et estimées inadaptées. La figure de fait qu'est la possession est également inappropriée à cause de ses effets. Aucune catégorie classique n'apparaît suffisante pour rendre compte de la réalité de « l'occupation » du domaine national telle que consacrée par la réforme de 1974. Il se dégage clairement que la catégorie juridique adéquate d'accueil du droit des occupants du domaine national, c'est la « quasi-propriété ». Certes, c'est une catégorie juridique encore peu explorée, mais les « quasi-institutions » sont bien connues en droit, il s'agit d'institutions inachevées qui empruntent à des institutions de référence certains de leurs éléments sans parvenir à l'identité, faute de pouvoir les réunir tous. Le droit des occupants du domaine national n'est pas un droit de propriété foncière parce que l'occupant n'est pas titulaire d'un titre foncier. Mais, comme tout propriétaire, l'occupant a l'usus et le fructus de la terre qu'il occupe. Comme tout propriétaire, il a l'abusus, caractéristique fondamentale du droit de propriété, mais son abusus est diminué. S'il a l'abusus matériel, l'abusus juridique lui fait défaut. Il ne peut passer aucun acte de disposition de la terre occupée ou exploitée, il ne peut pas la vendre bien qu'il ait la possibilité de procéder à d'autres actes juridiques proches de l'abusus juridique d'un véritable propriétaire, à savoir la faculté d'hypothéquer son droit, de conférer des droits de jouissance sur sa terre. De plus, son droit comme celui du propriétaire est perpétuel, exclusif et opposable aux tiers. Il a la possibilité de procéder à d'autres actes juridiques proches de l'abusus juridique d'un véritable propriétaire. Dans ce sens, l'article 203 alinéa 2, 3° de l'Acte uniforme OHADA relatif au droit des sûretés affirme la possibilité d'hypothéquer les bâtiments et ouvrages construits sur le domaine national. Il s'agit de l'hypothèque des immeubles matérialisant l'occupation ou l'exploitation du domaine national.

Paul-Gérard Pougoué

Je me sens conforté dans mon analyse. D'ailleurs, les tendances du droit positif vont dans ce sens ; ainsi, l'article 253 du l'Acte uniforme OHADA portant organisation des procédures simplifiées de recouvrement et des voies d'exécution prévoit que l'obligation pour le poursuivant, lorsque l'immeuble devant faire l'objet de la saisie n'est pas immatriculé et, lorsque cette immatriculation est prévue, de requérir l'inscription après y avoir été autorisé par décision de justice. On peut estimer que le législateur OHADA a implicitement mais nécessairement fait un pas décisif vers la reconnaissance de la quasi-propriété. Il est souhaitable que, assez rapidement, le législateur OHADA et les législateurs nationaux reconnaissent formellement la quasi-propriété des occupants du domaine national, permettant ainsi à ces derniers de pratiquer toutes sortes de sûretés immobilières.

Par ailleurs, il est vraiment temps de consacré nettement en droit positif l'usucapion, cette prescription qui, au bout de trente ans d'une possession non entachée de discontinuité, de violence, de clandestinité ou d'équivoque, permet à tout possesseur, même frauduleux et sans titre, d'acquérir la propriété de l'immeuble qu'il possède.

Dans la foulée, les sûretés de l'Acte uniforme OHADA ne sont pas à coup sûr très adaptées au monde rural. L'enjeu est de permettre aux occupants du domaine national de constituer des sûretés. L'hypothèque est lourde et onéreuse ; surtout elle suppose un droit de propriété sur la terre. Des garanties sont possibles : notamment le gage des stocks en ce qui concerne les produits d'exploitation agricole, ou encore le crédit-bail, la réserve de propriété, le gage du matériel professionnel ; encore faut-il, dans la première hypothèse que les produits constitués des stocks, et, dans la seconde, que l'exploitation agricole ait une certaine envergure et surface financières. Véritablement, les sûretés de l'Acte uniforme OHADA non pas été conçues pour le monde rural africain d'aujourd'hui. Peut-être, faudrait-il sonder la piste de l'antichrèse ainsi que celle des garanties sur les plantes et les récoltes, tout en consacrant la quasi-propriété évoquée ci-dessus.

Yvette Rachel Kalieu Elongo

L'émergence des exploitations agricoles de grande envergure et l'avènement de l'agriculture de seconde génération est un défi à relever par les États africains plus de 60 ans après leur indépendance. Outre les questions de détermination des droits fonciers sur les terres et de rentabilité de ces terres, le financement des exploitations agricoles fait partie des conditions à remplir pour relever ce défi.

Qu'il s'agisse du crédit bancaire classique ou spécialisé, le problème des garanties du crédit se pose. Avec la disparition des fonds de garantie, l'exploitant agricole doit lui-même à défaut de fournir une caution, constituer des garanties sur son exploitation. Celle-ci n'est pas que la terre mais aussi ses fruits et ses produits et tout ce qui s'y attache tel que le matériel d'exploitation ou le bétail. L'avantage des garanties assises sur l'exploitation agricole est de préserver le crédit de l'agriculteur constituant, tout en donnant l'assurance au banquier que l'activité financée fournira les ressources nécessaires au remboursement du crédit.

Il y a une diversité de choix des garanties sur l'exploitation agricole bien que leur efficacité soit encore interrogée.

L'exploitation agricole se prête particulièrement à certains types de garanties telles que hypothèque qui permet de garantir surtout les prêts à long terme consentis pour financer par exemple la création ou la modernisation de plantations pérennes (cacaoyère, bananeraie, palmeraie, caféière et autres). Les avantages de l'hypothèque sont l'absence de dépossession, la préservation du crédit du constituant qui peut consentir plusieurs hypothèques sur la même terre, la possibilité de consentir la sûreté même en cas d'indivision par exemple dans le cas d'un héritage familial mais à certaines conditions. Au niveau de la réalisation, il y a possibilité d'attribution judiciaire et d'attribution conventionnelle pour le créancier. En contrepartie, les formalités de constitution sont lourdes et coûteuses et est grand le risque de perte de l'exploitation en cas de non-paiement.

Les garanties peuvent aussi porter sur les produits de l'exploitation agricole. C'est le cas du gage des stocks. Les produits de l'exploitation agricole dès lors qu'ils constituent un stock - cacao, café, coton, mil - peuvent être donnés en gage. Le gage peut même porter sur des stocks futurs tels que les fruits en cours de maturation. On note une certaine flexibilité de la sûreté avec la possibilité pour l'exploitant de vendre les stocks mis en gage mais à charge de remplacer ou la possibilité de faire circuler bordereau de gage de stocks. La réalisation est également facilitée pour le créancier lorsque le gage porte sur les produits qui peuvent être vendus sur les marchés internationaux.

En plus des produits, les garanties peuvent porter sur le matériel de l'exploitation agricole tels que les tracteurs et autres engins. Ce matériel peut faire l'objet de diverses garanties telles que le crédit-bail, la réserve de propriété au moment de l'achat ou encore le gage de matériel professionnel.

En dépit de leur diversité, les garanties sur les exploitations agricoles ne sont pas toujours d'une grande efficacité pour l'obtention du crédit. Leur poids économique et leur valeur juridique sont affaiblis pour diverses raisons.

S'agissant des contraintes juridiques, l'une des principales est la question des droits fonciers sur les exploitations agricoles. En plus de la difficulté pour l'exploitant agricole de prouver qu'il est juridiquement le propriétaire des terres qu'il exploite, il y a les problèmes que posent certaines exploitations agricoles communautaires ou familiales sans oublier les nombreux conflits fonciers.

Pour ce qui est des limites et obstacles économiques, il y a d'abord le coût de constitution des garanties et parfois la longueur des procédures y relatives qui n'encouragent pas les exploitants si les investissements à financer ne sont pas d'une certaine importance. Il y a ensuite la faible valeur financière des exploitations agricoles du fait par exemple du mauvais entretien des plantations, de leur difficile accessibilité ou encore de leur faible productivité. À cela il faut ajouter que la valeur des biens rattachés à l'exploitation n'est pas attractive pour le prêteur à cause des problèmes d'entretien et de maintenance, ce qui peut contraster avec les procédures de constitution et de réalisation des garanties. En outre, le problème de la conservation des produits de l'exploitation se pose (pertes après récolte, problèmes de transformation, de transport et vente des produits, problème de la qualité et des normes des produits surtout ceux destinés à l'exportation, absence de magasins d'entrepôt, de marchés et des circuits de commercialisation rapide). Enfin, il faut signaler les risques agricoles (sécheresse et autres catastrophes) ce qui pose le problème de l'assurance agricole qui reste assez peu répandue pourtant elle est prévue par le code des assurances CIMA.

Pourtant, les exploitations agricoles peuvent, dans certaines conditions, servir de moyens de garanties utiles pour le financement de l'agriculture si certaines contraintes sont surmontées avec si besoin est, l'appui de l'État.

Il est également nécessaire de proposer quelques alternatives telles que le cautionnement mutuel à travers les sociétés coopératives ou les associations de caution mutuelle qui pourraient s'appuyer sur les systèmes de solidarité existant dans le monde rural. Dans le mécanisme du cautionnement mutuel il y a mise en place d'un fonds de garantie constitué des dépôts des membres ou des parts sociales. Grâce à ce fonds, les adhérents qui sollicitent un crédit auprès d'une institution financière peuvent se faire cautionner par l'association ou la société coopérative pour une part importante du crédit. Ainsi tous peuvent garantir le crédit accordé à l'un ou à certains. Le cautionnement mutuel associe les principes de la mutualité et de l'épargne préalable et permet aussi de réduire les taux d'intérêt sur les petits crédits notamment. Le cautionnement mutuel souffre toutefois d'absence de réglementation claire, nationale ou communautaire

La revitalisation des fonds de garantie est également nécessaire. Ces fonds permettent à l'État à défaut de mettre en place le crédit rural, d'apporter leur garantie aux banques qui acceptent d'accorder des crédits aux agriculteurs.

On peut aussi de généraliser des pratiques comme celle du « work and pay » qui permet que des biens d'équipement ou autre matériel agricole soient achetés par un tiers qui peut être une personne physique, remis à l'agriculteur qui les utilise pour ses activités agricoles et paie plus tard. Il peut être aussi possible qu'il paie une petite somme au moment de la remise du bien. La technique se rapproche un peu du crédit-bail mais avec moins de complexité.

Pourquoi ne pas envisager aussi de l'adaptation de l'antichrèse qui existait déjà dans les pays de l'OHADA avant l'adoption de l'acte uniforme OHADA portant organisation des sûretés qui ne l'a pas repris. L'antichrèse est une sûreté portant sur les biens immobiliers qui contrairement à l'hypothèque emporte dépossession du constituant. Cette sûreté présente de nombreux avantages dans la garantie des crédits agricoles. L'antichrèse procure au créancier la jouissance d'un bien immeuble à titre de gage avec le droit d'en percevoir les fruits naturels ou civils pour les imputer sur sa créance. En contrepartie, il a l'obligation d'entretien et de conversation du bien dont il ne peut en principe acquérir la propriété en cas de non-paiement.

Paul-Gérard Pougoué

Ces réflexions sur la quasi-propriété, l'usucapion et les sûretés mieux adaptées au monde rural sont stimulantes. Mais, tout en les concevant, il faut prendre les mesures fortes pour garantir le droit à la propriété.

En effet, le droit à la propriété est assez fragilisé. L'insécurité juridique est à son comble et engendre de graves conflits sociaux. Ces dernières années, les titres fonciers sont si facilement annulés. Cela peut se comprendre s'il y a eu fraude dans leur obtention. Par contre, s'il n'y a pas eu fraude, il faut respecter scrupuleusement le caractère intangible et inattaquable du titre foncier. La légèreté avec laquelle les titres fonciers sont remis en cause pourrait entraîner la responsabilité de l'État pour mauvais fonctionnement des services publics. Parfois, l'atteinte portée par l'administration à la propriété privée immobilière est si irrégulière qu'on n'est pas loin d'une voie de fait ou même d'une emprise.

Dans la même veine, l'expropriation et le déguerpissement des occupants du domaine national pour cause d'utilité publique interpellent fortement. Il faudrait revoir la législation en la matière pour renforcer le droit à l'information des concernés avant toute procédure et pour admettre nettement une indemnisation juste et préalable.

L'histoire de l'évolution anthropologique et sociologique du monde rural suscite également un vif intérêt. On est là au cœur d'une grande réflexion à entreprendre sur le droit rural en lien avec le développement rural.

Le développement rural ne se limite pas aux actions pour combattre la pauvreté. Beaucoup de tentatives sont faites par l'État sous cet aspect, sans résultats plausibles. Ces tentatives consistent bien souvent en des dispositions d'aides émiettées, éparpillées sans cohérence d'ensemble.

L'enjeu primordial est la relance d'une croissance économique dans tous les secteurs. Il s'agit de concevoir des politiques fortes pour entraîner le secteur rural dans cette relance de la croissance. On a pu par le passé trouver l'amorce de telles politiques dans les sociétés de développement et les coopératives agricoles. L'évaluation sans complaisance de ces expériences pourrait permettre d'élaborer une politique de développement rural plus porteuse autour des unités fortes menant des activités multiformes au bénéfice du secteur rural : coopératives agricoles, complexes de transformation des produits, recherche appliquée, formation continue des paysans, voire, dans certaines unités, des formations diplômantes, le cautionnement mutuel, les fonds de garantie pour soutenir les prêts agricoles par les banques, les politiques de soutien d'agriculture au sens large, etc. La question est complexe. La réflexion doit être croisée et réunir les juristes, les sociologues, les anthropologues et les économistes.

Anselme Nzoko

Le développement rural est-il un facteur d'humanisation des peuples ?

Lorsqu'on évoque le développement rural, cela suppose en creux la remise en question d'un système d'organisation socioéconomique qui montre ses limites et qui soulève de nombreux questionnements sur les choix à opérer pour penser l'avenir de l'humanité. « Il y a ceux qui voudraient améliorer les hommes et il y ceux qui estiment que cela ne se peut qu'en améliorant d'abord les conditions de leur vie. Mais, il apparait que l'un ne va pas sans l'autre, et on ne sait pas par quoi commencer ». Cette réflexion d'André Gide s'impose aujourd'hui à la conscience collective qui s'interroge sans cesse sur les chemins de l'innovation sociale.

Cette interrogation puise sa source dans la crise du modèle de développement né en occident depuis la révolution des Lumières, et qui s'est imposé un peu partout dans le monde. Il s'est d'autant plus imposé qu'il est encore considéré par l'opinion dominante comme la voie de salut de l'humanité. Or, la réalité nous donne à voir depuis les années 1980 que le monde s'enlise de plus en plus dans une crise quasi systémique : crise politique, crise économie, crise de l'éducation, crise morale, crise environnementale, crise de l'urbanisation, crise de la démocratie, etc. Nombre de spécialistes des sciences sociales résument le tout sous le concept de crise de la modernité, laquelle se cristallise et se vit de manière très symptomatique à travers les villes. C'est dans les villes que se déploient et se manifestent les attributs de la modernité, d'autant qu'elle est l'aboutissement du processus d'industrialisation qui a déclenché les premiers mouvements migratoires qui ont vidé les campagnes. Ce flux migratoire vers les villes est allé en s'intensifiant tout au long du 18ème et 20ème siècle, au point de créer un peu partout dans les pays du monde des mégalopoles surpeuplées, polluées, devenues explosives et mortifères en raison de la prolifération de ses bidonvilles géants où règnent les misères les plus abjectes. Autrement dit, la ville est devenue l'expression parfaite de la déchéance humaine et de la dégradation abyssale de la qualité de vie.

Face à cette crise systémique, une autre manière de désigner les poly-crises qui ébranlent le monde, le sociologue français E. Morin a engagé depuis quelques années une démarche conceptuelle de questionnement du modèle de développement issu de la modernité des Lumières, qui s'est organisée sur ce qu'il appelle « les quatre moteurs du vaisseau spatiale-terre », à savoir, la science, la technique, l'économie et le profit. Ce modèle de développement irrigué par la mondialisation, le néolibéralisme et la globalisation, est aujourd'hui à son paroxysme et déferle partout dans le monde un sentiment de mal-être social en raison des inégalités profondes, de la destruction de la planète, de la rupture des solidarités, de la déconnexion avec la nature et les valeurs séculaires qui ont fondé l'humanité. Et pour cause : la technostructure économique et financière engendre la réification de l'humanité et l'enferme dans une conception purement quantitative et matérielle de la vie. Ce processus de réification de l'homme débouche sur une crise de l'humanité qui n'arrive plus à accéder à l'humanité (E. Morin, *La Voie*, 2011). Les relations humaines s'étiolent dans l'anonymat des grandes villes. Symbole de la civilisation moderne, celles-ci sont perçues comme un univers carcéral qui ne permet pas à l'homme s'ouvrir à la vraie vie. L'écrivain et philosophe français P. Rahbi a par exemple décidé de quitter Paris en 1961 et de retourner à la terre, en Ardèche (France) pour y entamer un processus de libération et de reconnexion à la nature. La démarche de P. Rahbi est édifiante à plus d'un titre pour penser les alternatives au développement technoéconomique et financière, essentiellement matérialiste qui, selon de nombreuses études, entraine certainement l'humanité vers l'abîme.

Quelques voies réformatrices sont énoncées par des études de sciences sociales mettant en exergue le mouvement de retour à la terre et à l'agriculture de manière générale. Les mouvements de la ruralité émergent un peu partout pour rappeler l'urgence de la revitalisation des campagnes. On observe particulièrement le phénomène de retour des jeunes à la terre dans la plupart des régions du Cameroun par exemple, en raison de la crise de l'emploi et de la crise urbaine. À l'exode rural succède progressivement l'exode urbain. Qui plus est, le mouvement de retour vers les campagnes doit être analysé au-delà du simple motif de contrainte économique et du chômage des jeunes. Il s'agit d'opérer une véritable ruralisation des mentalités, c'est-à-dire une option éclairée de reconquérir la reconnexion à la nature. Il s'agit d'engager une démarche de libération et de quête de sens à travers le travail de la terre, lequel nous renvoie à nous-mêmes et à notre propre travail de perfectionnement en tant qu'être humain. À ce propos, P. Rahbi affirme que : « Nous sommes la nature. Le jour où on comprendra cela, on changera les choses », ou mieux, le mouvement de ruralité prendra tout son sens ! On le comprend, le développement rural invite à une éthique de la sobriété heureuse qui suppose une réforme de vie, voire un processus de ré-enchantement du monde. Dans la même veine, le sociologue camerounais J.M. Ela, dans *l'Afrique des villages (1982),* pense la ruralité comme l'espace de résistance, de restitution, et de revitalisation des sociétés (post) modernes africaines.

Le développement rural peut être alors conçu comme le mouvement inverse par rapport au développement technoéconomique et scientifique mondialisé qui a cours depuis le 17ème siècle. Le mouvement de la ruralité a pour ambition d'engager un processus de métamorphose du mode de pensée et d'agir humain. Aux prises avec les forces mortifères de déshumanisation engendrées par la crise de l'urbanisation rampante, les jeunes générations doivent être formées au sens écologique, à l'habileté manuelle et à la capacité d'enchantement vis-à-vis de la nature et la biodiversité.

Les mouvements de la ruralité qui se développent actuellement traduisent donc cette volonté de renouer avec la convivialité, la proximité avec la nature et le bon sens paysan. Autrement dit, retrouver une certaine visée de la vie bonne, avec et pour les autres au sein d'une société juste et respectueuse de l'environnement (P. Ricœur, 1990). Le développement rural remet au gout du jour la pratique de l'agriculture plus saine respectueuse de la biodiversité ; une agriculture délestée des puissances de l'argent et du profit. De ce point de vue, le triomphe de l'écologie passe forcément par le développement rural qui rame à contre-courant des pratiques de l'agriculture industrialisée qui détruit la terre avec pour moteur le profit et l'enrichissement à grande échelle. *A contrario,* le développement rural passe par une réforme de la vie qui conçoit l'existence humaine au-delà du simple lucre, et l'insère dans un équilibre cosmobiologique. Le moteur du développement rural est le bonheur d'être et non la volonté d'avoir. Il s'agit là d'une nouvelle perspective éthique sociétale qui exige de réinvestir le « local » pour mieux réguler le « global » qui étouffe et anéantit le monde rural, les trésors culturels des minorités, des particularismes si nécessaires à la préservation de l'humanité, mieux à l'humanisation des peuples et des civilisations.

Résumons. Depuis les Lumières, les forces du Progrès ont déconnecté l'humanité de la terre et de ses valeurs et l'ont encastré dans les prisons de l'âge de fer et des technostructures économiques et financières. Actuellement, les forces de la ruralisation ont vocation de l'en libérer pour le reconnecter aux forces vitales, ferments d'une nouvelle renaissance de l'humanité. Pourquoi pas ?

Dorothy Fon Engwali

There is no exact definition of the term 'rural', either conceptually or empirically (Wiggings and Proctor, 2001; Lanjouw and Lanjouw, 2001). However, rural economies can be considered as the space where human settlement and infrastructure occupy only small patches of the landscape, most of which is dominated by fields and pastures, woods and forest, water, mountain, and desert (Wiggings & Proctor, 2001).

Authors have questioned the high tendency of equating the rural economy with agriculture, given the apparent increasing diversification of rural economies (Ellis, 2000). Despite the on-going changes in rural economies, they remain structurally underdeveloped, characterised by heavy reliance on agriculture for livelihoods, abundance of natural capital, inadequate transport and communication infrastructures, high cost of movements and endemic poverty (Wiggings & Proctor, 2001). The conventional economic activities carried out in rural economies include agriculture, livestock, fishing, hunting, petty trade and handcraft.

The role of rural economies in the development process of nations has mostly been recognised through its contribution in terms of raw materials and labour supply. However, the rural "non-farm sector does contribute to economic growth, rural employment, poverty reduction, and a more spatially balanced population distribution" (Lanjouw and Lanjouw, 2001).

Besides the agricultural related activities that dominate rural economies, "non-farm activities" are increasingly gaining recognition. Examples include craft activities, carpentry, petty trade, informal industrial activities or rural industries, cottage activities, etc. These are all economic activities in rural areas except agriculture, livestock, fishing and hunting (Lanjouw and Lanjouw, 2001). Such activities are essential in rural economies as they produce goods of relatively lower quality which are affordable for the poor, they provide employment opportunities to the poor who are small landholders or are landless (Bagachwa and Stewart, 1992). The non-farm activities prevailing in rural economies also provide a way of smoothing incomes for people who have limited access to other risk coping mechanisms such as savings, credit or insurance. Moreover non-farm activities help tighten agricultural labour markets, raising wages and reduce underemployment (Lanjouw and Lanjouw, 2001).

The key role of rural economies in boosting economic growth and development is evidenced in the often-cited example of China's labour-intensive township and village enterprise (TVE) which is considered as the "engine of growth" accounting for the countries outstanding growth performance (Lanjouw and Lanjouw, 2001). The rural economy holds significant potential for creating decent and productive jobs, eradicating poverty, ensuring food security, and achieving social justice. Yet, decent work deficits persist, with many rural workers living in poverty and working informally. As underlined during the United Nations Food Systems Summit in 2021, many of the Sustainable Development Goals will not be achieved unless we take action to make decent work a reality for all women and men working in agri-food systems and rural economies, thus ensuring that we leave no one behind. It is therefore obvious that the rural economy contributes enormously to the growth and development of economies worldwide and the potential to expand this contribution remains high in developing nations.

Paul-Gérard Pougoué

Je voudrais aussi insister sur le lien entre le développement rural et l'inquiétante perspective d'accaparement des terres en Afrique en général et au Cameroun en particulier. L'accaparement à grande échelle des terres, si l'on n'y prend garde, n'entraîne ni le développement rural, ni la réduction de la famine et de la pauvreté. L'accaparement des terres doit bien être intégré dans une politique cohérente du développement de la région, et au-delà du pays.

Je voudrais terminer sur ce thème par une brève réflexion sur la protection de l'environnement rural et la responsabilité à l'égard des générations futures. La question est cruciale dans les marchés publics et autres projets d'investissement d'envergure. Il est désormais de principe de joindre au dossier une étude sur l'impact environnemental et les mesures envisagées. Il faut seulement espérer que le suivi soit rigoureux.

L'idée de protection de l'environnement doit être entendue largement et englober la préservation de la destruction des ressources naturelles et la gestion rationnelle de ces dernières, la préservation du patrimoine culturel et ancestral, la préservation de la faune et de la flore, l'éradication des nuisances qui perturbent la qualité de la vie, le développement durable.

Éric M. Ngango Youmbi

Sur ces questions telluriques et de développement rural, la protection de l'environnement est, en effet, très préoccupante. Ma réflexion, faite en forme de fable, porte sur la justice environnementale, les droits de la nature et de l'animal : la fable de l'ours blanc, du chasseur de trophées et du vieux sage à la rue Montpensier.

C'était un ours blanc et un jeune chasseur *inuit,* venus de l'Arctique. Ils marchaient dans les rues de Paris par ce temps hivernal, discutant amicalement, à la grande stupéfaction des passants. Ils avaient provisoirement tu leurs éternelles querelles et s'étaient résolus de faire cause commune, pour faire entendre dans la ville lumière, la voix de leurs peuples, conscients de ce qu'ils formaient une unité biotique menacée tous autant qu'ils sont par les changements climatiques. L'ours tenait ferme à son museau une mallette noire et le jeune chasseur dans la main, un classeur rempli de chemises à sangle, soigneusement disposées. Parvenus au Palais-Royal, ils prirent l'aile gauche où ils aperçurent assis sur un banc, un vieillard au teint décrépit. Quand il les vit, le vieux sage cabriola en s'écriant : « Un ours blanc à Paris, en compagnie d'un chasseur d'ours ! Je croyais avoir tout vu, mais il m'en fallait bien voir cela avant de mourir ». Les deux étrangers s'assirent à côté du vieillard. L'ours prit la parole et demanda au vieux sage :

– « Qu'est-il plus étonnant que de voir un ours à Paris ou de le voir en compagnie d'un chasseur d'ours ? ».

– Les deux, répondit le vieillard !

– Avez-vous donc oublié – rétorqua-t-il, ce qu'enseigne l'un de vos fabulistes : *« Toute puissance est faible à moins que d'être unie ».*

– Et si vous me disiez plutôt ce qui vous amène parmi nous ?

– L'ours dit au géronte, nous sommes des refugiés écologiques et des avocats de la cause climatique. Nous aimerions vivre à Paris, attendant que votre Conseil constitutionnel statue sur notre action en responsabilité contre l'humanité, et ordonne le rétablissement de notre écosystème dans son état *ex ante*. Notre vie autant que celle de nos oursons est en péril.

– Je vous entends bien, mais pourquoi choisissez-vous la France pour formuler vos réclamations ? Nous ne sommes en rien responsables de votre désastre, les changements climatiques sont naturels, et je puis vous dire mon brave ours polaire, que le génocide écologique que fait sur vous peser le chasseur qui vous accompagne, est plus à craindre que ce pour quoi vous nous accusez.

Ces paroles firent sortir le chasseur de son silence :

– Objection ! Qui d'autre que vous depuis environ deux cent ans, utilise de l'énergie (bois, charbon, pétrole, gaz) pour faire fonctionner machines et innombrables technologies ? Qui déverse dans l'atmosphère Co2, vapeur d'eau, dioxyde de carbone... ?

– Je suis sensible à votre malheur, mais je crains dit le vieil homme que vous en soyez déboutés. Vos doléances trouveront quelques obstacles : notre droit ne connait pas encore la catégorie de refugié climatique, tout comme nous ne reconnaissons point à l'animal une personnalité juridique, qui lui permettrait d'agir en justice. Il n'est par ailleurs pas permis à des citoyens de saisir directement notre grand Conseil, fors la QPC. Il ne peut connaitre de l'action en responsabilité, mais de la constitutionnalité. Il n'a pas le pouvoir d'ordonner à la nature.

– Quel dommage s'exclama le grand ours. Je croyais que l'environnement à chez vous bonne fortune, mais vous nous contraignez à choisir entre l'insécurité climatique de nos logis polaires et l'insécurité juridique de votre pays. Je croyais que vous êtes la patrie des droits de l'homme, la tête de gondole des enjeux climatiques et que l'audace de votre Conseil depuis 1971 était bien plus robuste. Il faudrait bien vous résoudre à suivre humblement l'exemple venant des horizons aussi inattendus que l'Amérique latine. L'équateur à travers sa Constitution (2008) a fait de la nature un véritable sujet de droit, affirmant par ailleurs le droit de tous à l'eau, à l'alimentation, la santé, l'éducation et proclamant l'équilibre entre société, l'État et le marché, le tout en harmonie avec la nature. Elle est allée jusqu'à proclamer (article 71) que « *la nature [pachamama] a droit au respect de son existence, de même qu'au maintien et à la régénération de ses cycles vitaux, structures, fonctions et processus évolutifs* ».

– N'offensez-point les dieux, dit le barbon ! Nous n'en sommes certes pas là, mais reconnaissez que nous avons fait des efforts dans ce domaine, en adoptant une charte de l'environnement, qui a reçu valeur constitutionnelle, en ratifiant des conventions sur le climat et sur la sauvegarde de la nature. Et que dire du *bonn challenge* ? Notre conseil n'est certes pas un tribunal environnemental, mais il a rendu beaucoup de décisions sur cet objet, vous n'aurez qu'à lire celle du 31 janvier 2020 qui fait de sa protection un OVC.

– L'ours le stoppa vivement : « pensez-vous que l'on puisse changer le monde en multipliant lois, traités et décisions, s'ils ne s'accompagnent de la volonté et de l'action. Et même lorsque vous passerez à l'action, cela nous rendra t'il nos morts et nos écosystèmes ? Cela reconstituera t'il la banquise ?

Puisqu'aucune action chez vous ne peut conjurer nos malheurs et que les animaux et la nature ne bénéficient que très peu d'égards constitutionnels, nous sommes bien obligés de retourner affronter nos conditions, en vous faisant la promesse –, si nous n'avons pas péri, de revenir à Paris lorsque de progrès plus significatifs auront été fait pour notre commune cause ».

Paul-Gérard Pougoué

L'enjeu est de préserver à la fois le développement social, économique et environnemental. Pour cela, il faudrait que l'État, dans sa politique de développement rural prenne trois précautions : envisager le développement rural en lien avec le développement durable ; être très attentif aux acquisitions à grande échelle des parcelles du domaine national ; intégrer systématiquement des clauses relatives aux mesures sanitaires et environnementales dans les traités qu'il ratifie et dans les contrats d'investissement qu'il conclut.

La question de la protection de l'environnement est capitale et urgente pour l'Afrique. Le moment est assurément venu pour l'Union Africaine de prendre une charte sur l'environnement, visa nt à promouvoir une société africaine durable et à garantir l'avenir des générations futures.

De toutes ces réflexions sur les questions telluriques et développement du monde rural, ressort une sagesse pour guider l'action du législateur : il faut légiférer de manière à ne plus laisser hors commerce la terre seulement occupée et sans titre foncier.

13. Organisation pour l'Harmonisation en Afrique du Droit des Affaires (OHADA) et le défi d'un nouveau pôle de développement

Paul-Gérard Pougoué

L'intégration est une stratégie des États pour faire face ensemble à la mondialisation.

L'avènement de l'Organisation pour l'Harmonisation en Afrique du Droit des Affaires (OHADA) a été très largement salué. Très vite, l'on s'est rendu compte que les difficultés futures les plus complexes concerneront l'ambition de ce modèle de créer à terme un nouveau pôle de développement en Afrique d'une part, et, d'autre part, l'effectivité de l'ordre juridique OHADA, très original dans sa conception et dans son fonctionnement.

J'ai eu à participer aux premières réflexions scientifiques et pratiques sur ce modèle, original et séduisant. L'intégration peut être considérée comme un processus mis en place par un bloc continental, régional ou sous-régional, autour d'un domaine majeur. Jusque-là, on était habitué à des intégrations économiques, politiques, monétaires ; on parle alors de communauté, soit politique, soit économique et monétaire. Dans ces communautés, il peut arriver que des pans du droit soient intégrés ; on parle alors de droit communautaire.

Mais, précisément, l'OHADA n'entre pas dans ces moules classiques. L'OHADA se veut tout simplement un outil technique qui va secréter du droit pour les besoins des États et des communautés économiques et monétaires, avec pour rêve l'avènement d'un nouveau pôle de développement.

En dépit de cela, nombre de personnes, juristes ou non, parlent de droit communautaire s'agissant du droit OHADA. *A priori,* ça peut paraître incorrect. L'OHADA n'est pas une communauté ; par conséquent, le droit qu'elle secrète ne saurait être communautaire. Le droit secrété par l'OHADA relève avant tout de l'ordre juridique national ; mais comme il est identique dans tous les États membres, on parle de droit uniforme. En réalité, la situation est plus complexe, à cause de l'existence d'une juridiction commune, la Cour commune de justice et d'arbitrage (CCJA), qui se substitue aux Cours suprêmes nationales.

Le véritable défi du modèle est de secréter un droit des affaires moderne : il faut faciliter les échanges et les investissements ; il faut garantir la sécurité juridique des activités des entreprises ; il faut favoriser l'émergence d'un nouveau pôle de développement. La formule de Kéba Mbaye synthétise clairement cet objectif : « l'OHADA est un outil juridique, imaginé et réalisé par l'Afrique pour servir l'intégration économique et la croissance ».

Un peu plus de 30 ans après la création de l'OHADA, ce double défi interpelle fortement. La conviction est que le progrès sur la voie des actes uniformes et identiques à plusieurs États est une condition sine qua non de faire de l'espace de ces États un formidable pôle de développement. Je ne reviens pas sur la moisson qui est, mathématiquement, abondante ; juste pourrait-on signaler l'intérêt des révisions des actes uniformes qui donnent une nouvelle vie à ceux-ci. Ce qui me taraude le plus l'esprit est la performance globale du modèle. À cet égard, le bilan me paraît contrasté.

*

S'agissant du fonctionnement des organes, l'approche est trop abandonnée aux seuls juristes des chancelleries. C'est nettement insuffisant, au vu des défis de l'OHADA.

À mon sens, il faudrait faire participer plus d'intelligences au fonctionnement des organes. Le souci est de mieux appréhender les situations de terrain, pour mieux apprécier les décisions et actes uniformes à prendre. À cet égard, il faudrait agir sur trois leviers :

- agréer des observateurs aux réunions du Conseil des Ministres de l'OHADA, ces observateurs devant provenir non seulement des bailleurs de fonds comme c'est le cas actuellement, mais aussi et surtout d'autres ministères ou organismes des États concourant à des politiques économiques et au suivi des activités économiques, des patronats et des acteurs sociaux ;
- renforcer le Comité d'Experts de l'OHADA, tel qu'il est défini dans le Traité OHADA, par des experts externes, choisis de façon ad hoc en fonction de la spécificité des projets d'actes uniformes à débattre. Ces experts ad hoc, à désigner par le Secrétaire Permanent de l'OHADA, ne se confondent pas bien sûr avec les consultants ayant eu à intervenir dans le processus ;
- revigorer les Commissions nationales OHADA. Celles-ci ont été imaginées pour, en quelque sorte, discuter des problèmes généraux de l'OHADA. L'idée est géniale. Mais, sur le plan concret, dans aucun pays membre de l'OHADA, la Commission nationale ne fonctionne véritablement. Cette réalité a spécialement attiré mon attention. Est-ce un problème de son rattachement ? Est-ce un problème de l'intérêt accordé à ses activités ? Certainement de tout cela à la fois. La mission n'est pas claire. La commission nationale est rattachée au ministère de la Justice, comme s'il s'agissait des experts de ce ministère.

L'impact de ses activités n'est pas lisible. Pourtant, l'on ressent très fortement le besoin d'un observatoire du droit OHADA. Il me semble que l'on pourrait confier cette mission à la commission nationale. Mais alors, il faudrait la détacher nettement du ministère de la justice, et, par une convention de partenariat public-privé, confier cette mission d'observatoire du droit OHADA dans chaque pays à un organisme dont le travail quotidien consisterait à suivre la vie économique. Suivant les pays, ça pourra être les chambres de commerce ou les patronats. Pour le Cameroun, je serai très favorable à une convention de partenariat signée entre l'État et l'organisation patronale la plus représentative, pour assurer cet observatoire. Il faut bien s'entendre : l'observatoire concerne à la fois la sécurité juridique et judiciaire, l'efficacité économique et l'effectivité sociologique ; c'est le meilleur baromètre pour apprécier l'opportunité d'un nouvel acte uniforme ou de la révision d'un acte uniforme. La commission nationale, telle qu'elle est conçue et fonctionne aujourd'hui, ne peut mener une telle observation de la vitalité de l'OHADA. À mon sens, les rapports nationaux annuels de ces organes d'observation devraient être envoyés aux ministres assurant la tutelle de l'OHADA et au Secrétariat Permanent de l'OHADA.

Sur la base de ces différents rapports, devrait être menée par un consultant externe, tous les cinq ans, une évaluation approfondie de la vitalité de l'OHADA. Cette culture d'évaluation périodique est indispensable et d'une très grande utilité ; on pourrait ainsi développer une opinion publique qui sensibilise à temps et à contre temps sur les problèmes pouvant paralyser l'efficacité et l'effectivité de l'arsenal juridique OHADA, notamment les problèmes des textes complémentaires à prendre par les acteurs nationaux sur renvoi des actes uniformes, les incohérences entre les actes uniformes, les contradictions entre les actes uniformes et les textes internes pris en application des actes uniformes, les résistances à la primauté des actes uniformes sur les textes internes aux États antérieurs ou postérieurs, les résistances à l'autorité des décisions de la CCJA, etc.

Abdoulaye Sakho

D'après le Traité constitutif, l'OHADA vise la mise en place, dans les États membres d'un doit des affaires, harmonisé, simple, moderne et adapté afin de faciliter l'activité des entreprises. C'est donc le droit qui apparait en première ligne dans la recherche d'un environnement économique meilleur dans l'espace géographique considéré : il s'est agi de légiférer en vue de la construction d'une zone économique, nouveau pôle de développement en Afrique qui entrainerait tout le continent vers le développement.

Ce droit mis en place par l'OHADA a pris la forme d'un Traité et d'un droit dérivé du traité que sont les Actes uniformes. C'est sur ce droit que reposent la structuration et l'impulsion des rapports sociaux susceptibles d'assurer la réalisation de l'objectif principal fixé dans le Préambule du Traité : « *garantir la sécurité juridique des activités économiques, afin de favoriser l'essor de celles-ci et d'encourager l'investissement* ».

En ce sens, en vue de sécuriser l'investissement, l'accent a été mis sur le support principal de l'investissement qu'est l'Entreprise. Au résultat, comme s'il était question d'une division des tâches, le marché commun (intégration économique) est du ressort des organisations dédiées comme l'UEMOA et la CEMAC tandis que l'intégration par un droit commun à l'acteur principal dans l'espace (l'entreprise) de la création des richesses, revient à l'OHADA. Ainsi, le droit OHADA est donc un droit qui octroie à l'entreprise ses structures d'affectation patrimoniales (droit des groupements d'affaires : Sociétés, GIE, coopératives) ; ses règles d'organisation interne (droit des biens de l'entreprise : fonds de commerce, comptabilité) ; les formes d'organisation juridiques de ses relations avec l'extérieur (vente commerciale, intermédiation commerciale, formes juridiques de la croissance avec les groupes de sociétés, modalités juridiques de financement des investissements en fonds propres comme les valeurs mobilières composées ...).

En ce sens aussi et toujours pour sécuriser l'investissement, le préambule recommande que « *ce droit soit appliqué avec diligence* ».

Après plus de 30 ans d'application, le temps de l'évaluation est arrivé. Il est aujourd'hui question d'aller au-delà des commentaires enthousiastes, dans la plus pure tradition de la dogmatique juridique du début des années OHADA auxquels se livraient les analystes se contentant de décrire le fonctionnement des institutions et de présenter les Actes uniformes. Mêmes les analyses un peu plus critiques qui viendront par la suite à partir des années 2010, ne se sont pas trop interrogées sur les raisons profondes de l'ineffectivité du droit OHADA, sur les raisons sociales liées à l'inapplication ou la mauvaise application voire même l'inadéquation des Actes uniformes aux réalités sociales.

Aujourd'hui il semble que les choses changent, les interrogations sur le système OHADA se multiplient (V entre autres, sous la direction de Séverine Ménetry et David Hiez, « *l'effectivité du droit économique dans l'espace OHADA* », Harmattan 2016 et, la publication du Programme IFC sur le Climat d'Investissement - OHADA (2007-2017) *évaluation de l'impact des réformes OHADA, actes uniformes sur le droit commercial général, des sociétés, des sûretés, et de l'apurement du passif).*

Le modèle OHADA de même que l'ordre juridique sont devenus des objets d'études, d'analyse et de recherches à titre principal. C'est suite à la demande amicale du Professeur Paul-Gérard Pougoué que je rédige ces lignes sur le modèle et ensuite sur l'ordre juridique produit par ledit modèle. De mon point de vue, il s'agit d'un ordre juridique dont la régularité ne fait l'objet d'aucun doute dirimant (le cadre d'élaboration des normes OHADA est globalement en conformité avec le régime de la démocratie représentative), mais dont la légitimité peut se remettre en cause au regard des objectifs de développement économique qui lui étaient assignés à l'aube de la construction de l'espace OHADA.

Au départ, le modèle OHADA repose sur le modèle de l'État nation dans le système de la démocratie représentative avec les trois ordres de pouvoirs : Législatif, Exécutif, Judiciaire.

À défaut de parlementaires, le choix a été fait de la production des normes par les représentants des exécutifs de chaque pays membre regroupés dans le Conseil des ministres et la Conférence des Chefs d'État.

Pour contourner la difficulté de la légitimité des « *jurislateurs* » (faiseur de droit) dans le système OHADA, il a été institué un processus d'élaboration que l'on a voulu inclusif via les Commissions nationales OHADA qui recueillent les avis des uns et des autres des différentes parties prenantes dans chaque État membre.

Dès lors que la production normative est du ressort des Gouvernements, la fonction exécutive ne peut leur être laissée et donc tout naturellement, pour éviter les conflits d'intérêt dans la plus pure logique de la séparation des pouvoirs, la fonction exécutive dans le système de l'OHADA se trouve confiée à un organe dénommé Secrétariat Permanent dont le rôle devrait être plus technique que politique.

Pour le judiciaire, il a été imaginé un système hybride (n'existant nulle part ailleurs) regroupant le juridictionnel et le non juridictionnel (justice alternative) dans un même organisme auquel est donc confié la fonction de juge de cassation et de centre d'arbitrage : c'est la CCJA.

La conscience de l'importance d'une excellent compréhension de ce droit nouveau oblige à mettre en place une structure de formation en charge de mieux préparer ceux qui doivent appliquer les nouvelles normes, en particulier les juges en charge du règlement des litiges. Le nom même de la structure en dit long sur la première cible École Régionale Supérieure de Magistrature (ERSUMA). Seule importe l'interprétation que donnera cette Cour de cassation commune aux États membres. Ce qui devait permettre d'éviter les solutions divergentes des juridictions de cassation dans l'affaire Air Afrique contre ses retraités.

C'est donc sur ce modèle que repose le système OHADA dont l'évaluation exhaustive devra passer par un examen en six points :

- les institutions : remplissent-elles le rôle qui était attendu d'elles ? L'évaluation doit s'appesantir sur la réponse à cette question. Ce sont les institutions de la démocratie représentative. Un législateur regroupant la Conférence des Chefs d'État (légitimes, parce qu'élus) et le Conseil des ministres (nommés) ? Un exécutif qui est dans un rôle de Secrétariat Permanent ? Une autorité de règlement des litiges, la CCJA ? Un organe pour la formation, l'ERSUMA ?
- les normes : le Traité, droit primaire et les Actes uniformes, droit dérivé sont du point de vue formel et technique très bien rédigés au point d'avoir des présentations ou tables des matières proches des manuels.

- les procédures : la prise de décision concernant la révision du Traité est plus ou moins verrouillée par le parallélisme des formes (pas très efficaces pour des règles à finalité économique très instables). L'adoption des Actes uniformes par un Conseil des Ministres (non élus) est une entorse à la démocratie représentative. Son contournement par les Commissions nationales est un pis-aller. La procédure de contrôle d'application des normes est ouverte à l'alternative qu'est l'arbitrage dans le Traité lui-même
- les outils : où en est-on dans l'utilisation de l'outil numérique ?
- les ressources humaines : des interrogations sur leurs formations, compétences et efficacité ?
- les ressources financières : qui finance OHADA ? De plus en plus le financement des institutions de Breton woods est présent. Quelle signification ?

Paul-Gérard Pougoué

Malgré tout, il faut croire au modèle OHADA. Je suis fermement persuadé que les traditions africaines et les besoins de l'économie informelle et du monde rural seront progressivement prises en compte. L'émergence d'un nouveau pôle de développement, raison d'être de l'OHADA, n'est possible que si celle-ci facilite le développement endogène.

*

Si le modèle OHADA interpelle tant, l'ordre juridique qui en découle interpelle autant.

Qu'on ne s'y méprenne pas, il y a bien un ordre juridique OHADA. En effet, toutes les caractéristiques d'un ordre juridique sont réunies : une communauté humaine, un « jus » spécifique avec à la fois un ordre normatif et un ordre judiciaire. Ainsi, fondamentalement, l'OHADA constitue un véritable ordre juridique, qui est propre, tout en étant intégré au moins en partie aux ordres juridiques des États parties. Il s'agit d'une technique originale d'abandon massif de souveraineté, qui ne va pas sans susciter des interrogations.

Abdoulaye Sakho

S'agissant de l'ordre juridique OHADA, il fallait, au départ, un droit adapté, donc élaboré avec et pour les acteurs économiques : un droit applicable et appliqué dans le but d'accompagner le développement économique et non la production normative cohérente, certes harmonieuse au plan formel mais avec d'énormes difficultés d'application.

Conséquence de la généralisation de l'échange marchand, la production normative de l'OHADA consacre le recul du champ d'influence du droit traditionnel de la puissance publique avec par la commercialisation de la vie publique. Le droit privé se mélange avec le droit public pour régir les activités des personnes publiques dont l'État, contribuant ainsi à l'accélération de l'hybridation dans le droit OHADA. Ni exclusivement droit public, ni exclusivement droit privé, mais plutôt un droit contenant des éléments de l'un comme de l'autre et qui a vocation à s'appliquer entièrement et non de façon distributive.

Au final, on peut retenir les caractéristiques suivantes pour qui veut évaluer l'ordre juridique OHADA :

- faiblesse structurelle du droit OHADA qui conduit à son ineffectivité ;
- inadéquation des instruments formels du droit aux réalités économiques et sociales dominantes ;
- au plan technique, on se retrouve dans un entre soi des juristes utilisant une approche positiviste, ce qui fait que les critiques portaient pendant longtemps, beaucoup plus sur l'aléa judiciaire et sur la nécessité de formations pour une meilleure connaissance du droit que sur une analyse en profondeur des raisons de l'inapplication des normes OHADA par le cœur de la production des richesses dans les pays de l'espace (le secteur informel et le secteur agricole).

Il faut faire observer que, tenant compte des conditions de création de cet ordre juridique qui devait satisfaire une catégorie d'acteurs dont en priorité l'investissement direct français, l'OHADA était à l'origine pour les pays de la zone franc (affaire Air Afrique)...

Je crois que cet objectif est atteint, car l'investissement étranger, français en particulier, est très à l'aise. Les experts du groupe de la Banque mondiale qui semblent avoir pris le relais de l'expertise française donnent du satisfecit (évaluations indépendante récente par IFC).

Alors que pendant ce temps, l'investisseur local peine à s'épanouir : le secteur agricole, l'économie dite informelle, le numérique et les ressources extractives dans l'espace géographique OHADA sont à la recherche d'un droit adéquat.

Pour l'analyste, ce n'est certainement pas dirimant car le pluralisme d'ordre juridique dans un même secteur est fréquent (Voir entre autres, *Santi Romano, L'ordre juridique, 2e éd., traduction française par L. François et P. Gothot, collection Philosophie du droit, Paris Dalloz 1975 ; Adde Guy Rocher, Pour une sociologie des ordres juridiques, Les Cahiers de droit, Volume 29 N°1 1988, éditeur Faculté de droit de Laval ;* Amsatou sow sidibe, *Le pluralisme juridique en Afrique, l'exemple du droit successoral sénégalais, LGDJ, Bibliothèque africaine et malgache1992*).

La question est de savoir comment donner au pluralisme une finalité de développement économique et de modernisation de l'entreprise contenant un investissement local...

Paul-Gérard Pougoué

Emboitant le pas, je vais m'appesantir sur trois types de complexités.

Certaines complexités sont liées aux limites objectives de l'OHADA.

Tout d'abord, le champ matériel de l'OHADA est le droit des affaires. Quelle que soit l'extension que l'on peut lui donner, ce domaine reste circonscrit. Il y a de nombreux domaines qui sont ipso facto exclus de ce champ, alors même qu'ils concourent à donner plein effet en droit et en pratique aux actes uniformes de l'OHADA. Il en est ainsi du droit des personnes, du droit de la famille, du droit des biens, des nullités, du droit de la preuve et, particulièrement, du droit des obligations. Souvent, l'ordre juridique OHADA utilise les concepts et notions du droit des obligations : solidarité, prescription, compensation, paiement, mandat, etc. Ce dernier doit être modernisé ; or, il est incongru d'imaginer un acte uniforme sur les obligations. Un projet de document uniforme sur les obligations a alors été élaboré pour orienter les États dans la modernisation de cette importante branche du droit dans la vie des affaires. Mais, peut-être, à cause de la faible information sur ce projet de texte-type, le droit des obligations, dans la plupart des États parties de l'OHADA, reste assez embryonnaire.

Par ailleurs, d'autres matières du droit des affaires relèvent d'autres structures d'intégration. Il s'agit notamment de la réglementation bancaire, de la concurrence (CEMAC, UEMOA, CEDEAO), du droit des assurances (CIMA), du droit la propriété intellectuelle (OAPI). Une extension du champ du droit de l'OHADA à ces domaines serait une source de conflits avec ces structures.

Ensuite, l'incomplétude des actes uniformes peut paralyser la vitalité du droit OHADA. En dépit du degré très élevé de l'uniformisation recherchée, il arrive bien souvent que les actes uniformes renvoient sur certains points au législateur interne, ou laissent le soin à ce dernier de prendre des mesures d'accompagnement, sans lesquelles la mise en place effective d'une innovation n'est pas possible. Tant que ce dernier n'est pas intervenu, l'application de l'acte uniforme est fragilisée ; il en est ainsi par exemple de l'organisation judiciaire, du juge d'appui en droit de l'arbitrage, des sanctions aux incriminations du droit pénal des affaires OHADA, de la réglementation de l'immatriculation des terres, de la détermination des biens et des droits insaisissables, des mandataires judiciaires et autres acteurs (syndic, juge-commissaire) de l'Acte uniforme portant organisation des procédures collectives et d'apurement du passif, etc.

À ces mesures d'accompagnement, on peut assimiler les mesures de clarification pour donner toute leur portée à certaines créations des actes uniformes. Il en est ainsi notamment en ce qui concerne les sociétés coopératives. Il faut bien réaliser que les sociétés coopératives de crédit et d'épargne n'ayant pas pris la forme d'une société commerciale – sociétés coopératives de crédit et d'épargne dite de première catégorie – sont bel et bien des coopératives dans le sens originel de ce terme, alors que celles qui ont pris la forme d'une société commerciale – sociétés coopérative de crédit et d'épargne dites de deuxième et de troisième catégorie – s'apparentent à des banques. Il parait alors judicieux de moduler au niveau des États et des communautés monétaires régionales, les mesures prudentielles et les mesures fiscales pour, d'une part, la société coopérative d'épargne et de crédit de première catégorie, et, d'autre part, pour les sociétés de coopératives d'épargne et de crédit de deuxième et de troisième catégories.

Si le législateur interne n'intervient pas, il s'en suit une paralysie du droit OHADA ; s'il intervient sans se conformer strictement au Traité OHADA et à l'acte uniforme, il s'en suit de graves conflits. À cet égard, on peut faire référence à la législation camerounaise relative au juge de l'exécution. À partir de cet exemple, on peut suggérer la nécessité, pour certains renvois au législateur interne, d'élaborer un texte type à proposer aux États. Cela aurait en plus l'avantage de réduire une trop grande disparité entre les textes internes pris en application d'un acte uniforme. On ressent fortement cette nécessité en ce qui concerne le mandataire judicaire dans les procédures collectives d'apurement du passif.

Dans le prolongement, se profilent des risques de conflits de lois. Ainsi, par exemple, le droit OHADA de l'arbitrage évoque un ordre public international, la liberté de choix des règles applicables, la non-discrimination entre arbitrage interne et arbitrage international. L'on pressent aussi des lois de police dans le droit OHADA, si un jour l'OHADA s'engageait, bien malencontreusement, à adopter des actes uniformes sur le droit du travail, le droit de la consommation, le droit de la concurrence, le droit bancaire, etc. On le voit, il y a bien une interaction du droit dérivé, issu des actes uniformes, et les problèmes du droit international privé. On attend beaucoup de l'acte uniforme en projet relatif aux conflits de lois et à la circulation des décisions de justice et des actes d'autorité.

Souvent aussi, le législateur OHADA innove, en laissant le soin au législateur interne de prendre des indispensables mesures d'accompagnement. Tant que ces mesures ne sont pas prises, les innovations du législateur OHADA ne produisent pas les fruits escomptés. Il en est ainsi par exemple de l'entreprenant.

Enfin, la sécurité juridique tant recherchée est mise à rude épreuve avec la lenteur dans la mise en place du Registre du Commerce et du Crédit Mobilier (RCCM). Faut-il rappeler que ce dernier était l'une des innovations majeures de l'OHADA ?

D'autres complexités sont liées aux rapports entre l'ordre juridique OHADA et les autres ordres juridiques qu'on trouve dans l'espace OHADA.

Il s'agit d'abord des rapports avec les ordres juridiques internes des États parties à l'OHADA. À cet égard, le principe est la primauté de l'ordre juridique OHADA. L'article 10 in fine du Traité OHADA parle même de l'abrogation des dispositions internes contraires antérieures ou postérieures. La portée de cet article continue à agiter les esprits. J'ai eu à prendre position et je confirme cette position : l'ordre juridique OHADA prime sur l'entièreté de l'ordre juridique interne. C'est une question de raison et de cohérence. Aux constituants et législateurs internes de prendre les dispositions en amont pour ne pas ratifier le Traité OHADA ou les actes uniformes, s'ils estiment qu'ils contrarient leurs ordres juridiques internes.

Il s'agit ensuite des rapports avec les ordres juridiques des communautés économiques et monétaires dans l'espace OHADA. Ici également, j'ai eu à prendre position et je confirme. L'approche formaliste n'est pas soutenable, parce que, l'OHADA n'étant pas strictement parlant une communauté, l'on ne saurait parler de communautés concurrentes. L'approche finaliste ou téléologique, parce qu'elle recherche les fins, est plus pertinente. Ainsi, l'intégration juridique maximale recherchée me semble justifier que le droit OHADA abroge les dispositions contraires antérieures ou postérieures des textes des communautés économiques qui regroupent aussi tous les États membres de l'OHADA. Cela étant, l'approche finaliste met en exergue la nécessité de la concertation permanente entre les autorités de l'OHADA et celles de ces communautés. Il faut éviter en amont les risques de conflit avant de légiférer.

D'autres complexités enfin sont liées à la réalisation de la mission de la CCJA.

Le rayonnement du modèle OHADA dépend pour beaucoup de l'uniformisation jurisprudentielle. La CCJA a justement pour mission de réguler, orienter et unifier les applications des interprétations du Traité OHADA et des actes uniformes. L'on saisit du coup l'originalité de la CCJA et la délicatesse de sa mission. Heureusement, la CCJA a bien pris la mesure de son rôle d'interprète et de garante du droit uniforme et se déploie avec une dextérité juridique remarquable. Mais que de zones d'ombres !

Dans sa sagesse, le Traité OHADA a reconnu à la CCJA un pouvoir d'évocation lorsqu'elle casse. Certains estiment qu'un tel pouvoir fait de la CCJA un troisième degré de juridiction. C'est excessif. L'évocation répond seulement à un souci de rapidité et n'a aucune conséquence sur la nature de la juridiction. Même à des Cours suprêmes, ce droit peut être reconnu par le législateur. D'ailleurs, singulièrement en matière de contentieux de droit pénal, c'est le cas dans plusieurs pays dont le Cameroun. On ne peut que saluer la sagesse du Traité et surtout le bon usage que la CCJA fait jusque-là de son pouvoir d'évocation.

Je peux comprendre la réticence au pouvoir d'évocation en cas de pourvois hybrides ou complexes qui soulèvent à la fois des questions de droit national et des questions de droit OHADA. Mais, cela relève du problème plus général de la répartition des compétences entre la CCJA et les juridictions nationales.

Le contentieux du droit OHADA relève en effet des juridictions nationales de fond en instance et en appel, et de la CCJA en cassation. On peut en déduire deux conséquences : les Cours suprêmes nationales ne peuvent connaître des pourvois en matière de droit OHADA ; l'ordre juridique OHADA et l'ordre juridique national sont si imbriqués que l'on ne peut considérer ce dernier comme un tiers par rapport à la CCJA. Cette seconde conséquence est d'une importance capitale pour la résolution des pourvois hybrides ou complexes, combinant le droit OHADA et le droit national, et pour l'application du droit national par la CCJA. Le problème de compétence me semble bien réglé par le Traité en ses articles 14 à 18. La Cour suprême nationale, ne pouvant connaître du droit OHADA, ne saurait connaître en conséquence du pourvoi mixte. En tout état de cause, la CCJA est le juge des conflits. Il lui revient de reconnaître ou non sa compétence et, dans le cas où sa compétence n'est pas retenue, le pourvoi relève de la Cour Suprême nationale. Pour l'interprétation du droit national, elle doit s'appuyer sur celle donnée en droit national ou, le cas échéant, sur les principes généraux qu'elle s'évertue à dégager. Au besoin, la CCJA pourra solliciter, par consultation écrite, l'avis d'un spécialiste reconnu du droit national en question.

Des esprits ont un peu trop compliqué les analyses. Laissons-nous guidés par l'objectif final de l'uniformisation du droit et de la jurisprudence ainsi que de la sécurité juridique, la célérité des procédures faisant partie de celle-ci.

Le vrai problème est moins la compétence à trancher que la question de l'application du droit national par la CCJA. On discute. Mais, il faut bien avoir à l'esprit la singularité de la situation. La loi nationale d'un pays membre de l'OHADA n'est pas « étrangère » par rapport au droit OHADA. L'ordre juridique national et l'ordre juridique OHADA forment finalement un tout. C'est pourquoi la CCJA évoque et est alors juge des faits et du droit. De plus, cette application est une nécessité qui réduit les lenteurs judiciaires ; elle est un gage de sécurité juridique face aux risques d'incohérences dus aux dépeçages judiciaires des litiges juridiques. D'ailleurs, la CCJA s'est sagement et fermement engagée dans cette voie, en appliquant la loi nationale au fond comme à la procédure. Je salue et approuve la finesse de la démarche, très éclairée par la finalité unificatrice de l'OHADA.

La mission « unificatrice » de la CCJA fournit aussi à cette dernière des étincelles pour éclairer les difficultés redoutables liées à l'incomplétude du droit OHADA et du droit national à appliquer. Cette incomplétude ne saurait donner lieu à une inaction de la CCJA ; on serait à la lisière d'un déni de justice. Il faut insister : il n'y a pas une cloison étanche entre les catégories juridiques du droit OHADA et celles des droits nationaux, le droit OHADA et les droits nationaux s'entremêlant. On retrouve la singularité de l'ordre juridique OHADA qui met l'accent sur la complémentarité entre l'ordre juridique OHADA et les ordres juridiques nationaux.

Djimasna N'doningar

Je veux rebondir sur la compétence exclusive de la CCJA dans les contentieux hybrides.

Le 04 mars 2014, la société E.C., dans un contentieux l'opposant à la société M.S.F., estimant que la Cour suprême de la République du Congo a statué dans un litige soulevant des questions relatives à l'application de l'Acte uniforme portant organisation des sûretés, sollicitait devant la CCJA l'annulation de l'arrêt de ladite Cour suprême. Par un arrêt n° 168/2015 du 17 décembre 2015, il fût fait droit à la requête. Mais alors que le pourvoi introduit à la suite de l'annulation est encore pendant au niveau de la CCJA, la société M.S.F. saisissait à nouveau la Cour suprême du Congo qui, par arrêt n° 035/GCS-2016 du 30 novembre 2016, décidait que son arrêt (annulé par la CCJA) *« ...est et demeure la seule décision de justice qui fait foi et dont l'exécution doit être poursuivie, par tous moyens de droit... ».*

Tout récemment, en 2020, dans une affaire l'opposant à sieur D.M., la société DPCI a formé un pourvoi contre l'arrêt n° 57 COM/18 du 28 avril 2018 rendu par la Cour d'appel d'Abidjan. Par un arrêt n° 199/2020 du 28 mai 2020, la CCJA a rejeté ce recours. Et par un autre arrêt n° 138/2021 du 24 juin 2021, la CCJA a déclaré le recours en révision formé par la société DPCI irrecevable. C'est alors que la Cour de cassation de Côte d'Ivoire, réunie en assemblée plénière, sur saisine du Procureur Général, décidait, par arrêt n° 183/21 rendu le 23 février 2021, de la *suspension de l'exécution des arrêts de la Cour d'appel et de la CCJA.*

Ces deux cas illustrent à suffisance le problème de la répartition des compétences entre la CCJA et les juridictions nationales de cassation sur la gestion des contentieux hybrides nécessitant à la fois l'application du droit dérivé de l'OHADA et du droit interne des États parties.

Pourtant le Traité institutif de l'OHADA a prévu que le contrôle de ses application et interprétation ainsi que ceux de son droit dérivé relève, en dernier ressort, d'une haute juridiction créée à cet effet, la Cour Commune de Justice et d'Arbitrage, la CCJA. À cet effet, l'article 14 dudit Traité, non seulement, énonce que la CCJA se prononce « sur les décisions rendues par les juridictions d'appel des États parties dans toutes les affaires soulevant des questions relatives à l'application des Actes uniformes et Règlements prévus au présent Traité, à l'exception des décisions appliquent des sanctions pénales » et, dans les mêmes conditions, sur celles « non susceptibles d'appel rendues par toute juridiction des États parties dans les mêmes contentieux », mais il dote également cette Cour du pouvoir d'évoquer et de statuer sur le fond, en cas de cassation.

L'article 15 impose aux Juridictions nationales de cassation devant lesquelles est pendante une affaire soulevant des questions relatives à l'application du droit dérivé de l'OHADA, de s'en dessaisir immédiatement et de transmettre l'ensemble du dossier à la CCJA.

L'article 16 dispose que la saisine de la CCJA suspend toute procédure de cassation engagée devant la Juridiction nationale contre la décision attaquée.

Et enfin, l'article 18 donne la possibilité à la CCJA de déclarer nulle et non avenue la décision d'une Juridiction nationale de cassation prise au mépris de sa compétence.

Forte de ces dispositions du Traité, la CCJA a construit une jurisprudence claire et cohérente sur sa compétence par rapport à celle des Juridictions nationales de cassation : en cas de conflit hybride, l'entièreté du litige relève de sa compétence exclusive (V. pour quelques illustrations, CCJA, 1ère Ch., Arrêt n° 032/2013 du 05 mai 2013 ; CCJA, Assemblée Plénière, Arrêt n° 059/2014 du 23 mars 2014). Et l'application du droit interne par la CCJA n'a, à ce jour, soulevé aucune difficulté avérée, les Juges composant la Haute Juridiction communautaire étant issus des juridictions des États parties et la plupart des textes nationaux ayant un fond commun dont l'interprétation ne pose pas de problèmes majeurs.

Cette application par la CCJA du droit interne des États parties ne se fait pas seulement en cas d'évocation, mais à toutes les étapes, par exemple, lorsque, dans un pourvoi mixte, le recourant invoque, parmi les moyens de cassation, un moyen pertinent relatif à la violation d'un texte national (V. à titre illustratif, CCJA, 3ème Ch., Arrêt n° 203/2018 du 22 novembre 2018 où la Cour a retenu, pour casser la décision attaquée, le moyen tiré de la violation des articles 357 et 372 du Code de procédure civile gabonais). Ou encore lorsque la disposition d'un Acte uniforme commande de se référer à un texte de droit national pour la solution du litige : il en est ainsi pour la computation du délai d'un recours, à compter de la date de signification de l'acte. Dans cette hypothèse, la Cour estime que « la régularité de la signification de l'arrêt déféré à [sa] censure doit être appréciée, non pas suivant les prescriptions du Règlement de procédure de la CCJA, mais en application des dispositions pertinentes du droit national de chaque État membre » (V. CCJA, 2ème Ch., Arrêt n° 201/2016 du 29 décembre 2016 ; CCJA, 3ème Ch., Arrêt n° 122/2022 du 30 juin 2022).

On voit ainsi que la CCJA applique naturellement le droit interne des États parties en cas de pourvoi mixte, sans que cela n'ait, à ce jour, provoqué de problèmes d'interprétation. Et ce, pas seulement lors d'une évocation. D'ailleurs, en la matière, le plus souvent, la CCJA ne fait pas usage du droit interne, puisque c'est de l'interprétation d'un Acte uniforme que prend naissance la saisine de la Cour, soit parce que les juges du fond et ceux d'appel ont eu une compréhension divergente de la disposition de l'Acte uniforme discutée, soit, en cas de convergence entre les deux degrés de juridiction, le recourant estime que ladite disposition a été mal appliquée.

Aussi, face à des cas de « résistance » des Juridictions nationales de cassation, comme ceux-ci-dessus rapportés, plus souvent mus par les enjeux économiques de l'affaire ou par des considérations d'ordre local que par le souci d'une juste application du droit, la CCJA, saisie par les parties, annule les décisions incriminées (V. CCJA, 2ème Ch., Arrêt n° 188/2017 du 27 juillet 2017 ; CCJA, 1ère Ch., Arrêt n° 065/2022 du 03 mars 2022) sur le fondement de l'article 20 du Traité suivant lequel, « ...Dans une même affaire, aucune décision contraire à un arrêt de la Cour commune de justice et d'arbitrage ne peut faire l'objet d'une exécution forcée sur le territoire d'un État partie ».

Force doit donc rester à l'ordre juridique élaboré par le Traité de l'OHADA.

Paul-Gérard Pougoué

En effet, pour y faire face, la CCJA dégage progressivement des principes juridiques non écrits, à partir du fonds juridique commun de l'espace OHADA ou encore à partir des valeurs culturelles et philosophiques de cet espace. À cet égard, j'ai toujours insisté sur un fonds juridique universel que le droit comparé dévoile. Le droit comparé est une source délicieuse qui montre combien tous les différents systèmes juridiques sont incarnés par l'idéal de justice, le « jus », qui montre l'universalité du droit qui ne confond pas avec la législation ou la norme : *Pacta sunt servanda, fraus omnia corrumpit, nemo plus juris ad alium transfere quam ipse habet, nemo auditur propriam turpitudinem allegans,* la bonne foi, la coopération contractuelle entre les parties, la réparation des dommages créés, la responsabilité à l'égard des générations futures, le procès équitable, etc.

Tout cela montre la complexité de l'ordre juridique OHADA, qui combine à la fois le droit OHADA et le droit national. Il revient à la CCJA de garantir cet ensemble, socle du nouveau pôle de développement à l'origine de l'OHADA. C'est pourquoi la CCJA est la marque distinctive du modèle OHADA.

14. L'Homme, quelle merveille !

Paul-Gérard Pougoué

On a dit beaucoup de choses sales sur l'homme : « l'homme est un loup pour l'homme », « l'homme est ondoyant et divers » ; méfie-toi de l'homme, même lorsqu'il te fait des présents… ».

De même, que de méchantes actions de l'homme : les guerres, les trahisons, les barbaries diverses, notamment l'esclave, la traite des noirs, la colonisation, les abus de pouvoirs, les puissances de l'argent, les discriminations…

Pourtant, l'on s'accorde sur l'intelligence de l'homme, qui cherche à dompter la terre, qui va à la conquête de la mer et de l'espace… L'avenir de notre monde dépend ainsi beaucoup de l'homme. Quelle force inventive, et dans tous les domaines ! L'on saisit du coup la place exceptionnelle de l'homme parmi les êtres qui vivent sur cette terre. Il dompte les autres êtres et explore les sillons étroits de la connaissance.

Surtout, l'on s'accorde sur la prise de conscience de l'homme, qui prône la dignité, la liberté et l'égalité de tous les Hommes dès leur naissance, et qui construit progressivement la responsabilité à l'égard des générations futures, qui recherche, tant bien que mal, la coexistence pacifique et la sauvegarde de l'humanité. Il faut prendre la pleine mesure de la conscience par l'homme de son humanité. Cela se traduit dans les droits que les hommes se reconnaissent ; l'esprit de ces droits est la liberté. Cela se traduit plus fondamental dans des droits qu'impose l'humanité de l'homme ; l'esprit de ces droits est transcendantal, c'est la dignité. La dignité de l'homme échappe ainsi à la liberté de l'homme. La dignité rend compte de ce que l'humanité de l'homme n'a pas de prix. On n'a pu dire que l'homme est un animal métaphysique (Alain Supiot).

Jacques Chatué

En philosophie, « Dignité » se dit de ce qui, peu ou prou, participe du sacré, objet d'un respect absolu. Son champ lexical évoque les notions d'élévation, d'honorabilité, et même de *solennité,* ainsi que le suggère encore ce statut d'exception que les religions abrahamistes reconnaissent à l'homme en tant qu'*imago dei*. Et si, de ce point de vue théologique, la dignité humaine n'est que « seconde » et non première, « avant-dernière » et non dernière, si, comparée à la propre dignité de Dieu, celle de l'homme n'est qu'un attribut d'emprunt, la valeur de l'homme n'en est pas moins tenue pour absolue, c'est-à-dire inconditionnelle : à l'instar d'un diamant que l'on trainerait dans la boue, elle demeure entière en tout homme.

Il se trouve que saisie par la philosophie, la dignité humaine s'offre à des controverses serrées. Alléguée contre les chaînes de discriminations portées par les régimes monarchiques, puis totalitaires, la dignité humaine qualitative est rappelée comme ce qui fonde le « sujet de droit » et ses corrélats juridiques : « état de droit », « démocratie participative », « droits de l'homme ». Autant dire que le siècle des Lumières en a fait un emblème. Mais aussitôt les objections montent : la dignité ne devrait-elle pas être imputée aux institutions plutôt qu'aux individus (Georg Wilhelm Friedrich Hegel), aux majorités antérieurement aux minorités (John Stuart Mill), aux exploités plutôt qu'aux exploitants (Karl Marx) ? Ne devrait-on pas la réapprendre de ceux-là même qui en sont exclus (Michel Foucault), ou l'étendre au reste des animaux (Peter Singer) ? Ne devrait-on pas la tenir, pour mieux l'appréhender, de « Gaïa », « Terre-mère », ou même du Cosmos, véritable origine de l'homme, plutôt que d'un Dieu personnel et transcendant (Michel Serres) ? On le voit, la philosophie soumet l'*ordre* fondé sur l'idée de dignité au *jeu* d'un débat indéfini et possiblement indécidable, qui ne saurait se résoudre que par une tolérance muée en tolérantisme ! Or la philosophie a-t-elle en la matière, le dernier mot ? Rien n'est moins sûr.

La dignité est de ces notions qui ont plus de valeur que de sens, et qui, de toute manière, gardent leur puissance éthique et heuristique, en raison des questions qu'elles permettent de poser. Soupçonnée de n'être qu'un support idéologique de l'hégémonie juridico-culturelle de l'Occident (*cf.* les penseurs de la « French Theory », et les idéologues du mouvement « Woke »), la dignité demeure à la fois un enjeu transculturel et un référent civilisationnel, utile pour enjoindre les sciences sociales, le droit compris, à la méthode comparatiste qui, pas à pas, et au cas par cas, n'approche les concepts universels qu'en fonction de données contextuelles, et qui ne concède que des inductions lentes. Si l'on ne peut plus décliner « simplement » la dignité comme fondement indélébile de la personne humaine individuelle, on peut du moins la plier aux exigences humbles et prudentielles d'une anthropologie juridique susceptible d'éclairer, concomitamment, les prétentions théoriques de la notion catégorielle d'*ordre public*, au sens internationaliste du terme. Il se peut que la sagesse de l'ordre public ainsi conçu porte plus efficacement la notion de dignité que ne le fait l'obstination discursive et prétentieuse d'une certaine philosophie.

Paul-Gérard Pougoué

L'on saisit pourquoi la dignité humaine est le principe juridique premier. Ce dernier permet de poser juridiquement la valeur des êtres humains. L'Homme, c'est l'homme, ni plus qu'un dieu ni moins qu'un animal ou une chose. Il en découle deux principes juridiques : ne pas traiter la personne humaine simplement comme un moyen ; assurer les besoins vitaux de la personne humaine.

De nos jours, la dignité humaine est véritablement ancrée dans le champ des droits de l'homme. C'est un droit de troisième génération qui présente deux principales déclinaisons : tout d'abord, c'est un principe que l'on opposer à quiconque y porterait atteinte ; ensuite, c'est un devoir et une charge, une charge dont-on ne pourrait ni être dispensée ni se dispenser. Nul ne peut renoncer à la dignité de la personne humaine. L'humanité de l'homme échappe à l'homme lui-même. La dignité humaine ne meurt pas, « dignitas numquam perit ».

Bernard-Raymond Guimdo Dongmo

La dignité humaine en droit : hasard ou nécessite ?

Il est largement admis aujourd'hui que la dignité humaine est une notion centrale en droit. Le problème est qu'elle se caractérise par son immensité. Certes, elle est plus précise que la notion de valeur, elle peut intervenir dans des contextes linguistiques extrêmement variés tant dans la société contemporaine que dans l'histoire.

*

En droit, la dignité peut être considérée comme une notion nouvelle en comparaison avec la philosophie. Ce que l'on voudrait dire est que, en droit, elle n'est pas encore véritablement établie comme en philosophie. La lecture des textes et de la jurisprudence permet de se rendre compte que la dignité humaine est devenue certes une notion juridique, mais, elle l'est de façon relative.

Historiquement, c'est une notion philosophique. Entant que telle, elle est appréhendée de façon variée. Mais cette variété n'achève pas pour autant son appréhension et sa compréhension. Au demeurant, le droit n'avait admis que la liberté et l'égalité depuis les textes britanniques relatifs aux droits de l'homme en passant par la Déclaration de l'État de Virginie, la Déclaration d'indépendance des USA jusqu'à la Déclaration des droits de l'homme et du citoyen du 26 aout 1789. C'est cette dernière, justement, qui, en son article 6, va procéder à la réception juridique de cette notion et précisément à propos du citoyen. C'est la Charte des Nations unies de 1945 qui la consacre au plan universel et relativement aux droits de l'homme. Elle sera reprise par l'article 1er de la Déclaration universelle des droits de l'homme du 10 décembre 1948 en ces termes : « *Tous les êtres humains naissent libres et égaux en dignité et en droit* ». D'autres textes vont plus tard la consacrer, à l'instar de la Charte africaine des droits de l'homme et des peuples de 1981, en son article 5. Cet article dispose, en effet, que «*tout individu et droit au respect de la dignité inhérente à la personne humaine (...)*».

Si l'on se situe dans le contexte français, par exemple, l'on va se rendre compte que ce concept est apparu dans deux circonstances précises. Premièrement, à propos des crimes contre l'humanité, ce qui a permis de préciser la notion d'humanité. Secondement, à propos des lois sur la bioéthique.

Au Cameroun, comme en France, le droit à la dignité ne figure pas dans le texte constitutionnel. En France, le Conseil constitutionnel a formulé ce principe dans une décision rendue en 1994. Au Cameroun, le juge administratif l'a énoncé dans une décision rendue en 1981.

En France, le Conseil constitutionnel a permis à la dignité humaine de rentrer dans l'ordre juridique et plus précisément dans ce que l'on appelle le bloc de constitutionnalité. Le Conseil d'État français s'est appuyé sur le principe de dignité pour autoriser les maires à interdire les spectacles dits du «*lancé de* nains » qui d'ailleurs, d'après lui, portait atteinte à la dignité du nain. Il s'est référé notamment à certains facteurs humains tels que le ravalement au rang d'objet d'une personne humaine souffrant d'un handicap physique et qui se fait lancer en public moyennant une somme d'argent. Le Conseil d'État a ainsi rejeté toute idée de commercialisation du corps de la personne humaine handicapée.

Le juge administratif camerounais, quant à lui, a consacré la dignité humaine dans le droit de la responsabilité administrative. Il considère, en effet, que l'atteinte à cette dignité, si elle est imputable à l'administration, constitue une source de responsabilité. Mais, comme notion juridique, la dignité est relative.

*

Le problème que pose l'introduction de la dignité humaine en droit est double. Il est lié à la détermination du ou des titulaires du droit à la dignité et à la portée juridique du principe de dignité. Lorsqu'on examine la jurisprudence relative à la dignité, l'on se rend compte que le problème de la détermination du titulaire du droit y relatif se situe à deux niveaux.

Le premier niveau a trait à la prise en compte ou non de la dignité au commencement de la vie. Le second niveau concerne la prise en compte ou non de la dignité à la fin de la vie. Si l'on peut retenir la conception selon laquelle la dignité est inhérente à la personne humaine, il convient de déterminer à partir de quand commence cette dignité ou à partir de quand doit-on la prendre en compte. Le problème est de savoir si le principe de dignité est susceptible de concerner l'embryon. C'est un problème sur lequel les juges sont assez prudents. C'est ainsi, par exemple, que la question de l'application de certains droits fondamentaux fait généralement l'objet de renvoi de la part des juges, en particulier, celle du droit à la dignité. La Cour Européenne des droits de l'homme ne se prononce pas sur cette question. Le Conseil Constitutionnel français considère, pour sa part, que c'est au législateur qu'il revient de définir le domaine d'application du principe du respect de la dignité de la personne humaine. En France, c'est le Comité national d'éthique qui a eu à proposer une définition de l'embryon, lequel serait une « *personne potentielle* ». Est-ce à dire qu'en tant que tel l'embryon doit voir sa dignité reconnue et que ce droit (de l'embryon) doit être concilié avec les autres droits? Le Conseil d'État français reconnait que l'embryon a des droits. C'est ainsi que dans une décision en date du 21 décembre 1990, il a admis que le droit à la vie reconnu par l'article 2 de la convention européenne des droits de l'homme de 1950 concerne aussi l'embryon, bien qu'il s'agisse d'un droit relatif à la vie.

Au fond, il se pose, en la matière, deux problèmes essentiels : la préservation de l'embryon et sa destruction pour préserver la personne qui le porte. On peut observer que l'ensemble de la jurisprudence relative à l'avortement essaie d'arbitrer ce problème en tentant de préserver les droits de l'embryon et ceux de la mère. Elle le fait en prenant en compte deux paramètres : premièrement, l'avortement ne peut être libre car ce serait porter atteinte aux droits de l'embryon et donc de sa dignité ; secondement, en revanche, des exigences relatives à la santé physique de la mère sont susceptibles de justifier le droit de porter atteinte aux droits de l'embryon. Il faut donc, dans tous les cas, faire en sorte que les droits de l'embryon ne soient pas privilégiés alors que la santé de la mère pourrait en pâtir. Il s'agit là, malheureusement, d'un équilibre précaire ou instable.

En ce qui concerne la prise en compte de la dignité humaine, à la fin de la vie, la jurisprudence prend en compte deux situations : l'état végétatif et l'état de mort. L'état végétatif est l'état dans lequel une personne est durablement privée de conscience, mais n'est pas cliniquement morte. En France, la Cour de cassation a reconnu qu'une personne en état végétatif est une personne humaine et donc susceptible de bénéficier de la dignité reconnue à tout homme, mais que cet état végétatif n'exclut aucun chef d'indemnisation. Elle rejette ainsi l'idée d'une hiérarchie entre les êtres humains. On peut donc dire que la Cour de cassation a mis en avant l'idée de dignité qui est partagée par tous les hommes quel que soit leur état. Pour ce qui est de la personne en état de mort, le Conseil d'État français, dans un arrêt du 02 juillet 1993, a statué sur le comportement d'un médecin ayant pratiqué des expériences sur un individu maintenu en survie somatique mais en état de mort cérébral. Il a jugé que « *les principes déontologiques fondamentaux relatifs au respect de la personne humaine qui s'imposent au médecin dans ses rapports avec son patient ne cessent pas de s'appliquer après la mort de celui-ci* ».

Malgré les prescriptions textuelles et les formulations jurisprudentielles, la dignité n'est pas pour autant une norme juridique de caractère prescriptif direct. En effet, son effectivité est conditionnée par le contenu que l'on lui attribue. D'où sa relativité liée aux interprétations diverses, parfois contradictoires, qui en sont faites.

Que dire en définitive ? Les autorités publiques devraient prendre des mesures nécessaires pour traduire dans les faits la primauté de la dignité humaine sur les autres règles de droit. La question ultime reste de savoir si elle peut être érigée au rang d'une norme de *« jus cogens» ?*

Paul-Gérard Pougoué

Cet homme-là ne s'est pas créé lui-même et ne s'est pas doté lui-même de ses potentialités extraordinaires. La théorie évolutionniste reste très courte à cet égard.

Quoiqu'on en pense, l'idée d'un créateur transcendant me paraît tout à fait plausible. C'est une conviction ! Avant toute chose, était la sagesse. La sagesse est Dieu. Dans cette sagesse,

« Dieu créa l'homme à son image,
à l'image de Dieu, il le créa
mâle et femelle, il les créa ». (Gn 1, 27)

Si l'homme est si merveilleux, c'est parce que Dieu l'a créé à son image ; l'a doté de deux dons sublimes, le don de la raison et le don de l'amour, pour marquer la transcendance de l'homme sur les autres créatures et l'alliance entre l'homme et lui ; lui a offert l'univers ; pour qu'il y règne et y prolonge l'œuvre de création. C'est pourquoi l'homme a de la valeur devant Dieu.

Abbé Noël Sofack

Les diverses traditions anthropologiques, philosophiques et idéologiques ont une très haute idée de l'homme et de sa dignité. Cette convergence de vues a fait dire au Concile Vatican II que « Croyants et incroyants sont généralement d'accord sur ce point : tout sur terre doit être ordonné à l'homme comme à son centre et à son sommet » *(Concile Vatican II, Constitution pastorale Gaudium et spes, l'Église dans le monde de ce temps, 1965, n° 12,1).* Pour autant, tous interprètent cette dignité de manière différente selon leur vision propre de l'homme et de l'ordre social, ou selon leurs intérêts individuels. Ainsi, les approches de la dignité humaine sont aussi diverses que les cultures, les savoirs et les croyances qui nourrissent les débats *(Thomas DE KONINCK, Gilbert LAROCHELLE, La dignité humaine, Paris, PUF 2005).* D'où la pertinente question de savoir : finalement, qu'est-ce que l'homme ? Et que peuvent nous apporter les lumières de l'anthropologie chrétienne ?

Le Psaume 8 se faisait déjà l'écho de ce questionnement et chantait la grandeur de l'homme : « Qu'est donc l'homme, pour que tu te souviennes de lui ? Le fils de l'homme pour que tu te soucies de lui ? À peine le fis-tu moindre qu'un dieu [...] » (Ps 8, 5-6). En juillet 1969, le pape Paul VI confiait aux astronautes américains en partance pour la lune ce texte du psaume 8 et déclarait : « L'homme... au centre de cette entreprise, se révèle être un géant. Il se révèle à nous comme divin, non en lui-même, mais en son principe et par sa destinée. Honneur, donc, à l'homme, honneur à sa dignité, à son esprit, à sa vie » *(Paul VI, Insegnamenti VII [1969], p. 493-494).*

Si on parcourt ce psaume 8 dans son entièreté, on se rendra compte qu'il est une célébration de l'homme qui certes est une créature fragile, mais il a été couronné par Dieu Lui-même comme seigneur de la création. L'homme est vu comme le lieutenant royal du Créateur Lui-même, car Dieu l'a couronné comme un vice-roi, le destinant à une seigneurie universelle par la mise de toute chose à ses pieds, sans que cela soit une conquête de la part de l'homme ou une victoire de celui-ci sur Dieu. Cette création est un don gratuit que le Créateur fait à l'homme, pour qu'il en conserve l'harmonie et la beauté, pour qu'il en use sans en abuser, qu'il en fasse apparaître les secrets et développe leurs potentialités *(Jean-Paul II, Psaume 8 : psaume cosmique, et psaume du premier pas sur la lune. Catéchèse hebdomadaire sur la liturgie des laudes, 26 juin 2002 (Texte italien dans l'Osservatore Romano du 27 juin)),* pour qu'il la gouverne dans la sainteté et la justice (Livre de la Sagesse 9, 2-3). Malheureusement l'homme s'est souvent comporté vis-à-vis de cette création comme un tyran fou, au lieu d'être comme un gouverneur sage et intelligent, dévastant l'environnement et répandant les injustices sociales les plus éclatantes *(Ibid).*

Pour les chrétiens, la dignité humaine s'origine ainsi dans l'acte créateur de Dieu qui, dans la création, met l'homme à part, le créé à son image, et, par là-même, institue une exception humaine : « Parce qu'il est à l'image de Dieu, l'individu humain a la dignité de personne ; il n'est pas seulement quelque chose, mais quelqu'un » *(Catéchisme de l'Église catholique, Mame-Plon, 1992, § 357).* L'Église voit ainsi dans l'homme, dans chaque homme, l'image vivante de Dieu lui-même ; image qui trouve et est appelée à retrouver toujours plus profondément sa pleine explication dans le mystère du Christ, Image parfaite de Dieu, Révélateur de Dieu à l'homme et de l'homme à lui-même. Ainsi dans la Constitution pastorale *Gaudium et spes* (L'Église dans le monde de ce temps), le Concile Vatican II (1962-1965) énonce la conviction anthropologique profonde de l'Église quand il rappelle l'enseignement biblique selon lequel l'homme a été créé à l'image de Dieu et qu'il a été constitué seigneur de toutes les créatures terrestres, pour les dominer et s'en servir, en glorifiant Dieu. Dans sa condition corporelle même, l'homme est un résumé de l'univers des choses, qui trouvent en lui leur sommet. De la sorte, enseigne le Concile Vatican II, l'homme « ne se trompe pas lorsqu'il se reconnaît supérieur aux éléments matériels et qu'il se considère comme irréductible, soit à une simple parcelle de la nature, soit à un élément anonyme de la cité humaine. Par son intériorité, il dépasse en effet l'univers des choses. Lorsqu'il reconnaît en lui une âme spirituelle et immortelle, il n'est pas le jouet d'une création imaginaire qui s'expliquerait seulement par les conditions physiques et sociales, mais, bien au contraire, il atteint le tréfonds de la nature » *(Concile Vatican II, Op. cit., n° 14, 1-2).*

Le Concile ajoute aussi que Dieu n'a pas créé l'homme solitaire : dès l'origine, il les créa homme et femme (Gn 1,27). Cette société de l'homme et de la femme est l'expression première de la communion des personnes. Car l'homme de par sa nature profonde est un être social, et, sans relations avec autrui, il ne peut vivre ni épanouir ses qualités *(Ibid., n° 12, 4)*. Aussi, en raison du péché l'homme est un être divisé, mais le Seigneur en personne – le Christ, Fils de Dieu – est venu pour le restaurer dans sa liberté et dans sa force, le rénovant intérieurement *(Ibid., n° 13,2)*. Un autre trait de cette dignité humaine réside dans la dignité de l'intelligence qui lui permet de développer les arts et la culture et d'atteindre une authentique certitude, une vérité plus profonde que les seuls phénomènes *(Ibid., n° 14, 1-2)*. Cette dignité de l'homme se traduit également par la présence en lui de la conscience qui est une loi inscrite par Dieu au cœur de l'homme, et dont sa dignité est de lui obéir *(Ibid., n° 16)*. Cette conscience est en quelque sorte le trait divin en l'homme. En ce sens aussi, la liberté n'est pas la licence de faire n'importe quoi, mais signe en l'homme de l'image divine *(Ibid., n° 17)*. Enfin, le Concile affirme que l'homme est mortel, mais que le germe d'éternité qu'il porte en lui s'insurge contre la mort *(Ibid., n° 18, 1-2)*, puisque « l'aspect le plus sublime de la dignité humaine se trouve dans la vocation de l'homme à communier avec Dieu » *(Ibid., n° 19,1)*.

Il découle de cet enseignement toute une série de conclusions concernant le respect de la personne humaine dans la société et dans toutes les relations de la vie sociale. En effet, la dignité inhérente à toute personne humaine est le fondement de la justice pour toute société, qui doit se garder de traiter l'homme comme un moyen. De fait, « une société juste ne peut être réalisée que dans le respect de la dignité transcendante de la personne humaine. Celle-ci représente la fin dernière de la société, qui lui est ordonnée » *(Conseil Pontifical Justice et Paix, Compendium de la doctrine sociale de l'Église, Libreria Editrice Vaticana, 2005, § 132)*.

Paul-Gérard Pougoué

Par sa filiation divine, l'homme a pour père Dieu, et pour sœurs et frères toutes les femmes et tous les hommes et peut faire des choses extraordinaires qui surpassent de loin les choses ordinaires de la vie. L'homme est une semence de vie. Majesté de Dieu et dignité de l'homme.

À force de nier la filiation divine de l'homme, nous risquons de perdre le sens de la fraternité universelle, du merveilleux, du sacré. Il y a quelque chose de divin dans tout ce que l'homme fait au service de l'humanité. Ne pas reconnaître cette filiation divine conduit à réifier l'homme ou certains êtres humains. Alors, il faudrait désespérer de l'homme et, partant, de Dieu.

15. Il y a au-dessus de nous Dieu

Paul-Gérard Pougoué

Oui, il y a au-dessus de nous Dieu. Si l'on rejette toute idée de Dieu et de religion, alors l'on tombe dans le matérialisme absolu. Je ne suis pas du tout pour le matérialisme.

Il y a au-dessus de nous Dieu.

Le Dieu des chrétiens est adorable, parce qu'il est à la fois transcendant et immanent. Bien que tout puissant, créateur du ciel et de la terre, de l'univers visible et invisible, il est aussi très bon et d'une miséricorde infinie et surtout le fidèle compagnon de route de l'homme dans ce monde difficile.

Monseigneur Dieudonné Watio

« Il y a au-dessus de nous, Dieu ».

Cette assertion nous renvoie sans détour à la transcendance de Dieu.

Que nous dit la Bible de la transcendance de Dieu ? Qu'est-ce que la transcendance divine veut dire simplement que Dieu est bien au-dessus de nous et de ce que nous sommes, et même infiniment au-dessus ? Comment comprendre cette transcendance divine et la révélation du Christ ? La transcendance est un concept théologique qui se réfère à la perception de Dieu par les humains. Du strict point de vue biblique, il est important de noter dès le début qu'aucun texte biblique ne dit de Dieu qu'il est « transcendant ». Il s'agit donc d'une idée qui a été développée par la réflexion théologique à partir des textes bibliques.

La transcendance de Dieu est son rapport avec l'humain, une perception que l'humain a de Dieu et, du coup, de lui-même. Selon la façon dont on perçoit ce rapport, on insistera soit sur Dieu soit sur l'humain. Autrement dit, on insiste sur une similitude ou une différence entre Dieu et les humains.

Si on considère que Dieu est proche de l'humain, voire semblable à lui, on dira qu'il est « immanent ». Si on considère Dieu loin de l'humain ou encore complètement différent de lui, on dira qu'il est « transcendant ». Selon que l'on considère Dieu transcendant ou immanent, l'humain sera considéré, de façon inversement proportionnelle, petit ou grand. Habituellement, plus Dieu est grand, plus l'humain et petit, et vice versa.

Examinons de plus près la transcendance à partir d'un regard historique, c'est-à-dire en examinant l'évolution religieuse du Dieu de la Bible. En voici les grandes étapes. La religion des anciens était le polythéisme, c'est-à-dire qu'on croyait en de nombreuses divinités. Ce qu'il importe de souligner pour notre propos, c'est qu'il faut se garder d'imaginer ces divinités comme notre Dieu unique multiplié plusieurs fois, ce qui serait notre tendance naturelle. Non, les divinités des anciens étaient le plus souvent des personnifications des forces de la nature (tempête, vent, pluie) ou des grandes réalités de la société (paix, guerre, sagesse, agriculture). Ces dieux n'étaient donc pas très « grands » et pas très « personnels ». De plus, ils n'étaient pas nécessairement considérés comme bons ou aimants ou bienfaisants. Dans plusieurs mythologies anciennes, en effet, il ressort que les dieux n'aiment pas beaucoup les humains. Il y a même entre eux une guerre éternelle qui a nourri la mythographie ancienne. Mais les dieux et les humains ont besoin les uns des autres : les dieux ont besoin des sacrifices et des prières des humains; les humains ont besoin des bienfaits des dieux. Il faut se rappeler que les humains vivaient dans une société préscientifique où la vie était une lutte pour la survie. Dans ce cadre, il est important de souligner que les dieux ne sont pas grands, ni des modèles de vertus. Ils ne sont pas intéressants mais on est bien obligé de s'occuper d'eux. Les différents dieux interagissent les uns avec les autres (voire les unes contre les autres), ce qui fait ressortir leur aspect incompréhensible, voire capricieux. Les dieux du polythéisme ne sont donc pas « transcendants », loin de là! En fait, ils sont très « humains » de sorte qu'on pourrait affirmer que les divinités anciennes ne seraient que des humains puissants et immortels.

Le peuple d'Israël a sans doute d'abord été polythéiste à son origine. Toutefois, les documents bibliques nous le montre d'abord dans une monolâtrie. En effet, quand on lit les textes les plus anciens de la Bible, on se rend bien compte que le Dieu national (YHWH) est un dieu parmi d'autres. Le peuple d'Israël n'adore que lui et reçoit de lui son identité nationale, mais jamais il ne met en doute l'existence des autres dieux tout autour d'Israël. Tout simplement, on ne leur voue pas de culte.

Il est arrivé au monothéisme autour de l'époque exilique (540 avant notre ère). Le livre du Deutéro-Isaïe est le premier qui affirme clairement qu'il n'y a qu'un seul Dieu et que les autres n'existent pas. Il a été préparé par le Deutéronome qui est presque déjà monothéiste. C'est le terreau de la transcendance de Dieu.

La Bible, surtout de l'Ancien Testament, c'est qu'il contient sans ordre des textes d'époques différentes et de sensibilités religieuses différentes.

Le Dieu unique du monothéisme peut être compris et présenté comme complètement différent, absolument supérieur et loin des humains. C'est le Dieu transcendant surtout développé par des écoles comme le Code sacerdotal du Pentateuque ou des prophètes comme Ézékiel (qui était un prêtre).

Le Dieu unique du monothéisme peut aussi être compris et présenté comme proche des humains et sensible à leurs vies. C'est le Dieu immanent de la tradition yahviste du Pentateuque.

Dans la Bible, le meilleur exemple vient des premières pages de la Bible au sujet de la création. Le Dieu de Gn 1 (un texte de l'école sacerdotale) est complètement transcendant. Il crée par sa parole seule et met de l'ordre dans le chaos primordial selon une gradation. Quant au Dieu de Gn 2 (de l'école yahviste), il est immanent. Il est présenté comme un potier, comme un jardinier, comme un ouvrier qui ne craint pas de reprendre une œuvre imparfaite, etc.

La transcendance de Dieu dans le Bible est-elle sa sainteté ? On peut le penser, mais il semble y avoir une nuance. Certes, la sainteté de Dieu est son attribut le plus personnel, ce qui le distingue de toutes les créatures, ce qui le met à part, ce qui le place au-dessus de tout. La sainteté insisterait donc sur la séparation tandis que la transcendance insisterait sur la supériorité absolue. Bien évidemment, on peut penser que la transcendance de Dieu découle de sa sainteté, mais l'école yahviste, par exemple, n'a pas cru que l'immanence de Dieu menaçait de quelque manière sa sainteté. On peut même dire que, pour cette école, la sainteté de Dieu se manifestait dans sa proximité et son action pour les humains.

« Penses-tu que je suis comme toi ? » (Ps 49,21). Derrière la transcendance de Dieu, c'est donc tout autant la façon de concevoir et d'apprécier l'humain qui est en jeu. Dieu et l'humain sont-ils différents ou semblables? Le sont-ils « complètement » ou « partiellement »? Si oui, comment et dans quelle mesure? De ce rapide survol, on voit que la transcendance de Dieu est l'un des multiples aspects développés par les textes bibliques sur le mystère de Dieu. La transcendance ne devrait donc pas être indûment isolée ou surévaluée mais être considérée dans l'ensemble de la présentation biblique de Dieu.

Il faut ajouter, en conclusion, que la transcendance de Dieu a surtout été développée par les théologiens. La rencontre entre le monde sémitique originel et le monde grec dès les premiers siècles de la mission chrétienne a joué un grand rôle qui a été mis en lumière il y a fort longtemps et qu'il ne faut pas minimiser. Mais il reste que les données de base que nous avons abordées ici restent les mêmes. Certes, Dieu est au-dessus de nous, mais il est en même temps au-dedans de nous. Il est donc à la fois transcendant et immanent. C'est bien ce que nous chantons parfois au cours de nos eucharisties. « Tu es là au cœur de nos vies, et c'est toi qui nous fais vivre, Dieu vivant oh Jésus-Christ. S'il en était autrement, il serait le Deus otiosus, le dieu lointain et paresseux tel que se le représentaient les païens !

Paul-Gérard Pougoué

La Sainte Trinité et l'histoire du salut mettent ostensiblement en exergue ce Dieu à la fois transcendant et immanent. Elle traduit très fortement la finalité du mystère de notre Dieu : un Dieu amour, amour dont il embrase l'homme à tout temps et à tout moment. L'homme devient ainsi le temple du Dieu vivant. Comme c'est soulageant et réconfortant d'avoir un tel Dieu qui entretient avec l'homme les relations de père à fils.

Ce Dieu, parce qu'il est transcendant et immanent, est bon, tendre et miséricordieux. Son amour n'a pas de borne.

Un père créateur, qui a créé l'homme à son image, l'homme qu'il a aimé tant au point de lui promettre une part de sa divinité et de lui proposer la félicité éternelle. Il a conclu avec l'homme une alliance qui indique la voie vers cette éternité.

L'iniquité de l'homme ne l'a pas découragé ; bien au contraire, dans son plan de salut, il a envoyé son propre Fils ; une nouvelle alliance est scellée avec Jésus-Christ. Ce Jésus-Christ, pour nous pénétrer très intensément de sa présence divine a institué l'Eucharistie, une invention d'amour intense et constant : « celui qui mange ma chair et boit mon sang vivra par moi ». Jésus-Christ n'aime pas à moitié, il nous donne sa vie.

À la fin de la mission de ce Fils sur terre, dans son amour infini, il a envoyé son Esprit pour embraser l'homme jusqu'à la fin des temps.

Seigneur, entends ces voix qui psalmodient ta miséricorde :

Père,
À l'évocation de ton nom, on trouve
AMOUR, BONTE, TENDRESSE, MISERICORDE
La création est la manifestation de ton Amour merveilleux.
Tu as façonné l'homme à ton image,
Pour poursuivre ton œuvre ;
Pour chanter ta gloire ;
Pour participer à ta divinité.
Ta miséricorde infinie était là pour pardonner et ramener l'homme déchu.
Tu as, depuis la nuit des temps, montré combien tu es tendre et miséricordieux, lent à la colère, plein d'amour et de vérité ;
Ton seul désir est de sceller une alliance sainte entre l'homme et Toi.
Tu as parlé par les prophètes ;
Tu as agi par tes prouesses.

Face à la sécheresse de l'homme,
Tu as envoyé ton Fils unique, Jésus-Christ
Pour établir une nouvelle alliance entre la terre et le ciel.

Consubstantiel à Toi, il a montré combien
Tu es le Bon Pasteur
Qui fait paître son troupeau
Et ne peut supporter de perdre une seule de ses brebis ;
Tu es le Père d'une bonté incommensurable
Qui est plein de tendresse
Et ressent une immense joie à retrouver son enfant perdu.

Par sa vie, il manifeste ton amour qui compatit ;
Par sa passion et sa mort sur la croix, il manifeste ton amour qui sauve ;
Par sa résurrection, il manifeste ton amour qui sanctifie ;
Par son retour vers toi, il rassure sur ton amour qui accueille.

Il a posé sur notre route une lampe pour éclairer notre chemin,
Ta parole,
Qui nous instruit constamment sur ta miséricorde
Qui est plus forte que le jugement.

Il a promis ton Esprit Saint ;
Depuis le Cénacle, l'Esprit de vérité nous embrase,
Pour fortifier notre croyance en ta miséricorde ;
Pour achever en l'homme l'œuvre de ta miséricorde.

Père, Fils, Saint Esprit
La Sainte Trinité est l'éclat de l'éternité de la miséricorde de Dieu
Qui aime, qui sauve et qui sanctifie.

Quelle miséricorde !
Quelle débordante miséricorde !
Quelle infinie miséricorde !
Amen

Hervé Wandji

Peu importe la partie du monde, peu importe le groupe culturel, et je dirais même peu importent les humains, il existe en chacun de nous une demande de spiritualité, un besoin de transcendance spirituelle. Il y a également dans chaque peuple un désir d'éternité qui peut se matérialiser de différentes façons. Que ce soit l'empreinte laissée (œuvres d'art, architecture, symboles) ou la reproduction des générations censées conserver trace de passage sur la terre, les civilisations gardent une certaine quête de se maintenir éternellement. Dès lors, comment se définir avec l'accélération des mouvements des personnes et des idées rendue possible par les progrès technologiques ?

Notre monde actuel a été façonné par les principales religions monothéistes. Dans le rythme et le calendrier, les habitudes et interdits, les langues parlées et les dominations culturelles, l'influence du religieux est très présente. Le christianisme se distingue des deux autres principales venues du pourtour méditerranéen par le fait que Dieu s'est incarné dans la figure de Jésus et a vécu au milieu des hommes. La figure messianique attendue chez les autres a été au contact des hommes, et nous a délivrés des messages, le plus important étant l'amour de son prochain, qui est consubstantiel à l'amour de Dieu.

« Rendez donc à César ce qui est à César et à Dieu ce qui est à Dieu » *(Luc 20, 25, Matthieu 21, 22, Marc 12, 17)*, nous demande Jésus. Confronté à l'hostilité des Pharisiens qui voulaient le mettre en difficulté lui demandant s'il fallait payer l'impôt, et de fait se soumettre à l'autorité Romaine, Jésus livre une réponse sous forme d'ouverture. À Dieu ce qui est à Dieu et à César ce qui est à César. Il n'y aucune mesure entre l'impôt, l'Empire et l'Empereur, qui sont passagers et donc secondaires et le Royaume de Dieu. Les institutions humaines sont fragiles malgré les apparences et donc éphémères tandis que la Parole et le règne de Dieu sont éternels. Telle est la foi de Jésus. Telle est celle à laquelle il appelle tous ceux qui veulent le suivre.

Il y a donc une volonté de respecter les institutions, de les habiter, sans s'y perdre. Les incarner en rendant ce qui est à Dieu : se préoccuper des autres, aimer ses ennemis, exécrer le pêché, la faute, mais avoir de la tendresse pour le pêcheur, le fautif. Être juste dans ses choix et ne que prendre sa part quand nous sommes en position de décider. Respecter les institutions, c'est aussi reconnaître que notre société humaine n'a pas vocation à être une théocratie. Ainsi, le « allez, faites de toutes les nations des disciples » n'est pas une invitation à ériger des cités de Dieu. Il ne s'agit pas de coloniser des peuples, mais de les ouvrir à cette relation à Dieu intimement liée à celle de son prochain.

Les missionnaires chargés de propager la bonne nouvelle de l'Évangile ne s'y sont pas trompés. Sur chaque nouveau territoire, les missions construisaient autour de l'église une école et un dispensaire. Pour former des hommes et des femmes. Pour leur permettre d'être armés et d'écouter la parole. Il y a eu une volonté de faire grandir les hommes avant d'en faire des chrétiens. Ou plutôt grandir en tant que chrétiens. L'Allemand actuel est lié à la volonté de Luther de traduire la Bible, ce qui lui a laissé une trace écrite. Et les missions du XXème siècle ont continué dans cette voie, les premiers intellectuels des anciens empires coloniaux étant formés par les écoles et collèges missionnaires. Et à l'image de l'Allemand, nos langues pré-coloniales ont également survécu grâce aux cantiques et à la traduction de la Bible pour la rendre accessible. Partager, c'est aussi essayer d'intégrer l'univers de pensée de son vis-à-vis. S'ouvrir à l'autre, c'est aussi accepter sa différence et s'ouvrir à elle. C'est accepter l'influence de la philosophie grecque, son rapport à l'iconographie, ce qui nous laisse de magnifiques témoignages de chrétiens qui voulaient témoigner leur foi et leur conviction chrétiennes au moment de la Renaissance : des châteaux, les œuvres de Michel-Ange, De Vinci, Bramant...

Une foi chrétienne ouverte vers l'autre et sans obscurantisme. Ainsi, le très connu « heureux ceux qui ont cru sans avoir vu » *(Jean 20, 30)* ne renvoie pas selon moi à un quelconque obscurantisme, mais est plutôt une déclaration de confiance. Face à Thomas qui lui demande des preuves de la résurrection, Jésus les lui donne en lui présentant les trous dans ses doigts et l'invitant à y mettre ses doigts. Thomas n'a pourtant rien d'un certificateur en résurrection.

Il me semble que c'est à la fois un geste d'amour et une leçon qu'il lui donne. Sur la confiance. Quel que soit l'évangéliste, nous avons deux Jésus dans la Bible : un avant et un après la crucifixion. Avant, c'est un homme public, qui se déplace et déplace des foules, fait des grands rassemblements, est visible au point de représenter un danger pour les autorités en place. Après, il ne fait que quelques apparitions, en présence de personnes identifiées. En marketing, on dirait qu'il était en puissance avant d'être sur la croix et en affinité après. Il ne s'adressait qu'à des personnes qui avaient déjà été convaincues de sa nature de Seigneur. À des personnes de confiance, qui devaient également lui faire confiance.

Il y a un changement radical au moment du week-end pascal. Le vendredi symbolise l'amour de Dieu : par le sacrifice de son fils, nous pouvons être sauvés. Le dimanche symbolise la puissance de Dieu avec la victoire sur la mort. Mais cette démonstration de puissance n'est pas aussi visible, n'a été accessible qu'à ceux qui croyaient déjà. C'est une question de confiance. Une confiance que nous devons lui accorder, mais que nous devons accorder également aux autres, à nos prochains, la « faute » de Thomas ayant été de ne pas croire ceux qui avaient déjà vu Jésus ressuscité.

Il me semble que notre monde gagnerait à être habité de cette confiance en l'autre. Peu importent nos convictions, si notre monde acceptait que nous puissions être ensemble, tout en étant différents, nous vivrions mieux. Une société où la faute n'est pas disqualifiant est une société où les humains se sentent en sécurité et en confiance. Une société qui autorise le doute est une société qui avance et peut se remettre en question, sans pour autant renier ses fondements. Notre monde gagnerait à s'inspirer de la figure de Jésus-Christ, même si elle lui réfute sa divinité. Un monde de confiance où l'on rassure d'abord ceux qui doutent avant de leur poser la question sur les raisons de celui-ci. Comme face à Thomas. Comme face à Pierre qui redoute le vent et fait marche arrière alors qu'il l'invite à le rejoindre. Rassurer avant de questionner. En situation d'autorité, en amitié, en parentalité.

Il me semble que l'humanité en général et notre pays en particulier se porteraient mieux dans un monde porté par l'amour et la confiance. Un monde dans lequel on peut faire confiance à son voisin, ses frère et sœur, son enfant, son ami(e). Avoir foi en sa bienveillance, en son amour, à sa capacité à ne pas travestir la réalité. Un monde dans lequel le Chef lave les pieds des subalternes, leur démontrant ainsi qu'ils ont non seulement toute leur place, mais qu'ils sont importants pur que l'institution fonctionne. Un monde dans lequel chaque humain serait doté de son humanité, où nous ne détournerions pas le regard face aux lépreux, aveugles des temps modernes, tous ces exclus de notre société. Et surtout, un monde où chacun aurait la certitude d'avoir le droit à l'erreur. Tomber, se relever, et rester certain d'être aimé. De Dieu, de ses prochains.

J'ai grandi dans un univers où la pratique religieuse était très présente. Fils de « longs crayons », petit-fils de pasteur, nous n'étions pas pour autant dans des institutions totalitaires. Bien que protestant, mes figures parentales venaient autant du protestantisme que du catholicisme ; voire au-delà du christianisme avec la présence dans cet univers de témoins de Jéhovah. Dans le petit cocon dans lequel j'ai grandi, ça ne posait pas de problème, nous passions d'une pratique à une autre selon la maison dans laquelle nous étions. Habités par une tolérance réciproque qu'on nous a transmise même vis-à-vis des musulmans, autre groupe très présent dans le pays. Il me semblait à ce moment que l'opposition, s'il en existait une, était avec les pratiques du village que je vais regrouper dans le vocable peu flatteur de sorcellerie. Mais plus que toute sorte d'a priori, ce qui l'a éloigné de celles-ci, c'est que c'était le seul moment où mes questions ne trouvaient pas de réponses, où l'on me répondait « c'est comme ça ». En partant du Cameroun pour ce que je pensais être juste un séjour pour études, les questions sont devenues plus précises dans les communautés que je fréquentais. Un protestant français sait pourquoi il l'est, peut témoigner de son engagement en s'appuyant sur des faits historiques, culturels, familiaux... Je ne le pouvais pas, nous ne le pouvons pas quand nous arrivons du Cameroun. Surtout que depuis la crise du début des années 1990, des courants prosélytes se sont imposés avec leurs cadres de pensée très peu ouverts sur l'autre, stigmatisant toute différence.

Dans cette construction personnelle, j'ai eu de la chance. D'avoir eu des pères qui n'ont jamais été fermés au questionnement. Et d'avoir fait ce que je considère comme un voyage initiatique dans l'Ouest-Cameroun il y a plus de trente ans. Un relief différent, des univers différents de ceux que je connaissais. Et surtout la possibilité de voir que l'on pouvait passer d'une conversation entre juristes le matin (où je partais rapidement jouer dans la cour) à un dîner chez un Chef de village dans la même journée. Passer de Maître à Mbelong. Finalement, il ne s'agit que d'humanité et peu importent nos convictions ; si l'amour règne, nous pouvons transcender nos différences.

Paul-Gérard Pougoué

Surtout, Dieu est si bon, si tendre, si miséricordieux qu'il a toujours les mains étendues pour accueillir à tout instant l'homme qui se serait égaré. Il nous demande seulement de lui faire totalement confiance. Son amour l'emportera toujours sur nos ténèbres. La confiance totale en Dieu est ainsi la résultante de la foi et de l'espérance.

La Sainte Vierge Marie est le modèle de cette confiance totale à Dieu. À l'annonce de l'ange du Seigneur, elle a tout spontanément répondu : Je suis la servante du Seigneur, qu'il me soit fait selon ta parole.

Et le puissant a fait pour elle des merveilles : il l'a enveloppée de son Esprit ; elle est devenue la mère du Sauveur ; elle est désormais la mère des hommes ; de génération en génération, on dit qu'elle est bienheureuse et qu'elle est la porte joyeuse du ciel.

Le modèle marial porte un message de vie qui rassure : celui qui fait pleinement confiance, le Seigneur le comble de son amour et lui ouvre la porte de son paradis.

*

Ce Dieu est si désireux de notre salut qu'il nous a légué la clé de la vie et de la liberté : « Amour de Dieu, Amour de soi, Amour du prochain ». Je réalise combien l'amour est de loin la première vertu théologale.

Cet amour-là n'est pas uniquement un sentiment. Il englobe l'amour et la solidarité, l'amour de la vérité, l'amour de l'intégrité, l'amour de la justice, l'amour du pardon. Alors, Saint Augustin a pu s'écrier : aimes et fais ce que tu veux.

Comme le Dieu des chrétiens est magnifique ! Offrons-lui cet hymne :

« Qui donc est Dieu pour nous aimer ainsi,
Fils de la terre ?
Qui donc est Dieu, si démuni, si grand,
Si vulnérable ?

R. *Qui donc est Dieu pour nous aimer ainsi ?*

Qui donc est Dieu pour se lier d'amour
à part égale ?
Qui donc est Dieu, s'il faut pour le trouver
un cœur de pauvre ?

Qui donc est Dieu, s'il vient à nos côtés
prendre nos routes
Qui donc est Dieu qui vient sans perdre cœur
à notre table ?

Qui donc est Dieu que nul ne peut aimer
s'il n'aime l'homme ?
Qui donc est Dieu qu'on peut si fort blesser
en blessant l'homme ? »

Père Gilbert Mbula

« Qui donc est Dieu, pour nous aimer ainsi ... »

Tout au long de son parcours, l'être humain se trouve face à des situations qui suscitent en lui des doutes et cherche par tous ses moyens des réponses à ses interrogations. Mais, ce ne sont pas seulement des doutes qui peuvent porter à se poser des questions, il y a aussi la capacité d'émerveillement. Il y a de ces situations que nous traversons, expérimentons et nous nous émerveillons, parce que nous découvrons la beauté, la bonté et la vérité, la grandeur et la profondeur du mystère qui est en nous, en dehors de nous et au-delà de nous.

En présence du mystère de Dieu et de son incarnation, nous pouvons nous poser des questions, pas nécessairement parce que nous doutons, mais parce que nous voulons nous approcher davantage du mystère en question. Tout en découvrant la grandeur de l'amour de Dieu, nous découvrons notre petitesse, notre vulnérabilité. Tout en découvrant la grandeur de l'amour de Dieu, nous découvrons le mystère de l'homme, notre mystère : nous sommes si vulnérables, si pauvres, si petits, si misérables ; et pourtant, de grande valeur aux yeux de Dieu.

Face au mystère de Dieu, qui nous fait découvrir le mystère de l'homme, nous nous sentons alors illuminés et attirés à aller de l'avant, à nous relever et à relever ceux qui font chemin avec nous. Si les questions peuvent se multiplier en nous au contact avec le Dieu qui s'incarne et prend notre condition, ces questions nous approchent de lui et nous rapprochent entre nous ; ces questions ne mettent pas la confusion en nous, mais nous aident à donner une orientation à notre vie : aimer Dieu, c'est aimer l'homme, et blesser l'homme, c'est blesser Dieu.

Sur le chemin de la découverte du mystère de Dieu, il n'est pas toujours question de tout comprendre ni de beaucoup comprendre. Il sera toujours question de beaucoup aimer et malgré tout. Pour cela, il faut prendre les routes de notre humanité et sans perdre cœur, continuer à prendre aussi part à la table où lui-même se révèle à nous.

*

Paul-Gérard Pougoué

Je crois à l'universalité du message d'amour et d'espérance de ce Dieu. Il est universel, mais l'homme reste libre d'y adhérer ou non. Il est universel, en ce sens que tout particularisme culturel peut y trouver un parfum agréable. La seule consigne est, pour l'homme, d'aimer Dieu, de tout son cœur, de toute son âme, de tout son esprit et, concomitamment, d'aimer le prochain comme lui-même. C'est si exaltant. Mais, l'amour du prochain n'est pas évident : il laisse des blessures ; il suppose le pardon et la réconciliation. Pour y arriver, il faut s'appuyer sur l'amour de Dieu, qui seul, peut donner la force nécessaire pour aimer le prochain. Son amour gratuit est alors là ; il suffit seulement à l'homme de croire en Dieu ; sa grâce se déverse en abondance.

La culture africaine peut le partager. Même la culture Bamiléké peut le partager ; d'ailleurs, cette culture a pour socle la croyance en l'existence d'un Dieu unique ; les ancêtres sont considérés comme des « morts en Dieu » ; honorer ses ancêtres est une dévotion qui contribue à l'élévation vers Dieu.

Mais, si une religion distille ce message, elle m'accroche. Je trouve ce message dans la religion chrétienne, bâtie sur l'enseignement vital de

Jésus-Christ. L'église catholique est dans cette dynamique ; les conciles et les synodes que j'apprécie beaucoup sont des moments exceptionnels d'effusion du don de discernement pour adapter constamment le message évangélique aux particularités culturelles et à un monde en perpétuel changement. Alors, je ne me lasse pas de suivre cette église. J'oserais seulement peut-être demander à ces pasteurs, surtout dans le contexte africain en général et camerounais en particulier, de rappeler et de diffuser ce message de vie à temps et à contretemps, de poursuivre sans relâche le dialogue avec l'univers des peuples d'Afrique et du Cameroun.

L'avènement de ce message de vie ne pourra s'enraciner en Afrique et embraser les peuples que par un effort inlassable d'inculturation. Celle-ci, menée en lien avec la cosmologie africaine, permet d'étudier les cultures, sans a priori ; à y déceler les valeurs et à examiner celles-ci à l'épreuve de la lumière et de la vie de l'Évangile. D'ailleurs, elle est déjà si réussie, si profonde, si priante et si belle dans les chants religieux en langues nationales ou encore dans certains rituels de nos cultures, notamment des funérailles, intégrées harmonieusement dans des liturgies.

Il faut la poursuivre intensément et inlassablement. C'est de la sorte que la lumière de Jésus, le Christ, ne laissera pas les ténèbres des peuples d'Afrique et du Cameroun leur parler et donnera à ces peuples d'accueillir l'amour de Dieu. Sinon, l'anti-Christ va semer des doutes et la confiance va s'estomper ; alors, les victuailles au pied des reliquaires, les sacrifices d'animaux, les holocaustes et le syncrétisme persisteront.

Léocadie Pougoué

La question de l'inculturation ne m'est pas étrangère. Bamiléké, chrétienne catholique et laïque engagée, l'inculturation me permet de vivre ma foi pleinement et en toute liberté.

Lors d'un effort collectif de réflexions organisé en mai 2012 à Nairobi par l'École pour l'inculturation du Mouvement des Focolari, j'ai eu, avec le concours de ma sœur madame Marie Madeleine Kouawa, à livrer une réflexion sur : « Le sacré dans les ancêtres : le rite de têtes (teh ndoo) ». L'enjeu était de montrer que cette question, trop rapidement décriée par certains, est tout à fait compatible avec le message d'amour du Christ et la foi catholique. L'inculturation va éclairer ce rite de la lumière du Christ ; ainsi le chrétien pourra le pratiquer, en le dépouillant des touches ténébreuses et sans la hantise de trahir sa foi.

Pour matérialiser les liens sacrés entre les personnes et leurs ascendants de plusieurs générations, pour les avoir toujours présents parmi nous, les têtes ou mieux les crânes sont gardés dans une maison spéciale (la maison des têtes) où se font les réunions familiales ainsi que des cérémonies de réconciliation : teh ndoo.

Garder les crânes (Ntu) rentre dans les honneurs que l'on doit à ceux qui nous ont précédés dans l'au-delà

« Ntu » aussi désigne le responsable.

Il existe d'autres moyens pour honorer les ancêtres tels que le nom donné à un bébé à la naissance. On ne donne pas à son bébé le nom d'un ancêtre fainéant, d'un cancre, de quelqu'un qui s'est mal conduit (un voleur, un suicidé).

Il en va de même pour les têtes des personnes mortes sans enfant ; les personnes ayant commis des délits graves dans la société n'ont pas droit aux honneurs dus aux ancêtres et donc leur tête ne sera pas gardée. Elles sont oubliées à jamais et les générations futures ne devront jamais prononcer leur nom.

Pour le Bamiléké, Sii est immensité, beauté, pureté, infini. Comme il ne peut atteindre, Sii, le Bamiléké passe par les « mfhù sii », les défunts, pour lui adresser ses doléances, pour chercher la solution aux problèmes liés à ses besoins quotidiens. Ici toute souffrance est conséquence d'une faute commise à l' endroit d'un ascendant défunt.

Cette faute ou malchance, malédiction, malheur est appelée « ndoo ». Dans la pratique, le rite des têtes est appelé « teh ndoo ». Teh veut dire expier, effacer, enlever, réconcilier. Cependant l'éducation permet à l'individu de connaître d'avance les attitudes et les comportements qui entraînent le « ndoo ». Il s'agit de :

- déshonorer par des insultes ou par un comportement négatif une personne sacrée (parents ou ascendants ou quelqu'un qui en tient lieu ou même un lieu sacré ;

- se soustraire à ses obligations d'enfant (rendre visite ou encadrer affectivement et matériellement les parents ou ascendants malades, en prison ou en difficulté) ;

- manquer à ses engagements sociaux (ne pas rembourser le prêt, la tontine, ne pas tenir une parole donnée, rompre unilatéralement un contrat... ne pas payer sa dette...) ;

- souiller un lieu sacré, un objet sacré ou un bien public (déféquer dans la rivière, la source, le lieu du sacrifice) ;

- prendre la femme de son frère de son vivant ;

- accepter la dot d'une fille issue d'un mariage sans dot ;

- troubler par des bruits hystériques, incongrus la quiétude des voisins sans raison évidente etc.

Par ailleurs le ndoo peut facilement être évité par le respect scrupuleux des règles établies, par l'amour donné à ses parents et ascendants, par la réconciliation avec l'une ou l'autre personne sacrées offensées ou blessées. Cet acte de réconciliation peut aussi se faire après le décès des personnes sur leur tombe, sur leur « tête ».

Chez le Bamiléké la souffrance, le malheur, la maladie, l'échec, l'absence de fécondité, bref, tout le négatif de la vie est conséquence d'une faute (ndoo) qu'il faut « enlever », réparer (teh) pour prétendre à une certaine quiétude pour soi et pour sa descendance. Voilà pourquoi lorsqu'il est victime d'un accident, d'un malheur ou d'un désagrément quelconque, il va chercher au village dans la famille ou chez un devin si lui-même ou un de ses ascendants porte la malédiction, le ndoo pour l'enlever.

On va donc sur la tête de la personne offensée se réconcilier avec elle, en présence de son successeur, du chef de famille et/ou de son conseil, pour annoncer la faute, sa réparation, la réconciliation et demander à Sii par l'intercession des « mfhù sii » (morts en Dieu) la force pour repartir, pour redémarrer, pour réussir telle entreprise, pour sortir des adversités de la vie.

Cependant, dans un groupe, une famille où il y a de l'amour vrai, où à chaque offense le pardon est demandé et reçu, on ne va jamais chez le devin et par conséquent jamais à la tête pour un rite expiatoire puisque le « ndoo » devient un non-lieu. Le fondement de la morale sociale chez les Bamiléké est « nshu shù' mbeh ndoo mbeh ngêê » : l'unité, la concorde, le dialogue, l'entente, éteint, extermine le « ndoo » et personne ne consulte plus jamais le devin (le voyant).

C'est l'idéal de vie du groupe, mais l'homme étant faillible, chaque société humaine a besoin d'instruments pour rétablir l'harmonie et la paix et protéger la dignité des personnes. Ils existent pour cela, dans les sociétés traditionnelles, des institutions et des rituels qui ont sens dans la mesure où ils se réfèrent à quelque chose au-delà de l'ordre visible et rationnel, mais invisible et sacré.

*

Paul-Gérard Pougoué

Cette pleine conscience de l'amour infini de Dieu m'amène à quelques audaces d'un enfant qui se sent aimé.

Notre Père, qui est aux cieux, parce que tu es mon père, je me permets de te tutoyer. Mais, surtout, comme ton amour est infini et ta miséricorde incommensurable, j'ose même t'apostropher.

Le monde d'aujourd'hui est si perturbé. Cependant, Seigneur, ne te fâche pas. N'es-tu pas lent à la colère, n'es-tu pas le Dieu fidèle, éternellement ! N'as-tu pas épargné Babylone à cause d'un seul juste ! Vois seulement l'engagement fort de nombreux hommes qui œuvrent patiemment et résolument pour le grand bien de l'humanité. Ne participent-ils pas remarquablement à ton œuvre de création et à l'avènement de ton règne ! Alors, Seigneur, considère seulement ton alliance du Salut.

Seigneur, si tu me le permets ; puis-je avancer une autre apostrophe. Si le Cameroun est si tendu, c'est au moins en partie à cause de l'esprit de cupidité, de la quête de la puissance et du plaisir du pouvoir et du trône. Le Cameroun a urgemment besoin d'être rénové ; mais, il ne peut l'être que dans ta force. Il faut agir sur les cœurs des camerounais.

En formulant ces deux apostrophes, ton enseignement sur la montagne me vient à l'esprit. Et très humblement, j'implore Marie, ta Mère, de bien vouloir accepter que je supplie avec elle ta miséricorde pour le monde et pour le Cameroun :

Ô Père éternel et tout puissant,
Tu as comblé Marie de tes grâces dès sa conception,
Pour qu'elle soit le réceptacle humain de ton infinie miséricorde
Pour l'homme que, tu entends, en dépit de sa misère, ramener à toi.

Ô Marie, pleine de miséricorde divine,
Apprends-nous à nous abandonner, comme toi,
À la miséricorde de Dieu, totalement.

Ô Marie, Mère de Jésus, manifestation sublime de la miséricorde de Dieu,
Donne-nous ton Fils, pour que nous le contemplions,
Pour devenir nous aussi signe efficace de l'agir du Père.
Ô Marie, remplie de l'Esprit Saint,
Obtiens-nous l'Esprit de miséricorde,
Afin que, à notre tour, nous déployions de nouvelles œuvres de miséricorde,
Pour faire grandir l'Église et répondre aux besoins de notre temps.

Ô Marie, Vierge bénie, notre tendre mère,
Tourne vers nous ton regard miséricordieux ;
Comble nous de ton sourire miséricordieux ;

Soutiens nous de ton affection miséricordieuse ;
Prie pour nous la Sainte Trinité, splendeur de la miséricorde éternelle de Dieu,
Et, à l'heure de notre mort, rappelle-nous la miséricorde sanctifiante de Dieu.
Amen

Mon père, s'il te plaît, s'il te plaît, encore une troisième et dernière apostrophe.
« Si tu retiens les fautes, Seigneur, qui donc subsistera.
Mais, près de toi, se trouve le pardon, Dieu fidèle »
(Ps 127, 3-4)

Ne laisses pas mes ténèbres me parler.

Puisses-tu, par ta grâce, augmenter en moi la foi, l'espérance et la charité et me conduire jusqu'à la vraie vision de ta splendeur.

Je m'abandonne à ta miséricorde :

Père de miséricorde,

Que ton infinie miséricorde m'envahisse,
littéralement
Pour que mes yeux soient miséricordieux,
pour admirer le prochain ;
Pour que mes oreilles soient miséricordieuses,
pour écouter le prochain ;
Pour que mes mains soient miséricordieuses,
pour soutenir le prochain ;
Pour que mon regard soit miséricordieux,
pour apaiser le prochain ;
Pour que ma langue soit miséricordieuse,
pour consoler le prochain ;
Pour que mon cœur soit miséricordieux,
pour pardonner le prochain ;
Pour que ma vie soit miséricordieuse,
pour bâtir l'unité avec le prochain.
Amen.

Épilogue

La lecture de l'ouvrage fait poindre la place de l'opinion publique dans les transformations de la société. Le président Pougoué, comme je l'appelle affectueusement et avec égard, par référence aux nombreux jurys du concours d'agrégation Cames de droit privé et des sciences criminelles qu'il a eu à présider, m'a demandé d'aborder cette question en guise d'épilogue à l'ouvrage. Je l'ai accepté avec enthousiasme, par amitié, mais surtout parce que je partage largement les réflexions et les orientations de réforme.

Mais alors, traiter d'une notion aussi fluctuante et imprécise n'est pas simple. Dans la majorité des analyses qui s'y rapportent, l'opinion publique est approchée avec mesure et réserves. Rien d'étonnant à cela ; elle suscite pratiquement l'intérêt de beaucoup de monde : chercheurs, journalistes, acteurs politiques, experts ; et les sondages sont régulièrement utilisés pour la mesurer, la quantifier ou la juger. Cet intérêt ou cet engouement qu'elle suscite s'explique par ce qu'on attend d'elle, par l'utilité qu'on pense lui trouver : elle permettrait d'avoir une vision globale des attentes des membres d'une société.

Mais est-il possible, pourrait-on dire, de parler d'une opinion publique dans des sociétés contemporaines où l'individualisme est le trait le plus marquant ? Et si, dit-on, l'opinion publique devait être la juxtaposition ou la somme des opinions individuelles, comment les regrouper pour en faire un seul ensemble homogène, significatif et scientifiquement opérationnel ? Comment écouter cette agrégation d'opinions, l'orienter ou la contrôler ? Les réponses à ces questions peuvent être multiples, mais c'est avec les sondages que l'opinion publique va véritablement devenir une connaissance et un instrument indispensable pour apprécier le fonctionnement de nos démocraties. Même si les critiques à l'encontre de cette technique sont vieilles et récurrentes, ils demeurent un élément déterminant, central dans la sphère politique et sociale, même si elle a subi au fil du temps, des mutations. L'opinion publique est en définitive une notion insaisissable (I), mais incontournable dans l'exercice de nos démocraties, malgré ses ambigüités et ses imprécisions conceptuelles (II).

I. L'insaisissable opinion publique

Le processus historique de l'opinion publique, comme son champ d'études montrent que les nombreuses approches, philosophiques, littéraires, juridiques et politiques dont elle a fait l'objet, qui ne lui donnent pas nécessairement la précision et la clarté qu'on cherche à lui donner.

A. La difficile conceptualisation historique de l'opinion publique

La notion d'« opinion publique » est un véritable « serpent de mer », tant sa définition et son champ d'étude sont difficiles à identifier et à distinguer des autres formes d'expression des individus dans la vie quotidienne. Pierre Bourdieu affirmait en 1973, que l'« opinion publique n'existe pas » *(Les Temps modernes, n° 318, janvier 1973. L'idée générale de Bourdieu est que les sondages ne recueillent pas une opinion de manière neutre et objective. Ils seraient plutôt des instruments de pouvoir qui fabriquent sur mesure une opinion destinée à des projets politiques préexistants (v. Imsi.net/L-opinion-publique-n-existe-pas). On peut résumer l'analyse du sociologue français autour des trois idées suivantes : Tout le monde a une opinion sur tout, toutes les opinions se valent, tout le monde s'accorde sur les questions qui méritent d'être posées).* Il n'était pas le seul à l'avoir pensé et dit. Des spécialistes ont abouti à la même conclusion. Loïc Blondiaux a une conception de cette notion presque similaire à celle du sociologue français lorsqu'il dit : « la réflexion autour de l'opinion publique laisse (...) apercevoir ce paradoxe étrange et souvent noté : il existe un contraste saisissant entre la fréquence des usages scientifiques et politiques de cette notion et les difficultés qui président à sa définition » *(Cité par M. Debos et A. Goheneix, « Les ONG et la fabrique de l'« opinion publique internationale », in Raisons politiques 2005/3, n° 19, éd. Presses de Sciences Po, p. 79).* Jean Stoetzel soutenait également « qu'il est vain de chercher à définir l'opinion publique. L'opinion publique n'est pas un objet, c'est un chapitre pour la recherche » (J. Stoetzel, « La connaissance des opinions et des attitudes », in M. Reuchlin, *Traité de Psychologie appliquée,* Paris, PUF, 1971). D'autres, en revanche, en affirment l'existence *(S Splichal montre en effet que même s'il y a eu une certaine « aphasie conceptuelle », l'opinion publique est un sous-discipline assez « autonome de la recherche américaine en sciences sociales ». v. Public Opinion : Developements and Controversies in the XXth Century, Lanham, Rowman et Littlefield, 1999 (Cité par L Blondiaux, art. précité, p. 13)* et tentent tant bien que mal à lui donner une définition. En 1965 une liste de deux cents définitions de la notion d'opinion publique a été établie *(H-L Childs Public opinion nature, formation and rôle, Princeton, Vannostrand, 1965 ; cité par Blondiaux, p. 16).*

L'exercice n'est (certainement) pas aisé et l'impossibilité de circonscrire de manière précise le sens de ce concept s'explique par la complexité technique de la finalité que lui assigne ses utilisateurs : identifier et reproduire les idées, les comportements, les réflexions etc., qu'une personne ou un groupe d'individus peut avoir sur tel ou tel phénomène ou événement politique, économique, social ou culturel survenu dans un espace donné. Autrement dit, l'opinion publique il manque un mot l'ensemble des attitudes, croyances et opinons d'un groupe d'individus sur des questions spécifiques. Elle peut subir l'influence de divers facteurs, tels les leaders d'opinion, les médias, les évènements actuels ainsi que les expériences personnelles. Il apparaît ainsi que son domaine opératoire est extrêmement vaste dès lors qu'il couvre pratiquement toutes les activités susceptibles de concerner les membres d'une société donnée.

Pour autant, son existence ne peut être ignorée ; mais encore faudrait-il lier le concept à son histoire pour une meilleure compréhension du phénomène. Il a suscité autant d'études et d'interrogations, aussi bien sur le sens qu'il faut lui donner, sur son champ d'intervention et ses techniques, que sur sa portée et son efficacité.

Le processus semble débuter à l'Antiquité avec Platon et Aristote, mais surtout au XVIIIème siècle, sous la plume des philosophes tels John Locke et son discours sur la loi de l'opinion envers le pouvoir, ou encore Blaise Pascal et Jean-Jacques Rousseau *(V. N. D'Almeida, « L'opinion publique », Revue Hermes, 2014/3, n° 70, pp. 88)*. C'est précisément à cette période du siècle des Lumières que l'opinion publique a véritablement pris son essor avec les fondements de nos régimes démocratiques.

L'opinion publique, à cette époque, était cantonnée aux opinions de la bourgeoisie, une classe sociale dotée d'un haut niveau d'instruction. Avec la Révolution française et l'adoption du suffrage universel, l'espace public fut élargi aux masses populaires qui peuvent dorénavant y accéder. Ceci transforma aussi considérablement le concept d'opinion publique. D'une opinion publique « confisquée par une minorité » après une période où elle a été utilisée au Moyen Age sous la forme d'une « rumeur », on est passé à une « opinion publique qui inquiète »lorsque les monarques cherchaient à s'informer des idées de la population pour y détecter les contestataires. Cet « état de l'opinion » qui remontait aux oreilles de ces monarques, leur permettait de disposer des informations non pas pour réprimer les responsables, mais pour orienter cette opinion en diffusant des informations contraires *(Pour plus de détails sur l'évolution historique pour ce concept d'opinion publique, voir. H. Touzet, « connaitre et mesurer l'opinion publique ... », art. précité ; B. Gaïti, « L'opinion publique dans l'histoire politique : impasse et bifurcations » ; in Mouvement social, 2007/4, n° 221, pp. 95-104)*.

L'intérêt qu'elle a suscité auprès des chercheurs anglo-saxons a fait de ces derniers les pionniers de la recherche sur la notion. Sur cette question, Ils devancèrent en effet les Français et les chercheurs des États francophone d'Afrique dont l'indépendance est intervenue en 1960, donc plus récemment. L'un des précurseurs de cette recherche chez les Anglo-saxons fut l'auteur anglais James Bryce qui a consacré d'intéressantes études sur le concept *(J. Bryce, « La nature de l'opinion publique. Extrait de la République américaine, Paris, V. Giard et E. Brière, édition française, 1901, tome III, pp. 329-339 (Première édition 1888), Revue Hermes, 2001/3, n° 31, pp. 29-*

38). Cette première période de recherche s'est achevée en 1940. Il a fallu attendre les années 1980 pour qu'elle reprenne véritablement *(Sur toute l'évolution de cette recherche concernant l'opinion publique, v. L. Blondiaux, « Les théories contemporaines de l'opinion publique ; un retour aux « classiques », Revue Hermes, 2001/3, n° 31, p. 11 et svtes).*

La notion qui a suscité un réel engouement auprès des chercheurs de différentes disciplines est diversement perçue à tel point qu'on s'est interrogé sur la possibilité d'en faire ou non une discipline autonome. Tantôt c'est « une conception instrumentale » qui est retenue - rendant complexe toute tentative de classification *(V. L. Blondiaux, La fabrique de l'opinion. Une histoire sociale des sondages, Seuil, 1998 ; J. Zask, L'Opinion publique et son double. Livre I. L'Opinion sondée. Livre 2. John Dewey, philosophe du public, Paris, l'Harmattan, 1999)* tantôt elle est étroitement liée aux sondages, notamment durant cette période de léthargie de la recherche sur le concept.

B. Un champ ambigu et des méthodes et techniques controversées

Le renouveau de la réflexion sur la notion pour la définir a été initié par deux courants qui reprennent la définition du concept d'opinion publique de manière empirique et philosophique, sociologique et historique. Cette évolution de la recherche sur l'opinion publique a abouti à l'abandon de sa définition « instrumentale » telle qu'elle était défendue par les chercheurs classiques. Blondiaux insiste sur ce nouvel aspect de la recherche : « Les uns et les autres insistent sur le caractère labile et instable des opinions individuelles, sur la nécessité de prendre en compte la manière dont cette opinion s'impose, se transforme au contact des autres ».(…) « L'opinion publique ne peut plus être pensée comme la simple juxtaposition d'énoncés d'opinions individuelles préformées et figées, elle résulte d'une confrontation de nature politique, d'un processus de discussion et de délibération que James Fishkin se fait fort de provoquer et d'organiser. Chez ce dernier, la nature démocratique de l'opinion tient précisément à cette mise en commun, à cette publicité au caractère effectif de cette délibération. L'enjeu est bien la mise en place de dispositifs techniques susceptibles d'accoucher d'une opinion dotée de véritables « qualités démocratiques » *(P.V. Neijens, P., « Opinion Quality in Public. Opinion Research », International Journal of Public opinion Research, 9 (4), 1997, cité par Blondiaux, art. précité, p. 15).* À cela, d'autres auteurs *(V. Zaller, cité par Blondiaux, p. 15)* et avec eux par la suite, des chercheurs ayant formulé des critiques de la technique des sondages – « l'opinion individuelle ne préexiste pas non plus toujours au processus qui la fait naitre, c'est-à-dire à la rencontre avec le sondeur : elle en découle ». Le résultat est qu'en définitive, on a changé de cap ; la recherche s'oriente dorénavant vers la réflexion sur le processus par lequel, l'opinion publique « se forme et se cristallise ». Le consensus entre modernes et classiques sur cette question fut ainsi admis : l'opinion publique n'est pas simplement une « agrégation de jugements individuels séparés » *(Ce résumé des idées marquant ce renouveau de la critique sur l'opinion publique est tiré de l'article précité de L. Blondiaux, p. 14 -15).*

La querelle s'est davantage complexifiée lorsque des auteurs de science politique ont soutenu que « si les opinions individuelles peuvent varier et se révéler incohérentes ou mal informées ; leur agrégation statistique – sous la forme d'un résultat de sondage – présenterait au contraire toutes les garanties de stabilité, de cohérence et de « rationalité » nécessairement au bon fonctionnement démocratique de nos sociétés ».

La question est encore plus intéressante quand on sait que l'opinion publique est très tôt liée à « l'espace public », terrain sur lequel, apparaissent également des controverses entre deux théories opposées, mais qui ont apporté un éclairage considérable sur la manière dont il faut comprendre ce concept pour le moins complexe, encore une fois. Deux auteurs très influents – Walter Lippman et John Dewey - ont porté leur réflexion sur le rôle de l'espace public dans l'approche sur l'opinion publique. Leurs thèses s'opposaient sur la manière dont les citoyens interagissent avec l'information et participent à la démocratie.

D'un côté en effet, Malter Lippman défendait la thèse d'une opinion publique dans laquelle, les citoyens, par manque d'accès direct à l'information, doublé d'une impossibilité pour eux d'acquérir des connaissances – limites cognitives – sont incapables de comprendre la complexité des affaires publiques. Pour éviter les erreurs que l'ignorance et les émotions (qui) peuvent constituer comme blocage pour les citoyens dans la compréhension des phénomènes sur lesquels ils sont interrogés, l'auteur invite les experts et les médias à leur fournir des informations simplifiées et sélectionnées qui leur permettraient de former leurs opinions. De l'autre, John Dewey estime en revanche que l'espace public est par excellence le lien de dialogue où les citoyens, qui sont en réalité capables de s'informer et de participer activement aux décisions politiques, seraient en mesure d'échanger leurs idées et d'apprendre collectivement. Ainsi, met-il l'accent sur la délibération publique et le débat pour prendre des décisions informées.

Cette controverse a le mérite de révéler les tensions récurrentes dans la démocratie moderne (infra 2ème partie) où le rôle des experts, la confiance dans les médias, la relativité des sondages, la participation du citoyen dans l'expression de l'opinion publique suscitent beaucoup de débats et interrogations. A partir de cette compréhension des phénomènes et des affaires publiques, ceux-ci sont ainsi en mesure de livrer leurs opinions de manière juste et fiable. Ainsi, les gouvernants sont à même de prendre des décisions ou adopter des politiques publiques conformes aux attentes des gouvernés.

La question de l'opinion publique est irrémédiablement liée à la question démocratique qu'elle peut renforcer, mais qu'elle peut également oblitérer. Elle joue un rôle fondamental dans le fonctionnement de nos sociétés, aussi bien en Occident qu'en Afrique, mais de manière différente dans les deux cas, pour des raisons liées à leur l'histoire, leur environnement juridique, politique, économique, social et culturel.

II. L'incontournable opinion publique

Quelles que soient sa complexité et les controverses sur son existence en tant que branche autonome de recherche ou juste un instrument ponctuel de mesure, l'opinion publique est devenue un moyen incontournable pour jauger les opinions et les croyances des individus dans l'espace public. Elle l'est tant dans le fonctionnement de nos démocraties que dans le domaine de la culture et les traditions africaines.

A. Opinion publique et démocratie

L'opinion publique au-delà des controverses doctrinales est l'ensemble des croyances, des attitudes et des jugements des membres d'une société, d'un individu ou d'un groupe de personnes sur des questions politiques, économiques ou sociales ou culturelles. On comprend alors pour quelle raison les hommes politiques sollicitent régulièrement experts, médias et les sondages pour connaitre l'opinion de leurs concitoyens sur telle ou telle décision politique, sur tel événement mais surtout à l'approche ou durant les périodes électorales. Elle est incontestablement dans nos sociétés contemporaines, un élément, sinon déterminant, du moins important dans l'analyse de la nature du pouvoir et de son fonctionnement, ainsi que le degré de la participation des citoyens au processus de décisions politiques. En Europe comme en Afrique, les interactions entre l'opinion publique et la démocratie présentent évidemment des similitudes et des différences marquantes. Mais dans les deux cas, la notion d'opinion publique est marquée par les évolutions de toutes sortes intervenues dans l'espace public et de plus en plus liées aux sondages et enquêtes d'opinion.

1. Opinion publique et sondages

À l'époque où John Fitzgerald Kennedy avait, pour la première fois aux États-Unis, utilisé les sondages – fondés par Georges Gallup dans les années 1930 et consolidés par la suite par Paul Lazarsfield - pour préparer sa candidature à l'élection présidentielle de 1965, les acteurs politiques africains, et tout particulièrement les Chefs d'État, étaient loin de penser en user, peu soucieux qu'ils étaient de mesurer leur notoriété car assurés d'être, dans tous les cas, élus grâce au système de parti unique en vigueur à l'époque où aucun candidat ne se présentait contre eux. Depuis l'avènement du multipartisme, la compétition électorale, les acteurs politiques sont de plus en plus soucieux de leur popularité et des chances ou non d'accéder au pouvoir ou d'y rester s'ils étaient déjà élus. La technique des sondages apparait alors aujourd'hui dans l'espace public africain à l'aide des médias qui les utilisent et impliqués eux-mêmes dans cet espace public par leur impact direct ou indirect sur l'opinion publique.

Que l'on ne s'y trompe toutefois pas. Les éléments recueillis grâce à la technique des sondages ne sont pas d'une grande fiabilité en Afrique. Les consultations organisées pour recueillir les opinions idées des personnes ne sont pas accueillies par les individus consultés de la même façon que dans les États occidentaux où la technique est plus habituelle et plus connue. Déjà dans l'ouvrage collectif publié en 1963 par l'Unesco il apparait que la structure sociale à laquelle appartiennent les personnes ciblées par un sondage, adoptent des attitudes toutes particulières et très différentes de celles connues dans les sociétés européennes. Il est bien noté à l'époque que les personnes interrogées ne doivent pas être perturbées par des questions qui heurtent leur sensibilité culturelle *: « Il importe, avant tout, que les questions posées ne placent pas les personnes interrogées dans une situation embarrassante où elles auraient à choisir entre une réponse exacte et une réponse de courtoisie. Il convient de les rassurer, pour qu'elles ne se sentent pas en état d'insécurité psychologique ». (A. Girard, Introduction, p. 12).*

Les temps ont changé depuis la publication de cet ouvrage dans les années 1960, mais cette réalité n'a pas disparu des sociétés africaines d'aujourd'hui ; au contraire, elle persiste et se manifeste sous diverses autres formes. En Afrique, la culture dans les opinions, comme dans beaucoup d'autres domaines de la vie quotidienne, n'est pas la même qu'en Occident. Les sociétés africaines ont une tradition orale, mais elles sont discrètes en paroles. Dans leur vie privée ou intimité, les opinions individuelles ne sont pas toujours diffusées de manière directe ; elles sont souvent « voilées ». Les populations africaines restent ainsi très discrètes sur les avis ou opinions lorsqu'elles sont sollicitées. Une certaine pudeur ou retenue les incite à ne pas répondre aux questions ou à tenir des propos qui ne reflètent pas fidèlement leur pensée, plus particulièrement dans des domaines aussi sensibles que celui de la sexualité.

Dans l'espace public « politique », l'opinion ne peut être « captée » que dans les sociétés démocratiques ; autrement, la liberté d'expression est inexistante ou étouffée. L'étude de l'opinion publique dans les États africains – où l'expérience de la démocratie pluraliste constitutionnelle n'a débuté, pour la grande majorité d'entre eux, que dans les années 1990 – est importante sinon nécessaire. Le cadre s'y prête plus qu'ailleurs, tant les domaines qui la concernent sont des champs de réflexion prometteurs pour à la fois consolider cette démocratie et mesurer le degré de progression de ce processus de démocratisation dans ces systèmes politiques. Les échanges, les discussions, les débats et les confrontations d'opinions pourront être mesurés. À condition toutefois – et c'est essentiel, voire fondamental – que la liberté d'opinion, celle de s'exprimer et de dire ce que l'on pense, ce que l'on aime ou rejette, constitue une condition *sine qua non* pour que la mesure de cette opinion publique puisse réellement refléter la réalité de cette 'opinion publique » en Afrique.

On le sait, les sondages sont les moyens par lesquels on mesure l'opinion publique dans les pays occidentaux, avec plus ou moins de réussite. Tel n'est pas toujours le cas dans la majorité des États africains où les acquis en matière démocratique sont en deçà des attentes. Les droits et libertés fondamentaux inscrits dans les Constitutions font l'objet de nombreuses violations et de manière récurrente. En premier lieu, la liberté d'expression, moyen par lequel, les opinions devraient être exprimées et « récupérées » ensuite à travers les sondages d'opinion ou par divers autres moyens.

Ce déficit démocratique affaiblit considérablement le degré d'expression des « opinions » des individus et leur fiabilité. Dans un tel environnement politique, nous sommes bien loin de la situation à laquelle nous sommes habitués dans les sociétés occidentales où le niveau élevé de démocratie, a permis l'organisation de débats stimulants sur la question de l'opinion publique. Si un tel environnement n'existait pas dans ces pays, les auteurs n'auraient pas eu l'opportunité de se poser par exemple la question de savoir pour quelles raisons il existe une incohérence des réponses exprimées par un même individu à une question qui lui a été posée à plusieurs reprises dans le temps lors d'un sondage *(J. Zaller, « Repenser l'opinion publique, extrait de The Nature and origins of Mass opinion, New York, Cambridge university Press 1992, p. 91-92, publié à la Revue Hermes, éd. CNRS, 2001/3, n° 31, p. 226)*. L'absence d'une liberté d'opinion dans un pays est antinomique avec le régime démocratique. L'impossibilité ou les difficultés éprouvées par les particuliers dans certains pays africains pour s'exprimer librement, empêche toute possibilité d'exploiter des données fiables sur ce qu'ils peuvent penser, par exemple du fonctionnement des institutions, de la politique gouvernementale, voire de la pertinence ou non des politiques publiques ou de toute autre décision politique initiées par le pouvoir en place.

Pour les mêmes raisons, les controverses entre chercheurs occidentaux sur les problématiques intéressant la relation entre « opinion publique et démocratie » ne risquent pas d'exister entre chercheurs et auteurs dans certains États en Afrique. La démocratie n'y a pas atteint un degré aussi élevé que celui que nous connaissons ailleurs. Encore une fois, les débats auxquels nous assistons entre auteurs occidentaux sur des questions aussi fondamentales que celle portant sur l'analyse du comportement et la fiabilité des réponses fournies par les sondés ne peuvent y avoir lieu. Sur cette question par exemple, deux thèses opposées d'auteurs occidentaux avaient passionné les spécialistes. L'une de ces théories défendait l'idée des « non-attitudes » dans les réponses de particuliers interrogés dans le cadre des sondages *(Selon cet auteur, beaucoup d'individus qui composent l'électorat n'ont tout simplement pas d'attitude sur les problèmes politiques sur lesquels on les interroge (v. P. Converse, « The nature of bilief systems in mass publics », in After D. (dir.), Idelogy and D, Free Press, 1964 Discontent)*. Si tel est le cas, « la théorie démocratique ne perd-t-elle pas son fondement ? », lui répond Achen, l'auteur qui soutenait la thèse contraire selon laquelle, la plupart des membres du public auraient cette capacité, « des attitudes véritables » voire «stables ». Si la thèse de Converse devait être vraie, ce ne serait point le flou des individus interrogés, mais l'imprécision des questions posées *(C. Achen, « Mass political attitudes and the survey respose », American Political Science Review, 69, 1975. Les thèses de ces deux auteurs sont résumées dans l'article précité de John Zaller, « Repenser l'opinion publique… »).* De telles préoccupations auraient pu avoir lieu sur le champ de beaucoup de pays africains, si la démocratie y était réelle ; ce n'est malheureusement pas le cas, d'où la difficulté de prendre le « pouls » de l'opinion publique de la même manière et avec autant de facilité que leurs homologues européens.

Si donc, encore une fois, l'opinion publique existe en Afrique, elle a simplement du mal à émerger et à être identifiée et quantifiée parce que sa zone de diffusion a changé : de l'espace public « démocratique » où l'on peut s'exprimer librement et où on attend, les avis des citoyens, elle a muté vers un espace « clandestin » privé ou vers une zone où la discrétion et le silence constituent les règles à adopter pour éviter toute mesure de répression de la part d'un pouvoir autoritaire ou peu démocratique ; d'où les difficultés que tout chercheur peut rencontrer à scientifiquement analyser l'opinion publique. Nous sommes ici pratiquement à l'inverse de la situation que décrivait de Jürgen Habermas au XVII et XVIIIème siècles à propos de l'opinion publique lorsqu'il parlait de « l'espace public » comme un « espace intermédiaire » entre un domaine contrôlé par le pouvoir public dominé à l'époque par les bourgeois, et le secteur privé. Entre ces deux sphères, l'auteur explique que cet « espace intermédiaire » va transformer l'espace privé en espace public. Dans le cas africain, c'est l'inverse : le système politique autoritaire exclut de l'espace public – où devait s'exprimer « l'opinion publique » – vers un secteur privé clandestin.

Les effets d'une telle situation qui a longtemps prévalu – et qui demeure encore réelle dans nombre de ces pays – sont aujourd'hui fortement atténués par les échanges entre individus dans les réseaux sociaux *(Sur l'opinion publique et les réseaux sociaux ; v. J. Boyadijan, « Faire parler les réseaux sociaux : une analyse à bas coût de l'opinion publique ? »)* où tous les thèmes – politiques, économiques, sociaux etc. – sont quotidiennement débattus. Source extraordinaire de diffusions de connaissances – fausses ou vraies – les populations se sont approprié ces outils informatiques pour découvrir, apprendre, critiquer ou accepter tel ou tel phénomène ou discours politique. L'irruption des nouvelles technologies de l'information et de la communication en Afrique, et tout particulièrement ces *« social media »*, a ainsi fourni aux individus un très large accès à la « vie publique et politique », ainsi qu'aux institutions dont le fonctionnement est de plus en plus compris et étudié par le citoyen, même ceux dits « analphabètes ». Les systèmes africains se démocratisent ainsi par le « bas », secteur devenu le lieu privilégié des échanges d'opinions des particuliers. Leur impact est si réel dans la transformation des systèmes politiques, que les dirigeants des pays peu soucieux du respect des principes démocratiques n'hésitent pas à interrompre Internet pour empêcher toute communication avec l'extérieur et entre les particuliers à l'intérieur de l'État. Cette pratique est devenue courante en Afrique lors des crises internes (manifestations, coups d'État etc.)

Ceci étant dit, l'efficacité et l'objectivité des sondages, faut-il le répéter, ne font pas l'unanimité. Ils font l'objet de nombreuses critiques à travers lesquelles, ils sont présentés comme imparfaits et incapables de donner l'exacte « opinion publique » contrairement à ce que soutiennent ses défenseurs. En plus de la critique de Bourdieu dans son article précité, de nombreuses autres études ont porté sur les limites de ces techniques de sondage *(Pour un résumé sur l'essentiel des reproches adressés aux sondages, on peut utilement lire l'article précité de. N. D'Almeida, « L'opinion publique »..., p. 91 et svtes).* Ces critiques ont fait naître de nouveaux acteurs de l'opinion publique qui viennent les concurrencer comme nouveaux modes de recueil de l'opinion publique. Il s'agit d'entreprises appelées « web listening », « web intelligence » ou « social media listening » dont la particularité est de consulter les individus directement sur le web, contrairement à la technique classique des sondages par un questionnaire *(V. H. Touzet, « connaitre et mesurer l'opinion publique : utilité et limites des sondages », http:// ses.ens-lyon.fr/articles/connaitre-et-mesurer-lopinion-publique-utilite-et-limites-des-d=sondages ; voir également, B. Kotras, La voix du Web, Nouveaux régimes de l'opinion sur Internet, Paris, Seuil, 2018, La République des idées).*

2. Opinion publique et médias

Il est entendu aujourd'hui que l'opinion publique est indissociable et incontournable de la démocratie. Dans l'analyse qui porte sur la relation entre ces deux termes dont les définitions relatives à l'une ou l'autre n'apparaissent pas toujours avec la clarté attendue, la presse y est constamment présente en tant qu'elle constitue le reflet ou le relais de l'opinion publique. En Occident comme en Afrique, la presse a beaucoup contribué, à des degrés variables, à la connaissance et à la diffusion de cette opinion publique.

Dans les démocraties dites « avancées », le pluralisme politique permet aux médias, dont la liberté d'expressions est suffisamment protégée par la loi, de mesurer l'opinion publique et d'en faire un objet de débats ou de recherches pour mieux la faire connaitre en toute indépendance. Aussi, constituent-ils des « garde-fous » à toute dérive autoritaire du pouvoir politique, grâce au rôle de surveillance et d'information du public qu'ils assurent quotidiennement. En Afrique, les médias sont plutôt à l'heure des défis, même s'il est reconnu que les États anglophones, à l'instar du Nigéria, ont assez tôt œuvré dans l'approche de l'opinion publique, grâce à une liberté de presse qui y est plus réelle. Mais de manière générale, l'influence des médias est encore limitée dans beaucoup de pays africains, en raison de divers facteurs tels la censure, le manque de ressources pour créer un journalisme indépendant (surtout pour la presse privée qui aujourd'hui est très présente dans le paysage médiatique) etc. De surcroit, l'Afrique semble être « à la traine » en matière de communication, ce qui ne favorise pas l'émergence d'une opinion publique palpable sur le continent *(cf. E. Doua, « Propos sur la communication politique en Afrique », Revue Hermes, 2018/1, n° 80, p. 227. Selon lui, si la conscientisation des peuples par la communication est bien réelle dans les sociétés occidentales, il estime que « tel n'est pas le cas en Afrique malgré quelques progrès. Non pas parce que les citoyens africains préfèrent rester aux antipodes des autres, mais parce que les axes de réflexions relatifs aux problématiques sociopolitiques sont mal définis. Les initiatives sont peu ambitieuses et pas toujours suivies d'actes empiriques. C'est plutôt une posture attentiste, sinon réactionnaire, du moins défaitiste, qu'il est donné de noter ». Sur la communication politique de manière générale, v. D. Wolton « La communication politique : construction d'un modèle », Revue Hermes, 1989/1, n° 4, pp. 27-42).*

Toutefois, malgré ces obstacles, ces médias réussissent progressivement à assurer la formation de l'opinion publique par une information diffusée auprès des populations notamment sur les questions politiques, au plan national et au niveau local, faisant fi des menaces et autres mesures d'intimidation provenant du pouvoir en place. Sont quotidiennement diffusés, commentés et le plus souvent dénoncés dans la presse, les faits les plus « choquants » qui heurtent au plan éthique et politique les populations, allant des faits liés aux mœurs aux affaires de corruption ou de détournement de deniers publics, en passant, par exemple, par des nominations d'individus incompétents, par favoritisme à des postes clefs de l'État. De même, des sujets très sensibles sont régulièrement traitées sans détours dans les médias : conflits inter-éthniques, la question des castes, les problèmes religieux, l'intégrisme ou le terrorisme, etc. Leur rôle dans l'opinion publique est déterminant sur toutes ces questions, mais également sur le discours des associations traditionnelles, celui des chefferies ou de toute autre structure qui s'intéresse aux questions coutumières ou ancestrales.

On remarquera enfin que ce rôle des médias est doublement limité : d'un côté par le poids de l'analphabétisme et de l'autre, par le fait que leur influence, le plus souvent, ne s'étend pas au-delà des zones urbaines où la presse est largement diffusée. La grande majorité de la population étant rurale, le travail des médias sur l'opinion publique n'a pas la même portée que dans les villes. Mais là également, ce handicap est largement contourné par les réseaux sociaux où le flot d'informations de toutes sortes circule quotidiennement, assurant ainsi à un large public, une information et une sensibilisation sur diverses questions, notamment par le système de « message vocal » ou par la diffusion d'images vidéos.

B. Opinion publique, droits de l'homme, cultures et traditions

S'il y a un domaine dans les États africains où l'opinion publique a de plus en plus d'impact, c'est bien celui de la promotion et de la protection des droits et libertés fondamentaux. De tels droits sont contenus dans divers textes nationaux et dans de nombreux instruments internationaux ratifiés par ces pays, mais leur respect par les autorités politiques fait souvent défaut. D'abord, l'universalisme que l'on attribue à ces droits se heurte à la « résistance » de croyances, coutumes ou traditions encore très fortes dans les sociétés africaines. Par exemple, malgré le principe constitutionnel d'égalité inscrit dans nombre de Constitutions, la polygamie dans les sociétés musulmanes est toujours largement pratiquée ; de même, le travail des enfants ou l'excision de jeunes filles sont des pratiques prohibées par les textes, mais qui restent bien réelles. Ces « résistances » ne sont plus des tabous, car les médias les traitent assez régulièrement, en plus des informations que les populations reçoivent des réseaux sociaux. Cette persistance des pratiques coutumières et ancestrales dans la vie quotidienne des populations africaines caractérise encore l'opinion publique dans ces pays, fondamentalement et profondément marqués par la richesse et la diversité culturelle des traditions ancestrales. En matière de droits de l'homme – et de manière générale, pour la promotion et la consolidation de la démocratie en Afrique – c'est plutôt auprès l'opinion publique internationale que réside l'espoir de ceux qui luttent contre leurs violations, grâce notamment à l'action des Organisations non gouvernementales qui existent en grand nombre sur le continent *(V. M. Debos et A. Goheneix, « Les ONG et la fabrique de l'« opinion publique internationale », art. précité).* Ces ONG ne sont certes pas des sujets de droit international, mais elles sont pratiquement incontournables sur la scène internationale en matière de protection des droits de l'homme. Elles dénoncent régulièrement, dans les médias, mais aussi dans toutes les instances nationales ou internationales où elles pensent pouvoir être entendues, de telles violations dans tous les secteurs, qu'il s'agisse des droits des femmes, de ceux des enfants ou des minorités. Leur impact sur l'opinion publique nationale ou internationale est crucial et aboutit tant bien que mal à des résultats globalement satisfaisants.

La crise des migrants, considérée comme « le défi humanitaire du siècle », est l'exemple le plus éloquent de l'action positive de ces ONG pour la protection des droits de l'homme et de leur dignité, face à l'inaction ou l'échec des politiques étatiques. Elles sont régulièrement en première ligne et alertent constamment l'opinion publique sur la situation dégradante des migrants qui porte gravement atteinte à leur dignité humaine, ce qui leur occasionne souvent des difficultés dans leurs relations avec les États. Parfois, ceux-ci les soupçonnent pour leur « ingérence » dans leurs affaires intérieures et les rejettent, ce qui ne les empêche pas d'être connues pour les nombreuses actions qu'elles mènent dans le cadre humanitaire, en appui aux institutions spécialisées des Nations Unies. Leur expertise et leur connaissance du terrain font d'elles de véritables collaboratrices des États et des organisations internationales comme l'Organisation des Nations Unies qui ont besoin de données et d'informations utiles sur la question des droits de l'homme. Le discours des ONG n'est pas toujours audible, ni objectif. Elles participent cependant de la fabrique de l'opinion publique internationale, en particulier dans le domaine des droits de l'homme où elles jouent un rôle capital, même si ce « processus (...) est encore partiel, inégal, inachevé » *(Art. précité, p. 79).*

La situation que vivent les citoyens dans leurs pays n'est pas plus réjouissante que ceux qui prennent la mer pour tenter de rejoindre les pays du Nord. Dans de certains pays qui se réclament de la démocratie, des prisonniers politiques sont privés de leur liberté parce qu'ils se sont simplement exprimés en public, ou parce qu'ils ont usé de leur droit constitutionnel de manifester, leur droit de réunion ou la liberté de presse, avec la complicité d'une justice inféodée au pouvoir. Lorsque ces droits sont violés, l'État ne peut se prétendre être démocratique. Dans ces cas, on remarque une opinion publique réelle et manifeste, montrant un attachement fort de la majorité des citoyens aux principes démocratique.

L'étude de l'opinion publique en Afrique montre une tendance de ce que les populations pensent principalement dans deux directions. D'un côté, elles sont de plus en plus préoccupées par la manière dont sont gouvernés les citoyens en rapport avec les principes démocratiques et le mode de gestion des affaires publiques par les gouvernants. Forts des connaissances qu'elles acquièrent grâce aux informations qu'elles reçoivent régulièrement, elles sont de plus en plus exigeantes et utilisent de plus en plus leur « vote » pour sanctionner ceux qui à leurs yeux, ne respectent ni les principes démocratiques, ni les règles de transparence dans la gestion des affaires de l'État. De l'autre, elles s'intéressent davantage aux rapports de leurs États avec les autres puissances, ainsi qu'à la nature de la coopération qui peuvent les lier. Avec les nouvelles générations, la revendication d'une réelle souveraineté sur les ressources constitue l'une des demandes les plus fortes après les demandes d'emploi.

Alioune Badara Fall
Professeur à l'université de Bordeaux

Envoi

Paul-Gérard Pougoué

La pleine prise de conscience de l'état de droit, de la bonne gouvernance et des réformes profondes porteuses de changement salutaires, procède d'un processus de combat. Il faut dans la société une masse critique suffisante, éclairée par des libres penseurs de l'intérieur comme de l'extérieur, pour développer une opinion publique. Véritablement l'opinion publique est une arme redoutable. Elle doit s'enrichir continuellement des éclairages nouveaux et des pistes d'action pour garder puissante son arme. Alors, dans le contexte qui nous concerne, je veux partager un rêve et en même temps élever une oraison au Seigneur.

D'abord le rêve

Une partie importante de ces réflexions est relative aux sciences de l'homme, aux sciences de la société et aux sciences de l'organisation. L'on saisit du coup la place de ces sciences dans la recherche de solution pour des lendemains meilleurs.

Le rêve est de voir sortir des terres, partout dans le pays, des « Maisons des sciences de l'homme, des sciences de la société et des sciences de l'organisation » (MSHSO), chacune étant un haut lieu de recherche et de réflexion sur plusieurs aspects transversaux de notre patrimoine historique et culturel, des mutations de la société et des fractures sociales. L'objectif est de réfléchir constamment sur les questions fondamentales de la cohésion sociale, en tenant compte des particularismes régionaux, par une approche transversale de partage scientifique entre divers spécialistes des différentes branches des sciences de l'homme, des sciences de la société et des sciences de l'organisation.

Quelques thèmes me viennent à l'esprit. À titre illustratif :

- histoire du Cameroun et de l'Afrique ;
- arts, cultures, civilisations et habitats du Cameroun et de l'Afrique ;
- éducation nationale et système éducatif ;
- droits de l'homme, philosophie, sociologie ;
- philosophie africaine, cosmologie et spiritualité ;
- anthropologie et sociologie des sociétés africaines ;
- organisation, pouvoir, justice ;
- normes, effectivité du droit, sociologie juridique et judiciaire ;
- langues camerounaises et africaines ;

- mutations sociales et grands problèmes sociaux, politiques et économiques contemporains du Cameroun et de l'Afrique ;
- monde rural, évolution anthropologique et sociologique et développement rural ;
- homme, société, intelligence artificielle ;
- investissement, environnement socio-culturel ;
- industrialisation et développement durable ;
- bonne gouvernance, géopolitique, construction nationale ;
- etc.

Naturellement, ces pistes sont purement indicatives, par la force des choses. La liste est balbutiante et livrée en vrac, et la conception est inachevée, je le sais. Mais, l'idée de ces « Maisons », lieux de partage de très haut niveau entre divers spécialistes des sciences de l'homme, des sciences de la société et des sciences de l'organisation, me paraît incontournable pour repenser constamment la société et projeter des lendemains plus glorieux. Des esprits saillants s'en saisiront.

Ensuite, l'oraison

Ô Seigneur,
Répands ton Esprit
Qui insuffle au cœur du monde d'aujourd'hui les énergies nouvelles :

- de douceur et d'humilité,
  pour intensifier les combats contre les violences ;
- de justice et de paix,
  pour œuvrer à l'avènement de ton règne ;
- de pureté et de miséricorde,
  pour faire retentir le cri de ton message d'amour.

Table

Structures éditoriales du groupe L'Harmattan

L'Harmattan Italie
Via degli Artisti, 15
10124 Torino
harmattan.italia@gmail.com

L'Harmattan Hongrie
Kossuth l. u. 14-16.
1053 Budapest
harmattan@harmattan.hu

L'Harmattan Sénégal
10 VDN en face Mermoz
BP 45034 Dakar-Fann
senharmattan@gmail.com

L'Harmattan Cameroun
TSINGA/FECAFOOT
BP 11486 Yaoundé
inkoukam@gmail.com

L'Harmattan Burkina Faso
Achille Somé – tengnule@hotmail.fr

L'Harmattan Guinée
Almamya, rue KA 028 OKB Agency
BP 3470 Conakry
harmattanguinee@yahoo.fr

L'Harmattan RDC
185, avenue Nyangwe
Commune de Lingwala – Kinshasa
matangilamusadila@yahoo.fr

L'Harmattan Congo
67, boulevard Denis-Sassou-N'Guesso
BP 2874 Brazzaville
harmattan.congo@yahoo.fr

L'Harmattan Mali
ACI 2000 - Immeuble Mgr Jean Marie Cisse
Bureau 10
BP 145 Bamako-Mali
mali@harmattan.fr

L'Harmattan Togo
Djidjole – Lomé
Maison Amela
face EPP BATOME
ddamela@aol.com

L'Harmattan Côte d'Ivoire
Résidence Karl – Cité des Arts
Abidjan-Cocody
03 BP 1588 Abidjan
espace_harmattan.ci@hotmail.fr

Nos librairies en France

Librairie internationale
16, rue des Écoles
75005 Paris
librairie.internationale@harmattan.fr
01 40 46 79 11
www.librairieharmattan.com

Librairie des savoirs
21, rue des Écoles
75005 Paris
librairie.sh@harmattan.fr
01 46 34 13 71
www.librairieharmattansh.com

Librairie Le Lucernaire
53, rue Notre-Dame-des-Champs
75006 Paris
librairie@lucernaire.fr
01 42 22 67 13

www.ingramcontent.com/pod-product-compliance
Lightning Source LLC
LaVergne TN
LVHW050652051026
849532LV00002B/608